U0837487

新发展理念视阈下警察体育教学模式创新研究

王凯兵　著

北京体育大学出版社

策划编辑　力　歌
责任编辑　杨　洋
责任校对　王泓滢
版式设计　李沙沙

图书在版编目（CIP）数据

新发展理念视阈下警察体育教学模式创新研究/王凯兵著．－－北京：北京体育大学出版社，2021.4
ISBN 978－7－5644－3282－9

Ⅰ.①新… Ⅱ.①王… Ⅲ.①警察－部队体育－研究 Ⅳ.①G87

中国版本图书馆 CIP 数据核字（2019）第 285013 号

新发展理念视阈下警察体育教学模式创新研究
XINFAZHAN LINIAN SHIYUXIA JINGCHA TIYU JIAOXUE MOSHI CHUANGXIN YANJIU　王凯兵　著

出版发行：北京体育大学出版社
地　　址：北京市海淀区农大南路 1 号院 2 号楼 2 层办公 B－212
邮　　编：100084
网　　址：http：//cbs.bsu.edu.cn
发 行 部：010－62989320
邮 购 部：北京体育大学出版社读者服务部 010－62989432
印　　刷：北京虎彩文化传播有限公司
开　　本：710mm×1000mm　1/16
成品尺寸：170mm×240mm
印　　张：17
字　　数：238 千字
版　　次：2021 年 4 月第 1 版
印　　次：2021 年 4 月第 1 次印刷
定　　价：68.00 元

（本书如有印装质量问题，请与出版社联系调换）
版权所有·侵权必究

前　言

本书所指“新发展理念”是指党的十八届五中全会提出的“创新、协调、绿色、开放、共享”的发展理念。新发展理念的提出符合我国国情，顺应时代要求，对破解发展难题、增强发展动力、厚植发展优势具有重大指导意义。新发展理念是我国教育“十三五”或更长时期内实现质量更高、效率更优、更加公平、更可持续发展的理论基础，是教育全面发展的总遵循。

警察体育是公安教育的重要组成部分，对完善警察队伍建设、提升警察身体素质、提高警察警务技战术能力、提升警察心理素质、培养警察意志品质和思想道德素质、培养警察集体主义观念和团队意识等方面具有重要的作用，是其他工作不可替代的。警察体育教学效果将直接关系到人民警察能否健康、高效地履行法律职责，从而完成维护国家安全、社会安定和保护人民群众合法权益的根本任务。目前警察体育教学还存在教学理念陈旧、教学内容与公安业务能力关联度低、教学模式与教学内容契合度低等现象，存在“教非所需、学非所用”的现象。改革警察体育教学现状的任务迫在眉睫，而教育改革的落脚点是教学模式的创新。警察体育教学模式创新就是以新发展理念为理论指导，突出以学生为主体地位，以公安工作实际需求为导向，以培养应用型、创新型人才为目标，提高学生解决实际问题能力的教学过程。

本书系山西省哲学社会科学规划课题《新发展理念视阈下我省警察体育教学模式创新研究》（晋规办字〔2017〕2号）基础上形成的著作。通过对新发展理念科学内涵及在警察体育中的应用分析、警察体育发展历程及教学研究、国内外警察教育教学模式综述及借鉴，结合笔者20年警察体育教学积累，提炼出符合公安工作要求，遵循教学训练规律的警察体育教学新模式。本书在编排上力求系统充实，理论与实战紧密结合，突出实践、体现警察体育特色。

在本书撰写过程中，笔者参阅了大量的文献、数据等研究资料，对各位专家的成果，笔者尽量在参考文献中予以注明。在此，谨向你们的辛勤工作、无私的奉献致以诚挚的谢意。同时，特别感谢山西大学体育学院博士生导师石岩教授给予的学术指导，特别感谢山西警察学院警体部帅先伟副主任积极帮忙联系兄弟院校协助笔者的工作调研及书稿撰写。特别感谢山西警察学院科技处李捷副处长在写作中帮忙进行文字整理校对工作。感谢在警察体育新模式实践教学中提出意见和建议的各位民警同志们。

由于笔者理论水平和实践经验有限，书中难免存在遗漏和不当之处，恳请各位专家、同行和读者批评指正。

目录
CONTENTS

第1章 绪 论

1.1 提出背景

目前我国正处于改革攻坚阶段，经济体制、利益格局、思想观念都发生了深刻变化。这种空前的社会大变革必然会带来各种各样的矛盾与纠纷，引发一系列社会问题，而经济社会生活中出现的这些矛盾、纠纷和问题必然会通过不同渠道、以不同方式反映出来，致使公安机关所面临的执法环境越发复杂与棘手，提高公安队伍的整体战斗力和素质的任务已迫在眉睫。

为适应公安队伍正规化、专业化、职业化建设要求，进一步做好公安院校公安专业招生、培养和毕业生录用工作，提升公安院校人才培养质量，更好地满足公安机关对公安专业人才的需求。2015 年 11 月 19 日，人力资源和社会保障部、公安部、国家公务员局联合印发了《关于加强公安机关人民警察招录工作的意见》（人社部发〔2015〕97 号），2015 年 12 月 8 日，中央机构编制委员会办公室、人力资源和社会保障部、公安部、教育部、财政部、国家公务员局六部委联合印发了《关于公安院校公安专业人才招录培养制度改革意见》（人社部发〔2015〕106 号）。随着人民警察招录培养体制改革和公安专业人才招录培养制度改革工作的全面开展，各公安院校纷纷加强课程建设：深化培养目标，立足未来发展，结合警察实践，“向教育要素质、向素质要警力”，给公安院校教育改革带来了发展契机，也带来了新的挑战。

公安院校教育是公安工作的重要组成部分，是加强公安队伍建设的源头和基础，担负着培养公安大学生的学历教育和在职警察的继续教育的双重任务，它始终为人民警察执法需要和实战服务。警察体育（简称警体）是公安院校教育中的重要组成部分，在提高警察健康水平、掌握实战技术技能，塑造良好意志品质等方面发挥了积极的作用。多年来专家学者在警察体育课程设置、教学内容、教学教法、考核方式等方面进行过诸多大胆又较全面的改革，积累了宝贵的经验，取得了一定的教学成果。但是，由于受传统警察体育教学理念影响，以及存在对新时期公安实战人才需求把握不准等问题，相应的教学改革偏离了对培养对象的客观需求，出现了“教非所需、学非所用”的现象。改革创新警体教学迫在眉睫，而教学改革的落脚点正是教学模式的选择和创新。

2015 年 10 月 29 日，在党的十八届五中全会上习近平总书记提出了创新、协调、绿色、开放和共享的五大发展理念即新发展理念。新发展理念是公安教育破解发展难题、厚植发展优势、推动公安教育事业全面发展的总遵循，创造性地诠释了“十三五”期间，公安教育事业要着力发展什么和怎样实现发展等重大问题。习近平总书记在第 32 个教师节考察北京市八一学校时强调，各级党委和政府要坚持把教育放在优先发展的战略位置，强化责任意识，及时研究解决教育改革发展的重大问题和群众关心的热点问题。将五大发展理念贯彻落实到公安教育工作中，成为公安院校未来发展的方向标和公安教育综合改革的总指导。2016 年 10 月 9 日，国务委员、公安部部长郭声琨看望慰问公安教育系统教师教官代表时强调，要认真学习贯彻习近平总书记在北京市八一学校考察时的重要讲话精神，按照孟建柱同志的指示要求，从全局和战略的高度深刻认识加强公安教育工作的重要意义，切实把公安教育置于优先发展的战略位置来推进，作为公安队伍建设的关键环节来把握，努力为公安工作和公安事业发展提供坚强有力保障。因此，在新形势、新要求、新常态下，以新发展理念为引领，抓住历史机遇，突破发展瓶颈，把握竞争主动，对于新时期的公安院校来说尤为重要，这也是时代赋予警察体育的责任和使命。

1.2　新发展理念的科学内涵及哲学意义

1.2.1　新发展理念的科学内涵

2015 年 10 月 29 日，习近平在党的十八届五中全会第二次全体会议上的讲话鲜明提出了创新、协调、绿色、开放、共享的发展理念。新发展理念符合我国国情，顺应时代要求，对破解发展难题、增强发展动力、厚植发展优势具有重大指导意义。2018 年 3 月 11 日，第十三届全国人民代表大会第一次会议通过《中华人民共和国宪法修正案》在“自力更生，艰苦奋斗”前增加了“贯彻新发展理念”。

党的十九大报告中，“坚持新发展理念”成为新时代坚持和发展中国特色社会主义基本方略的重要原则和组成部分。报告指出：“发展是解决我国一切问题的基础和关键，发展必须是科学发展，必须坚定不移贯彻创新、协调、绿色、开放、共享的发展理念。”

新发展理念，是管全局、管根本、管长远的导向，具有战略性、纲领性、引领性，具有深刻的科学含义。

1. 创新发展，注重的是更高质量、更高效益

创新是进步的动力，是发展的关键，位居新发展理念之首。坚持创新发展，大到使一国、一地区，小到使一个部门、一个专业的发展更加均衡、更加优化。

创新立足传统、突破传统，依托现实、推动变革。当今各行各业，发展面临的最大矛盾仍是供需矛盾，解决这一矛盾的关键在于创新，只有把创新发展放在发展全局的核心位置，才能适应和引领时代发展大势。一个国家、一个事业要走在世界及行业发展前列，根本靠创新。创新兴则国家兴，创新强则国家强，创新久则国家持续强盛。把创新放在发展全局的核心位置，不仅可以巩固已有发展成果，而且可以推动国家持续健康和谐发展，促进各项事业向更高质量、更高效益层次迈进。

2. 协调发展，注重的是更加均衡、更加全面

协调与失衡是相对立的，坚持协调发展就是坚持统筹兼顾、综合平衡，正确处理发展中的重大关系，补齐短板、缩小差距，努力推动各区域各领域欣欣向荣、全面发展的景象。

发展是一个整体、一个系统，需要各方面、各环节、各因素协调联动。需求无限性与供给有限性的矛盾、此消彼长或此强彼弱的矛盾、发展慢与发展快的矛盾长期存在，消弭这些矛盾，既要推进发展，又要搞好协调，实现统筹兼顾、综合平衡。办成一件事，需要协调；推进一项事业，需要协调；成就一番伟业，更需要协调。协调是成功的一大规律、一把“金钥匙”。树立协调发展理念，坚持协调发展，就能补短板、强整体、破制约，增强发展的平衡性、包容性、可持续性，促进各区域各领域各方面协同配合、均衡一体发展。

3. 绿色发展，注重的是更加环保、更加和谐

绿色是永续发展的必要条件和人民对美好生活追求的重要体现。绿色发展，就是要解决好人与自然的和谐共生问题；就是要不断地技术创新和理念创新，这是转变发展方式，实现有质量、可持续发展的必然选择；就是要在协调发展中拓宽发展空间，加强薄弱领域，增强发展后劲。绿色发展将促进发展模式从粗放模式向创新发展和绿色发展双轮驱动模式转变，促进资源利用从低效向高效、绿色、安全转型，推进事业集群绿色升级进程，进一步加快绿色、智慧技术扩散和应用。

绿色发展理念强调“生态兴则文明兴，生态衰则文明衰”，科学揭示生态兴衰决定文明兴衰的发展规律，实现了马克思主义生态观的与时俱进。绿色发展理念要求我们在价值取向、思维方式、生活方式上实现全面刷新和深刻变革，在身体力行中走向生态文明新时代。

4. 开放发展，注重的是更加优化、更加融入

开放发展是准确把握国内外发展大势的先进理念，是深化认识发展规律的科学理念。开放发展理念为提高我国对外开放的质量和发展的内外联动性提供了行动指南。

开放带来进步，封闭必然落后。实践告诉我们，要发展壮大，必须主动顺应经济全球化潮流，坚持对外开放。树立开放发展理念，就必须顺应我国经济现状融入国际合作和竞争局面，奉行互利共赢的开放战略，坚持内外需协调、“引进来”和“走出去”并重，发展更高层次的开放型制度，积极参与全球治理和产品供给，提高我国在全球治理中的制度性话语权，构建广泛的利益共同体。

贯彻落实开放发展理念，我国一切事业必将实现质的提升，迈出建设经济强国的新步伐。开放发展是观念、是体制、是格局，不仅将引领我国事业发展的深刻变革，也将推动我国同世界各国的合作共赢事业。

5. 共享发展，注重的是更加公平、更加正义

人人共建、人人共享，是经济社会发展的理想状态。以共享发展理念引领我国发展，维护社会公平正义，保障发展为了人民、发展依靠人民、发展成果由人民共享，这对实现更高质量、更高水平的发展提出了目标要求和行动准则，必将为全面建成小康社会、实现中华民族伟大复兴的中国梦凝聚最深厚的伟力。环顾当今世界，只有推进共享发展，才能促进国家安定、民族团结，引领时代发展。

共享发展理念，坚持以人为本，把创新发展、协调发展、绿色发展、开放发展的合规律性与共享发展的目的性有机统一起来，揭示不同发展理念之间内在的必然的联系，构成一个系统化的逻辑体系，使五大发展理念成为引领发展实践、开创美好未来的一面旗帜。

共享要求人人参与、人人尽力、人人享有，体现统筹兼顾，追求普遍受益。共享需要共建，共建为了共享。只有牢牢把握共建与共享的辩证法，在全社会营造人人参与、人人尽力、人人享有的良好环境，以共享引领共建，以共建推动共享，才能厚植发展优势、凝聚发展伟力、提升发展境界。

新发展理念是一个有机整体，相互结合，共同发挥作用。创新是发展的基点，协调是发展的节奏，绿色是发展的底色，开放是发展的格局，共享是发展的目标。第一，坚持创新发展理念，开创发展新局面。第二，坚持协调发展理念，实现全方位协调。第三，坚持绿色发展理念，保障可持续发展。第四，坚持开放发展理念，融入全球化进程。第五，坚持共享发展理念，促进整体性发展。新发展理念缺一不可，相互贯通、相互促进，是具有内在联系的集合体，要统一贯彻，不能顾此失彼，也不能相互替代。一定要深化认识，从整体上、从内在联系中把握新发展理念，增强贯彻落实的全面性、系统性，不断开拓发展新境界。哪一个发展理念贯彻不到位，发展进程都会受到影响。唯有统一贯彻，出实招、破难题，才能如期全面建成“群众满意的社会”。

1.2.2 新发展理念的哲学意义和理论内涵

新发展理念是以发展为主题，以建设中国特色社会主义为主线，以增进人民群众福祉为根本立场和宗旨，是系统运用马克思主义理论指导我国改革发展实践的新的理论总结，具有充分的哲学意义和丰富的理论内涵。

1. 新发展理念的哲学意义

（1）唯物辩证法的典范运用

唯物辩证法告诉我们，世界是客观的、物质的，物质客观性原理是科学认识的起点，物质客观性原理决定了看问题、想办法必须坚持一切从实际出发、理论联系实际的方法论原则。物质世界普遍联系的原理决定了看问题、想办法总要从整体的、全面的或系统的角度出发，事物在发展过程中会在不同的发展阶段表现出不同的发展特征和规律，事物内部的主要矛盾方面或复杂事物当中的主要矛盾决定了不同事物在不同发展阶段的性质和规律。这就要求我们要具有系统思维、全局思维和战略思维，要具体问题具体分析，根据变化了的事物不断深化我们的认识和调整解决问题的思路。

新发展理念以发展为主题，以统筹协调为抓手，以创新为主线，以绿色为条件，以开放为背景和依据，以共建、共享为出发点和根本目的，其充满系统思维、大局思维、战略思维和创新思维，体现了以习近平同志为核心的党中央，运筹帷幄，总揽全局，改革发展稳定，统筹政治、经济、文化、社会、生态建设大局，以马克思唯物主义辩证法为指导，着眼于我国经济发展新常态、社会治理新问题、国际社会新秩序，破解新问题，开拓新思路，系统整体解决改革开放40年来我国在内外发展中积累的深层次矛盾，是辩证发展的新典范。

（2）唯物史观的典范运用

人民群众是历史的创造者，以人民群众物质生产活动为核心的实践是人类社会赖以存在和发展的基础。人民群众通过认识、发明或创造性地运用新工具、新技术，有目的地改造自然界的活动就构成了不同社会发展阶段的现实的生产力。生产关系是人民群众在不同历史时期发展生产力过程中结成的关系。生产关系中占主导地位或统治地位的要素总和构成了一定社会的经济基础，一定的经济基础又决定了一定社会的政治、法律、观念等上层建筑。生产力决定生产关系，经济基础决定上层建筑，生产力、生产关系、经济基础、上层建筑之间构成了相互作用的、推动社会发展的内部矛盾运动机制。生产力是社会发展的决定性因素，生产力发展了，就会推动生产关系的调整，生产关系的调整则会推动一定社会的经济基础与上层建筑的变革。

新发展理念以科学发展为主题，坚持生产力标准，坚持发展是人民之需，是兴国之要，是建设、发展和完善中国特色社会主义的根本路径。新发展理念以服务人民为宗旨，坚持人民群众主体地位，坚持发展依靠人民，发展为了人民，发展成果由人民群众共享。新发展理念以深化改革为动力，坚持深化改革不适应生产力发展的各种体制机制和观念，在改革中创新发展理念、实践及体制机制。

2. 新发展理念的理论内涵

（1）创新是引领发展的第一动力

当今世界是科学技术发展的时代。一个国家、民族和政党如果不在科技发展、社会体制变革中把握世界发展潮流，势必在未来发展中失去先机。改革开放40年来，我国经济飞速发展，科学技术竞争力显著增强。但也不可否认，我国经济、科技整体实力还比较落后，中国制造在国际分工当中尚处于中低端水平。随着人民生活水平和消费需求的提高，国内产品难以满足日益提高的消费要求，针对全球经济发展放缓和我国经济增速换挡，经济结构调整社会创新的要求猛然提高，习近平强调了创新的重要性，他指出，“创新是引领发展的第一动力。抓创新就是抓发展，谋创新就是谋未来。适应和引领我国经济发展新常态，关键是要依靠科技创新转换发展动力”。

推动社会创新，理论创新是先导。理论是对社会实践经验与社会发展趋势和规律的科学总结，对推动社会实践创新具有重大的指导意义。制度创新是保障。从历史经验来看，每一次社会重大变革和经济形态的飞跃无不伴随着社会组织结构、管理结构和社会体制机制的变革。科技创新是关键。习近平指出，当今世界，谁牵住了科技创新这个“牛鼻子”，谁就走好了科技创新这步先手棋，谁就能占领先机、赢得优势。文化创新是动力。创新需要精神动力和价值追求，作为精神层面的文化创新，就显得尤为重要。况且，创新不仅仅是少数科研机构和科技企业的事情，“大众创业，万众创新”就是全民参与、全民推动的各领域的创新，必须形成和营造人人崇尚创新、人人参与创新、人人皆可创新的社会共识，为全社会创新提供精神动力。

（2）协调是持续健康发展的内在要求

我国经济经过40年的高速发展，完成了西方国家近200年走过的发展历程，积累一些矛盾在所难免，尤其是物质文明和精神文明、经济与社会、东部与中西部、人与自然、生产与需求等不协调、不匹配的问题。一方面，要看到这是伴随我国经济社会发展取得巨大成就过程中产生的问题；另一方面，这些问题也不容小觑，突出反映了我国改革初期经济社会发展顶层设计方面的不足。强调协调发展就是加强顶层设计，就是要统筹发展中经济与社会、文化，科技与国防，物质文明与精神文明，社会生产和大众需求等重大关系；就是要均衡发展速度和效益、数量和质量，处理好先富和共富、东部和中西部、资源和环境、局部和整体、当前和长远等各种重大关系和问题。

处理好我国经济社会发展中的各种重大关系和矛盾，方法就是要总揽全局、统筹兼顾；要学会运用辩证法，善于“弹钢琴”，处理好重点和非重点的关系，着力推动区域协调发展、经济建设和科技建设融合发展。

(3) 绿色是永续发展的必要条件

绿色发展把人与自然和谐作为社会发展的一条重要理念，既是对我国传统天人合一价值观念的传承，也是对马克思主义自然观的发展。习近平指出：“绿色发展，就其要义来讲，是要解决好人与自然和谐共生问题。人类发展活动必须尊重自然、顺应自然，否则就会遭到大自然的报复，这个规律谁也无法抗拒。”

绿色发展就是保护生产力，就是发展生产力，是实现可持续发展的内在要求。要更加自觉地推动绿色发展、循环发展。绿色发展关键在人、在思路。长期以来，我国采取粗放低效的发展模式，过度依靠资源投入，不惜以牺牲自然环境为代价来追求短期效益增长，是要付出艰难的代价的。绿色发展理念的提出，创造性地继承和发展了中国传统文化中的生态理念与历史智慧，体现了以人民为中心的发展思想，在尊重东西方文明的基础上，丰富和发展了马克思主义生态文明观，是当今马克思主义与中国历史智慧及当前中国实际相结合的理论创新，为我国未来发展指明了方向。

(4) 开放是繁荣发展的必由之路

开放是强国之路。邓小平曾说：“经验证明，关起门来搞建设是不成功的，中国的发展离不开世界。”中国特色社会主义与传统社会主义建设最大的区别之一就是采取对外开放的基本路线。改革开放40年来，我国经济社会发展取得其他发展中国家难以企及的成就，根本原因就是打破了封闭僵化传统落后的发展模式，确立了对内改革、对外开放的政策。

开放发展理念就是向世界宣誓：中国的发展离不开世界，离不开发展的世界各国；同时，世界需要发展的中国，中国的发展为世界经济的发展带来动力，中国的发展成果同样惠及世界各国人民。

（5）共享是特色社会主义的本质要求

共享发展指明了我国经济社会发展的根本价值取向，揭示了当代中国发展的根本出发点和落脚点。坚持共享发展是中国特色社会主义的一条基本原则，坚持共享是实现共同富裕的根本要求。党的十八届五中全会强调指出："发展为了人民、发展依靠人民、发展成果由人民共享，做出更为有效的制度安排，使全体人民在共建共享发展中有更多获得感。"由此可见，实现共享发展不仅是新一届中央领导集体对改革之初实现共同富裕目标的庄严承诺，也是坚持社会主义本质的根本体现。

1.3 新发展理念在警察体育中的应用

新发展理念，创造性地诠释了"十三五"期间，各项事业要着力发展什么和怎样实现发展等重大问题，对指导中国社会各行各业的健康快速发展具有普遍的意义。新发展理念在新形势、新要求、新常态下，赋予我国警察体育事业发展以特殊的责任和使命。

1.3.1 创新是激发警察体育事业发展的第一动力

创新是激发警察体育事业发展的第一动力，只有创新才能解决警察教育面临的新问题，才能使警察体育充满活力。

创新是引领发展的第一动力，居于五大发展理念之首。习近平总书记在多个场合多次强调，必须把创新摆在国家发展全局的核心位置，要让创新贯穿党和国家一切工作，要让创新在全社会蔚然成风。他指出："创新的事业呼唤创新的人才。"就警察体育而言，坚持创新发展，首要是创新警察体育理念，核心是创新学科体系，目的是培养创新人才，实质是强化内涵建设。坚持创新发展就要从教学理念、学科体系、教学模式等方面实施全方位、立体化、系统性改革与创新。

1. 以创新理念推动警察体育管理体制科学发展

目前，我国警察体育事业发展过程中面临着一些问题，如教育体制机制问题、教育的发展方式问题、教学模式问题、社会服务能力不足问题等。这些问题都与创新不足密切相关。因此在新发展理念的视阈下，公安院校必须优化警察体育治理的发展规划，准确定位自己的发展类型，按照公安工作的需求制定发展战略，确定警察体育事业发展的阶段性目标，并且结合自身的客观实际，稳步推进治理新模式、决策机制新规范、监督机制新常态的有效形成，进而实现警察体育资源的优化配置。创新管理机制，特别要在学科建设、科研管理、校内管理体制、职称评聘和资金管理等方面发挥教学机制灵活性优势，充分调动师生的积极性和能动性，在培养学生创新意识，塑造全面发展公安需要人才上凝心聚力，精心打造教师热爱公安教育事业、教职工工作勤勉、学生爱学上进的良好氛围，不断提升教学、科研等方面的合力优势，推动警察体育事业发展取得卓越成效。

2. 以创新理念提升警察体育教学能力

公安院校培养的人才是以服务国家特殊战略需求为导向的，所以人才的创新性是公安院校教育的重中之重。公安院校学生的创新教育应从课堂做起，适当变革教育模式，有意识地将创新思维与创新意识渗透到日常课堂教学当中，尤其是通过互联网进行学习创新，对学生逐步产生潜移默化的影响，引导学生从不同的角度主动进行思考，创设情境引起学生对相关内容有更多的思索，在启发和思考中发现问题，获得创新的视角拓展和能力培养。

此外，创新教育的开展应该密切结合学生本专业的知识教育进行，一方面熟悉的专业内容更有助于学生创新思维的培养；另一方面创新思维能力有助于学生学科知识内容不断地发展和完善。要培养出公安实践工作中迫切需要的创新型人才，首先需要师资队伍具有创新意识和创新精神，克服急功近利的短视思维，打破常规，秉承学术自由的原则，在教学过程、教育环境、培养方案和课程设置等方面进行创新，进而实现公安院校教育高质量、高效益、可持续地发展，从而适应信息时代的新发展潮流。

1.3.2 协调是警察体育健康发展的内在要求

协调是持续健康发展的内在要求。协调发展理念着眼于全面，强调发展的平衡性、协调性和可持续性。协调是发展教学论和重点论的统一，既要着力破解难题、补齐短板，又要考虑巩固和厚植原有优势，两方面相辅相成、相得益彰，才能实现高水平的发展。

警察体育的协调发展，就是要站在警察体育事业发展的宏观层面上，明确现阶段公安院校警察体育工作中存在的矛盾和短板，并结合公安院校自身的实际情况和教学资源，制定有针对性的发展战略，帮助公安院校警察体育事业实现稳定可持续的发展。只有通过整体协调和统筹规划，理顺各个矛盾之间的因果关系，才能消除警察体育事业发展道路上的障碍，进而实现警察体育事业的快速发展。

1. 专业学科教育、教学之间的协调

公安院校培养什么样的人、如何培养人以及谁培养人是建立在公安人才培养目标基础上的。公安院校的性质和使命、公安工作的特殊性决定了警察培养在公安院校教育中的地位和作用，而警察意识的培养不是一朝一夕能够完成的，它必须贯穿公安院校各专业学科教育的全过程，并将其视为永恒主题。因此，公安院校各专业学科课程、理论知识和专业实践必须有机结合在一起，齐头并进，走协调发展之路。

2. 理论教学和实践应用之间的协调

在教育过程中，理论教学是实践应用的行动指南，实践应用是理论教学的最终归宿。目前公安院校教师仍然受传统教学观念的影响，一直坚持单一的“理论灌输式”的教学模式，学生虽然能够掌握一定的理论知识，但是并不能很好地进行实践应用，专业教育的价值没有得到很好的体现，参加工作时就会力不从心。所以，只有把理论提升和实践训练有机结合起来，才能提升学生的综合能力，满足当前公安工作对理论和实践兼备人才的迫切需求。

1.3.3 绿色是引领警察体育事业发展的新风尚

绿色是永续发展的必要条件和人民对美好生活追求的重要体现。绿色代表着生命，绿色意味着生态，在我国即将迈入全面小康社会的今天，新发展理念中的绿色既可以指当代经济社会的发展形势，又可以指新兴的教育发展理念和机制。

1. 坚持绿色发展理念构建绿色生态教育

在公安院校发展过程中，坚持绿色发展需要构建实体意义的“绿色校园”和文化层面的“绿色生态”，形成有利于师生和谐发展的校园环境。如在教学理念方面，坚持绿色发展就要以可持续发展理念指导学校的各项工作，立足长远发展，保持持续发展的潜力。近年来，国内公安院校都加强了绿色发展意识，并且有针对性地开展“绿色校园”等特色活动，构筑起各学科间的绿色知识体系，强调学生的警察责任意识、服务意识等，为教师提供绿色的制度保障，营造自由的良好的学术生态环境，在校内倡导绿色发展理念，对营造生态文明的校园氛围提供了必要的支持。

2. 绿色理念需要培养生态文明建设的急需人才

对于公安院校学生来说，绿色教育意味着全面发展，意味着公安工作急需人才的尽快培养和输出。在绿色发展理念的指导之下，警察体育要贯彻以学生为主体的理念，遵循学生的成长规律，引导学生学会独立思考，养成良好的学习习惯和思维模式，以及独立地分析问题、解决问题的能力，正确处理好自我发展与职业发展的关系，成长为中国特色社会主义迫切需要的高素质应用型警务人才。

1.3.4 开放是拓展警察体育资源的必由之路

开放是国家繁荣发展的必由之路。同样，开放也是拓展警察体育资源的必由之路。警察体育要不断提高教育的质量，就须主动适应市场化的发展。他山之石，可以攻玉。警察体育事业发展不仅需要靠我们自己努力，而且也要加强对外合作与交流。

1. 积极推进“引进来”与“走出去”战略

实现开放教学是未来教育发展的重点。当前，实现公安院校开放式发展，仍然是实施“引进来”与“走出去”战略，具体环节上还是拓展教学途径，打破校际、校局、校企隔阂，促进优质教育资源融合。具体而言，一是积极通过教师交流，学生交流，教材、图书、资料交流，学历、学分互认的科研合作和优质教育资源引进、输出等形式加强对内与对外的合作交流；二是通过项目带动，夯实基础，构建对内与对外合作的常态机制；三是通过“引进来”与“走出去”并举，引进人才、资源，外出学习先进经验，实现对国内、国外资源的充分利用。

2. 坚持继承与创新齐头并进思想

继承与创新是中国优秀传统文化得以源远流长的两大根本动力。国家主席习近平在出席“纪念孔子诞辰 2565 周年国际学术研讨会”开幕式上强调：“不忘历史才能开辟未来，善于继承才能善于创新，只有坚持从历史走向未来，从延续民族文化血脉中开阔前景，我们才能做好今天的事业。”

警察体育应当渗透并传承警察体育文化的内涵和精华，警察体育文化中的“安全”“服务”等思想，在今天的公安实践中仍然具有重要的指导价值，公安院校是警察体育的重要场所，理应是淡泊的、理想的、深刻的，也是批判的。警察体育要自觉承担起继承优秀传统文化的重任，并且以开拓进取的精神，结合时代发展需要，创新和弘扬警察体育的文化精髓，为公安事业的发展提供支持。

1.3.5 共享是警察体育良好发展的本质要求

共享是中国特色社会主义的本质要求。教育的共享主要体现在教育的公平上，由于地区之间经济发展和教育资源的差异化影响，国内警察体育教学在教学水平、教育理念等方面还存在一定的差距。警察体育要想实现稳定和持续的发展，必须要全面贯彻公平理念，为教师和学生的良好发展营造必要的外部环境。

1. 教育资源共享

教育资源共享不仅涉及图书馆资源、科学仪器设备等硬件资源，还涉及师资、经验等软件资源。破解硬件教育资源共享的难题，必须从上至下设置一套完善的运行机制。警察体育主管部门要设置相应的组织机构负责协调、指导警察体育资源共享事宜，包括制定资源共享的相关制度及运行规则；各公安院校也应成立警察体育资源共享领导小组，负责传达上级教育管理部门的精神及协调、落实各公安院校间的资源共享活动；各公安院校涉及资源共享的部门也要成立相应的教育资源共享工作小组，负责具体的资源共享工作，如图书馆资源共享组、实验室资源共享组等。

2. 师资共享

一般而言，发达地区的公安院校拥有较强的师资队伍，特别是拥有一些实力雄厚的大牌名师。以共享理念为指导，应通过改革实现名师、名课在不同公安院校之间的广泛共享。其具体路径可以是聘请名师实地授课或开展讲座，也可以借鉴国际大规模在线开放课程（MOOCS）的建设理念与运行模式，积极建设警察体育精品课资源库，利用“互联网＋”实现线上名师、名课共享。

3. 经验共享

不同公安院校在各自的教学和管理工作中会有各具特色的方式方法，公安院校之间应通过多种方式加强交流，取长补短，实现警察体育教学及管理工作经验的共享。

马克思曾指出：“每一个时代的理论思维，都是一种历史产物，它在不同的时代具有完全不同的形式，同时具有完全不同的内容。”新发展理念也是如此，习近平总书记也曾提出：“要牢固树立并切实贯彻创新、协调、绿色、开放、共享的发展理念，破解发展难题，厚植发展优势。”这不仅是我国实现两个百年计划的重要策略，也是警察体育事业发展的指导方针。基于这一理论基础，警察体育在教学及培养人才方面应该充分立足于我国的公安实际情况，遵循教育和学生成长的规律，创新教学内容、协调学科关系、创造绿色环境、开放学校资源、共享教育公平，为警察体育的发展提供动力，为国家的发展提供人才。

新发展理念是在总结以往发展经验、科学判断发展趋向，经过深入研究之后提出来的，将新发展理念与现阶段警察体育工作相结合，充分发挥其正确的目标导向和整体推动作用，为彰显公安院校办学特色、破解教学发展难题、增强教育改革动力起到了关键性作用。创新、协调、绿色、开放、共享之间相互贯通，相互促进，相互结合成为一个有机整体，公安院校只有从自身实际出发，实现新发展理念的统一贯彻、落实和发力，才能为实现公安院校教育事业的稳步发展提供动力支持。

1.4 研究目的及意义

公安院校是警察专业化教育的主阵地。公安院校教育是公安工作的重要组成部分，是加强公安队伍建设的源头和基础，以培养公安专业人才为主要目标。公安院校教育工作寄托着公安事业的希望，承载着公安事业的未来，因此，公安院校教育就必须紧跟时代发展步伐，紧盯公安教育改革的发展动态，对接好公安招录培养体制改革的要求。坚持目标导向与问题导向相结合，坚持顶层设计与基层探索相结合，充分调动学校改革的积极性、主动性、创造性，立足我国国情，遵循教育规律，提高教育质量，深化教育体制机制改革。

公安院校教育在机遇和挑战并存的新形势下应以公安工作需求为导向，重点培养公安专业的优秀人才，秉承这个目标，致力提高人才培养质量，一切从学生的实际情况出发，进一步调整办学理念，把教学改革深化到实处，实现教学质量的全面提升，为公安机关培养对党忠诚、服务人民、执法公正、纪律严明的公安专业人才，而公安院校教学改革的落脚点正是教学模式的选择和创新。

警察体育教育是公安教育重要的组成部分，特别是公安队伍全面建设的一个最重要组成部分，是其他学科不能替代的。作为必修课的警察体育，其教育工作的好坏将直接关系到公安队伍建设工作的成败。警察特殊的职业性，决定了警察需要特殊的警务实战专业技能来维护国家稳定和人民长治久安，而该技能的获得是通过警察体育教学来实施的。然而我们必须承认一个事实，在公安教育工作的体系中，许多专家、公安工作者对体育教育的认识和理解依然存在片面化、简单化的处理倾向和误区，加之长期以来公安院校特色办学的思路，严重阻碍了公安院校提高办学质量和人才培养质量，这一点在警察体育教学方面尤为明显。

“天天有牺牲，时时在流血”，人民警察已成为和平时期牺牲最多的职业群体之一。2010—2017 年，全国公安民警因公牺牲 3290 人，平均每年牺牲 411 人，负伤或致残 36487 人，平均每年负伤 4560 人。2018 年全国有 301 名公安民警、141 名警务辅助人员因公牺牲，1.2 万余名公安民警和警务辅助人员负伤或致残。2017 年全国公安民警因公牺牲 361 人，是近 10 年来最少的一年（表 1－1）。

表 1－1 2010—2017 年警察负伤或致残及牺牲人数

年 份	负伤或致残（人）	牺牲（人）
2010	3350	415
2011	3926	409
2012	3615	463
2013	4226	449
2014	5624	393
2015	4599	438
2016	4913	362
2017	6234	361
合计	36487	3290

（数字根据每年公安部年底官网及清明节公布数字整理。）

公安民警牺牲的原因主要有：一是过劳，占一半以上；二是交通；三是实战，从警种看，基层派出所民警、交巡警、治安民警居前三位。民警负伤的主要原因是在实战过程中同违法犯罪嫌疑人作斗争，从警种看，基层派出所民警、交巡警、刑侦民警居前三位。

以上情况反映出当前维护国家安全和社会稳定的形势依然比较严峻，另一方面也反映了公安民警任务艰巨、长年超负荷的工作常态。深化公安工作改革，根本上是全面提高公安队伍的整体素质和战斗力，其中，身体素质是公安队伍整体素质的基础和载体，是不可分割的重要组成部分。警察体育教育既是提高警察体力和技能的重要手段，也是练思想、练作风，培养和铸造人民警察坚强性格的教育过程，警察体育教育在公安改革中极为重要。

随着“互联网 +”理念的渗透和教育改革的不断深化，以及新时期公安工作对警察素质提出的更高要求，公安院校现行的警察体育教学理论循规守旧、不推陈出新，教学方法简单、不顺应科技发展，教学程序设计模糊、主次不分，教学评价不重视等警察体育教学模式已难以适应当前公安实践工作对公安人才培养的需要。不能否认有的专家学者在课程设置、教学手段完善、教学模式创新等方面进行过诸多思考和革新，在一定意义上，这些教学变革也从一定程度上促进了警察体育教学质量的提升，但我们必须看到，警察体育教学的整体状况与公安实践工作对公安人才的要求还有较大差距，因此，必须树立坚定的教学改革与创新的决心，用新发展理念来指导和解决警察体育教学所面临的各种问题，全面贯彻公安工作改革要求，打破实现公安工作改革前进道路上的各种壁垒，促进警察体育教学快速发展，警察体育教学模式改革势在必行。教学模式是教学活动的方法论体系，是沟通理论和实践的桥梁，规定着教师的教学行为，教学模式选择使用直接影响着教学目标能否实现和人力培养质量。

1.5 研究方法及思路

1.5.1 研究方法

1. 文献资料法

通过学术期刊、国际互联网、公安网和报纸、光盘等途径查阅了有关新发展理念、警察体育、教学模式等资料，收集国内外文献 280 余篇，博士、硕士论文6篇，并对各类媒体上的相关报道进行仔细查阅。

检索词为新发展理念、警察体育、教学模式、课堂教学模式、警察体育学科、警察体育教学、警体教学模式、警察理论教学、警察徒手教学、警务战术教学、警用武器教学等，了解国内外警体教学现状及教学方法。

2. 专家访谈法

以电话访谈和面谈的方式访问从事体育和警察体育教学多年的公安院校教师、专家学者和在公安战线工作的领导及一线基层民警，了解公安工作的实际需求及存在的问题，在访谈过程做了书面记录和录音，并进行事后整理和分析。

3. 问卷调查法

根据研究需要，自行设计了《警察体育教学模式调查表》，对中国人民公安大学、上海公安学院、广东警察学院、山东警察学院、浙江警察学院、福建警察学院、新疆警察学院、青海警官职业学院、山西警察学院等在国内有代表性的公安院校，同时兼顾地区差异原则，进行教学模式调查，征询他们的意见。共发放问卷：公安领导100份，基层民警800份，警体教官100份。

（1）问卷的设计

就警察体育学科发展现状，警察体育教学模式理念、现状、特点、课程内容、教学模式发展趋势等，采用开放式与闭合式相结合的方式，自行设计了《警察体育教学模式调查表》，以当面发放、邮寄、电话、E-mail、微信等方式，对警察体育教学模式进行调查，征询意见。

（2）问卷的调查

1）调查对象

调查对象以调研阶段划分，第一阶段和第三阶段以全国有关警察体育教学专家、公安领导为调研对象；第二阶段以9个公安院校作为个案调查对象。

第一阶段发放专家及公安领导问卷50份，回收46份，其中有效问卷

46 份，有效回收率达 92%。第二阶段发放基层民警问卷 800 份，警体教官问卷 100 份，其中，基层民警问卷回收 757 份，有效问卷 741 份，有效回收率达 92.6%；警体教官问卷回收 98 份，有效问卷 96 份，有效回收率达 96%。第三阶段发放专家及公安领导问卷 50 份，回收 48 份，其中有效问卷 47 份，有效率达 94%（表 1－2）。

表 1－2　问卷发放和回收的情况

	第一阶段	第二阶段		第三阶段
	（专家及公安领导）	基层民警	警体教官	（专家及公安领导）
发放（份）	50	800	100	50
回收（份）	46	757	98	48
回收率（%）	92	94.6	98	96
有效问卷（份）	46	741	96	47
有效回收率（%）	92	92.6	96	94

依据美国社会学家巴比的观点，回收率在 50% 以上者为适中，在 60% 以上为好。这说明本问卷回收情况较好。

2）调查步骤与时间安排

调查地点主要以国内公安教育发达地区、公安院校成立时间较长、警体教学模式较成熟和公安治安形势较严峻地点为原则方便取样，另外，充分利用参加国内警务技能研讨会良机，积极向与会代表及专家进行交流探讨并阐述课题的新教学模式，以征求意见、建议的结束为基准。

问卷调查分三个阶段进行。调查时间分别是：第一阶段为 2018 年 3 月初—6 月底，全国公安工作会议和公安院校期末总结阶段，问卷主要发放北京、上海、广东、山东四个地区的专家及公安领导。第二阶段为 2018 年 9 月—12 月，以全国公安院校正常开展教学、各地市公安院校承担警察专业培训及警衔晋升为问卷主要内容的实施验证阶段，问卷发放除上述四个地区外，增加了浙江、福建、新疆、青海、山西五个地区，调查对象倾向于警察体育教学一线和基层民警。第三阶段于2019年4月中下旬—7月，主要是将前两次调查内容归纳整理，采用专家背靠背等方法进一步检验问卷内容与结论的可行性和完整性。调查地点和对象与第一阶段基本相同，并积极借鉴采纳山西省公安厅政治部人事训练处、太原市公安局政治部人事训练处、太原市公安局治安大队等有关专家建议（表1－3）。

表1－3 调查的时间、地点安排情况

阶 段	时 间	地 点
第一阶段	2018年3月初—6月底	北京、上海、广东、山东
第二阶段	2018年9月—12月	北京、上海、广东、山东、浙江、福建、新疆、青海、山西
第三阶段	2019年4月中下旬	北京、上海、广东、山东、山西 山西省公安厅政治人事训练处、太原市公安局政治人事训练处、太原市公安局治安大队

3）调查工具与调查内容

采用自编问卷《警察体育教学模式调查表》，内容包括：①警察体育教学理念；②警察体育教学模式种类；③警察体育事业发展；④警察体育教学新模式；⑤警察体育教学新模式应用实践。

（3）问卷的信度及效度检验

1）信度检验

信度（reliability）是指调查的可靠程度。它表现为调查结果的一致性、再现性和稳定性。确定信度时是以相关系数的大小来表示信度的高低，这个相关系数就称为信度系数（reliability coefficient），信度系数表示测量误差对调查得分影响的程度。本研究采用重测信度，为了检验问卷的信度，2018年8月和2019年5月对参加两次问卷调查的专家采用E－mail发送、微信发送问卷的形式进行重复调查。2019 年 6 月回收问卷后进行信度检验，检验结果：R = 0.85（$P < 0.01$），说明该问卷具有较高的信度，符合调查的要求。

2）效度检验

为保证调查问卷结构和内容的有效性，本书采用专家效度评价法，请问卷调查的部分专家对调查问卷的内容设计和结构设计进行评价，在回收问卷中共有 31 位专家填写了《问卷效度专家评价表》。其评价结果证明本问卷具有较高的效度（表 1－4）。

表 1－4　专家进行问卷效度的评价结果　　单位：（人）

评价等级	非常合适	合　适	基本合适	不太合适	非常不合适
问卷内容	6	15	10	0	0
问卷结构	8	13	10	0	0

4. 测试法

利用在山西警察学院、临汾市人民警察学校、太原市公安局民警训练基地、中国人民公安大学战训学院入警、警衔晋升、专业培训的机会，进行警察体育新旧教学模式对比测试和反馈。具体实施模式分普通班和测试班。

5. 归纳法

对所有数理统计的结果进行分析和逻辑归纳。

6. 数理统计法

所有数据利用 Excel 和 SPSS 12.0 统计分析软件处理。

1.5.2 研究思路（图1－1）

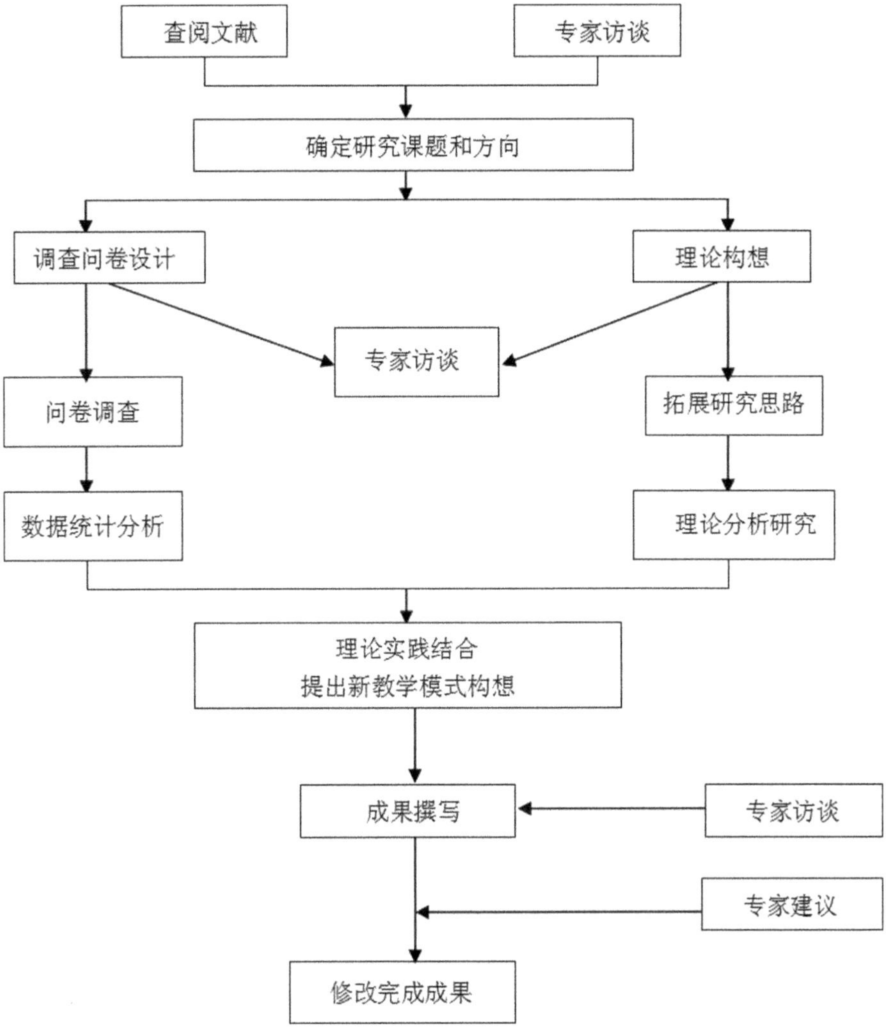

图1－1 成果技术路线

参考文献

[1]王海源. 论新时期公安院校警察体育教育现状及发展趋势[J]. 湖北警官学院学报,2008,(06):114－115.

[2]乔卫东. 谈警察体育教育的现状及其改革思路[J]. 辽宁警专学报,2010,(04):98－99.

[3]郭宝. 用“五大”发展理念引领学院构建现代警察大学[J]. 云南警官学院学报,2016,(05):2－3.

[4]白楠,梁子卿. 五大发展理念:我国高校教育发展的引领[J]. 学术探索,2017,(06):145－146.

[5]程斯辉,李汉学. 以五大发展理念引领教育事业新发展[J]. 教育研究,2017,(06):4－5.

[6]任羽中. 以五大发展理念为引领推进“十三五”时期高等教育内涵式发展[J]. 北京教育,2016,(06):8－9.

[7]白楠. 新媒体视域下的高校思想政治教育理论探索与实践[M]. 长春:吉林大学出版社,2016.

[8]中共中央宣传部. 习近平总书记系列重要讲话读本[M]. 北京:学习出版社,2016.

[9]顾榕昌. 新发展理念的哲学依据、理论内涵和落实切入点[J]. 广西社会主义学院学报,2016,(08):6－9.

[10]冯静. 新发展理念的理论创新与实践意义[J]. 中共福建省委党校学报,2017,(02):20－22.

[11]江炎骏. 习近平新发展理念思想的正定溯源[J]. 中共石家庄市委党校学报,2017,(10):18－20.

[12]张峰. 新发展理念的哲学意义[J]. 中央社会主义学院学报,2016,(04):92－94.

[13]五大发展理念提出的时代背景与深刻内涵[DB/OL]. http://edu.shgb.gov.cn/student/resource/courseware/2017/o/201602012.

[14]海峡法治在线. 4 年公安民警因公伤亡 22870 人平均每年牺牲 425 人[DB/OL]. http://news.163.com/15/0403/11/AM98K7IO00014AEE.html.

[15]程天磊. 公安院校体育教学模式探讨[J]. 2008,(10):23－24.

第2章　警察体育研究综述

2.1　警察体育的发展历程

警察体育是继军事体育之后出现的一个新的研究领域或研究方向。随着我国改革开放进程的不断深入和公安教育事业的快速发展，警察体育在公安教育中得以更快发展。

2.1.1　中国古代警察体育

如恩格斯所说："警察是和国家一样古老的，国家是不能没有警察的。"中国的警察制度，从古代行使警察职能的军事机构的产生到近代警察制度的形成，经历了漫长的发展过程，在这个过程中，警察制度长期实行行政与司法合一、军事与行政合一的体制，从而军警一体、政警不分。而警察体育的起源、发展，也是从军事体育中孕育、成长起来的。很多古代军事体育项目，更是今天警察体育项目的雏形。如射技训练，除弓射、弩射外，还有弹射和戈射，而古代的御车技术与现在的驾驶技术，古代的角力、剑术与现代的警察擒拿格斗技术更有一脉相承之势。

由于古代战争的实际需要，要求人们必须掌握多种多样的军事战斗技能，包括踢、打、摔、拿、击、刺等攻防格斗技术及战争中以石、木、骨、角、射为兵器进行攻防，都有了警察体育的雏形。

2.1.2　中国近代警察体育

近代警察体育随着警察制度和警察教育的独立逐渐从军事体育中独立出来，成为公安教育的重要组成部分。清朝末年，在戊戌变法的高潮中，中国警察制度以1898年湖南长沙成立的湖南保卫局首先揭开序幕。而正式建立的警察机构，是仿照八国联军占领北京时设立的所谓安民公所而在京师成立的工巡总局，是用以维持京师治安、执行警察职能的机构。

南京国民政府时期，在中央设主管全国警政的内政部，其下设警政司，是全国警察行政的最高管理机构。内政部在1929年颁布了《警官学校章程》，通令各省设立警官学校，作为地方警官教育基地，先后设立警官学校的有浙江、江苏、江西、湖南、湖北、广东等十余省。1936年又在南京成立中央警官学校，建立了以中央警官学校为唯一警官教育机关的体制。

在近代警察教育中，军事课程和军事（警察）体育始终占有相当比重。受德国、奥地利影响较深的浙江警官学校，其教学内容的军事化倾向更为明显。抗战全面爆发后，南京中央警官学校“不得不权其缓急，而有所侧重”，很快将教育方针调整为“以军事教育为主，政治教育为辅，警察教育为骨”，目的是“国家动员时，可为军官，国家复员时，可为警官，以适合非常时期之需要”。

2.1.3 现代警察体育

现代警察体育也即中国共产党领导下的警察体育。中国共产党领导下的警察工作与以前的警政工作有本质区别，这种区别表现在它是以马克思列宁主义、毛泽东思想为指导，是以保护无产阶级和广大人民群众的根本利益为宗旨，是以保卫中国共产党领导的革命政权，保障人民的民主权利，保障党和国家在各个时期中心工作的顺利进行、各项法规政策的圆满落实为最终目的，这充分体现了人民警察的阶级性和人民性。而警察体育也发生了根本性的发展变化，是以强警健体，提高各项体育技能和警务技能、培养良好的品质作风为目标，是警察个体全面发展、行业全面提高战斗力的重要手段，形式也更加多样化。

自1927年11月，党中央决定由周恩来主持和领导成立中央特委下设保卫科，至今已历时90多年，中国共产党领导下的警察制度和警察体育的发展历程，大致可分为5个阶段。

1. 中华人民共和国成立前中国共产党领导下开展的警察体育（1927—1949 年）

1927 年 11 月，正式成立中央特科，在当时中央特委周恩来同志直接领导下工作，下设四个科：总务科、情报科、行动科、交通科。其中的行动科由陈赓同志负责，主要内容是：打击特务，镇压叛徒，营救被捕的中央负责同志，保卫党的领导人，保卫党的机关，保障中央召开的各种会议的安全进行。这是我党建立的最早的保卫组织，即最早建立的警察机构。

1935 年 5 月，建立了第一支人民警察队伍——延安警察队（也称陕甘宁边区人民警察）。由于工作性质所决定，他们的训练内容随之发生了变化，由战场上的火力冲突技术开始逐步转入擒拿技能方面的课目。擒拿格斗技术作为主要的训练内容，训练总体目标是维持社会安宁、巩固抗日根据地。

2. 中华人民共和国成立早期的警察体育（1950—1966 年）

中华人民共和国成立之初，建立了全国统一的各级人民公安机关和公安武装。警察的基本任务就是肃特、剿匪、反霸、保卫、警备，这一时期的警察体育基本是延续部队的军事训练方法进行的。1956 年，党的八大指出“我国社会主义改造基本完成后”“在新的生产关系下保护和发展生产力”。警察的职能发生了很大的变化，工作性质逐渐由军队转变为公安，工作的重点转向“加强与改进经济保卫工作”“开展同刑事犯罪活动作斗争”“精简机构，提高公安干部队伍素质”，警察体育开始蓬勃发展起来。

当时警察群众性体育运动十分活跃，1956 年成立了中国前卫体育协会（前卫体协），并在全国 29 个省、自治区、直辖市设立了分会，积极带动警察体育各运动项目的迅速发展。如 1956 年 10 月公安体协获全国篮球联赛第六名，1957 年、1958 年稳居甲级行列，1965 年 9 月前卫男子篮球队参加第六届“社会主义国家公安体育组织篮球赛”获第一名。

公安院校和警察培训机构的体育教育工作得到进一步的发展，1952 年以前，在职干警教育以培训新警为主，公安部将华北公安干部学校（中国人民公安大学前身）改为中央公安干部学校。在此期间，除华北以外的各大行政区和省、自治区、直辖市公安机关，陆续建立了35所公安学校或训练组，学员在校学习期间，除接受政治、公安业务的教育外，还接受警察体育的教育与训练。当时警体课主要有田径、球类、单双杠、跑马、射击、队列等。在警察体育教材建设方面，1959年由武装警察部队司令部颁发了第一本擒敌技术训练教材《格斗》，1960年公安部编写了《应用技术》，1963年武汉公安部队干部学校在全国专职擒敌教员集训期间编写了中国人民解放军公安部队《擒敌技术教材》。后又陆续出版了《军事体育》《军事体育教程》等教材。但专门的警察体育科研工作基本处于空白。

3. “文化大革命”时期的警察体育（1967—1978年）

“文化大革命”时期，整个警察体育事业的发展也基本停滞，警察体育训练工作和警察群众性体育活动都难以开展。

4. 党的十一届三中全会后的警察体育（1979—2000年）

这一阶段是警察体育迅速发展的最重要阶段。1979年1月，召开全国公安厅局长会议，决定把公安工作重点转移到社会主义现代化建设上来，警察职能有了转变，警察体育也随之出现新契机。1983年8月到1986年，为了维护社会大局稳定，开始“严打”斗争。在这个过程中，警察队伍经受了严峻考验与锻炼，并凸显出警察体能、警务技能、健康状况等方面的很多问题，警察体育作为一门独立的学科在社会公安实践的发展中有了更为强劲的内驱力。1984年全国各地陆续恢复前卫体协这一代表警察队伍的群众性体育组织。1986年中国人民公安大学高椿教授在《试论警察体育》一文中明确提出警察体育是一门独立学科并予以论述。同年，前卫体协在青岛首次举办了首届警察体育研讨会，对警察体育的发展起到了积极推动作用。1988年，国家教委组织了全国18位专家、教授，对警体学科进行了审核、论证，通过了将警察体育专业列入《全国普通高等学校体育学科专业目录》。从此，警察体育作为一门独立的综合性应用学科得到认可。

随着社会主义市场经济的发展，公安工作的实践对警察的健康水平和基本身体素质及相关警体技能提出更高要求，1999 年 6 月，公安部政治部正式颁布了《公安民警体育锻炼达标标准》（试行），随后又颁布了《公安机关人民警察训练条令》，使警察体育从制度上得到规范和健全。在警察体育教育方面，全国先后建立了几十所本科、专科警察院校，警察体育随着警察教育的发展而迅速发展并日趋成熟。各所警察学校对警察体育教育内容进行充实、细化、拓展，并逐渐形成警察体能、警务技能（擒拿格斗、警械使用、手枪射击等）、查缉战术等警察体育教育课程。

在警察体育科研和教材建设方面，从 20 世纪 90 年代开始，警察体育方面的教材日益增多，先后出现《警察体育总论》（高春等主编）、《警体基础训练》（公安部政治部编写）等警察体育方面的教材，为警察体育教育提供理论基础；随着警察体育训练的深入开展，相关科学研究也引起各方面学者的广泛关注，警察体育训练的科学化、标准化、层次化问题，警察体育学科的发展建设问题，警察体育健康活动的开展问题等都被相关学者进行过深入探讨研究。

5. 新时期我国警察体育的发展（21 世纪以来）

进入 21 世纪以来，随着我国社会发展的重心转移和改革开放的进一步深化，人民对警察执法工作提出更高、更规范化的要求，警察体育事业发展也进入一个新的发展时期。2003 年，公安部全面实施“三个必训”的战略部署，要求实施基层一线民警每年不少于 15 天的集中培训制度，全面开展警务技能教学和训练；2004 年，全国公安机关开展了全警大练兵活动；2006 年，公安部部署开展以“抓基层、打基础、苦练基本功”为主要内容的“三基”工程建设；2009 年，提出加强公安信息化、加强执法规范化、构建和谐警民关系“三项建设”；等等。以此来加强和促进专业训练岗位化、基础训练普及化、体能训练经常化、执法规范化。这些具体细致的强化公安实战能力、提高警察身体素质和警务技能的要求，给警察体育的发展注入了更为强劲的发展动力，也带动了警察体育教育、科研及警务实战训练的快速发展。

在警察体育方面，全国公安院校较为集中地转换教学模式、创新训练思路。伴随我国高等教育大众化的发展趋势，公安高等教育规模不断壮大。截至2018年，公安高等院校由17所增加至62所，其中，公安本科院校由3所增加至24所，公安高等院校基本覆盖了国内的省、自治区、直辖市和铁路、林业系统，其中公安大学、刑事警察学院等院校还有警察体育相关的研究生教育，都为警察体育的更深入发展提供了更好的平台。在警察体育教学模式上，强化警务特色，提出“突出人才培养针对性、突出公安职业特色、突出警察职业核心能力培养、突出实战教学”，拓宽警察体育训练思路，不仅强化公安民警的身体基本素质和一般警务技能，还从体制机制上夯实和创新警察体育训练体系，从教育源头上为警察体育的发展提供了科学导向。

与此同时，我国警察体育的科研水平也取得了较大提升。据中国知网上查阅统计，从2000年以来，关于警察体育或警察训练方面的科研论文共有600余篇，其中发表在核心期刊上的论文有40多篇，这些科研论文分别从不同视角对警察体育事业发展进行了深入研究与探索。

2.2 警察体育概念及含义

警察体育作为一门新兴学科起步较晚，它是在军事体育的孕育中诞生，伴随着中华人民共和国的成立和社会主义经济建设的发展而发展的，它已成为我国警察这个特殊群体中不可缺少的重要组成部分。警察体育工作是整个公安工作，特别是公安队伍全面建设的一个最重要组成部分，是其他工作不能替代的。大力加强警察体育工作，广泛开展警察体育运动，对增强民警的体质、提高身体素质和警体技能，增强队伍的凝聚力、提高战斗力，推动精神文明建设，都有着重要的战略意义。

2.2.1 警察体育的定义

1. 警察体育的内涵

警察体育的发展依赖于公安学的发展，和警察职业的发展息息相关，而警察是武装性质的国家治安行政力量，是人民民主专政的重要工具，是国家政权的重要组成部分。《中华人民共和国人民警察法》第二条明确规定："人民警察的任务是维护国家安全，维护社会治安秩序，保护公民的人身安全、人身自由和合法财产，保护公共财产，预防、制止和惩治违法犯罪活动。"说明人民警察的职业特点是在法律的框架下，具有暴力性、强制性。在此基础上，警察体育素质就成为人民警察职业素质中最为重要的一环，是衡量一名警察是否合格的重要因素，也是衡量警察队伍素质和队伍建设的关键依据。

警察体育的内涵是发展人民警察的身体素质，提高警务实战技能，提升维护社会治安、制止违法犯罪行为、惩治违法犯罪人员的能力和素质的一门科学。

2. 警察体育的外延

警察体育是体育学的一个分支，包含典型的体育属性，同时，又结合了公安的工作性质和职业特点，具有典型的实用性、对抗性、暴力性的特点，这些属性和特点成为警察体育外延的主要构成元素。其包括：警察身体素质的提升、警察执行警务实战能力的提升、警察警务执法思维的养成、警察身心健康的保证、警察体育教育的开展、警察体育竞技活动的训练与竞赛、警察体育文化的建设等。

3. 警察体育的概念

根据警察体育的内涵和外延，对警察体育的概念定义为：警察体育是通过身体活动的手段，以提升人民警察执行警务活动所应具备的专项技能和职业素养为目的，促进身心健康发展的一种社会文化现象。

概念的含义分为五个方面：第一，警察体育是通过身体活动的手段来开展的，反映了警察体育的本质属性，突出警察体育的发展是在体育学的发展框架基础上的。第二，警察体育的开展是建立在人民警察执行警务活动的法律行为基础上的，是受国家法律所约束和受国家法律所保护的，是公安本质属性的体现。第三，警察体育是以提升警察专项技能和职业素养为目标的，体现其职业特点和职业性质，突出了警察体育的指向性。第四，警察体育具有促进警察身心健康的作用，警察体育是提升警察个体与群体的身体健康、心理健康、社会适应健康和道德健康的有效手段。第五，警察体育是一种社会文化现象，既是一种社会活动现象，又是一种文化活动现象，警察职业是社会环境下的一种职业，警察也是社会成员中的个体，警察文化、警察体育文化也是一种文化的构成元素。

2.3 警察体育与军事体育的联系及区别

警察体育隶属于体育学，是以体育学的研究方法和手段为基础，将体育运动项目运用于警察体育中，再结合公安学加以改变和运用，在体育学的基础上添加了警察职业特色和职业手段。

警察体育是在军事体育的孕育下形成与逐步发展的。警察和军队的性质都是国家的武装力量，是国家机构的主要组成部分，都具有强大的武力，都有维护国家安全的职责，都具有职业暴力性特点。警察和军队职业的区别在于：第一，归属不同。公安机关属于政府的一个部门，而军队受军委管理。第二，职能不同。公安机关是维护社会治安秩序，而军队是维护国家主权。第三，手段不同。公安机关是制止和打击违法犯罪，以防卫、控制和抓捕为手段，而军队是以军事防御和军事打击为主要手段。由此衍生出来的警察体育和军事体育虽然在很多方面都有交叉和渗透，彼此也有许多借鉴，但在学科定位、学科分类，研究对象、研究方法，所采用的技能、战术思维等方面都有较大差别。

2.4　警察体育的特点

2.4.1　对抗性

警察行为属于社会实践范畴，警察行为的强制性是区别于其他行政行为的最显著特征，在很大程度上警察的任务就是以自身的强制性行为约束、打击、制服违法犯罪的越轨行为，维护国家意志所确认的社会规范，以保证国家安全、社会政治和治安稳定。警察体育就是为确保警察的强制性行为实现的重要学科，它是警察队伍建设的重要组成部分，是建设强大的公安队伍和进行强有力的公安工作的重要保证。警察在与危害国家安全、破坏社会治安的敌对分子进行斗争时，必须要运用过硬的警体技能以约束、打击、制服犯罪嫌疑人。因此，警察体育具有很强的实用性和对抗性。

2.4.2　实践性

警察体育是广大公安民警在身体直接参与运动，并承受一定运动负荷的情况下，将警察体育知识与思维活动紧密结合，遵循警察身心发展规律，通过艰苦的长期锻炼来发展体能、增强体质，提高惩治违法犯罪的实战技能。因此，警察体育具有很强的实践性，它必须按照运动中人的机体适应规律和超量恢复原理，通过不断的身体练习，从量的逐步积累中达到质的提高。因此，任何急于求成、急功近利的训练方法都是违反身体训练中的渐进性和迟效性特点的。警察体育训练必须长年坚持，持之以恒，才能取得良好的效果。

2.4.3　健身娱乐性

发展警察的体能，增强警察的体质，提高警察的警体实战技能是警察体育的核心，也是永恒的主题。警察体育活动既要服从于公安工作的实战需要，也要满足广大公安民警的强身健体和文化娱乐活动的需要。警察的群众性体育活动是警察体育的基础，警察体育活动的开展要以《人民警察体能达标标准》为重点，结合《全民健身计划纲要》，正确处理好警察体育与普通体育的关系，提高技能与健身锻炼、文化娱乐的关系，发挥好警察体育健身娱乐的作用。

2.4.4 竞赛性

竞赛是检阅和检查警体工作成果，促进和推动警察群众性体育活动和警体运动水平的重要手段。竞赛活动不仅是集体或个人的体能、技术、战术等方面的较量，也是反映警察体育锻炼积极性的一个侧面。通过竞赛培养警察的爱国主义、集体主义、团结友爱和荣誉感，培养警察良好的思想道德、意志品质和优良的作风，凝聚警心、弘扬警威，促进队伍建设，加强警民关系和警察之间的友谊，对活跃警营生活、调节精神、愉悦身心，都有十分重要的意义。

2.5 警察体育学科发展及构建

警察体育是警察教育的一个重要组成内容，其产生和发展经历了一个曲折的历史发展过程。当前，我国警察体育学科的发展处于一个迷茫时期，因其研究的内涵、外延与现实的公安工作紧密相连而显得错综复杂，甚至其存在的必要性也引起一些争议。借此通过历史的科学的回顾与总结，借鉴其他新兴学科建设的方式方法，对警察体育学科的建设进行系统而全面的思考，以期发现一些规律性的东西，为警察体育学科构建尽一份力。

2.5.1 警察体育学科发展历史

1. 警察体育学科诞生于军事训练

警察体育教育是伴随着警察队伍的产生而出现的。1931 年 11 月，中国工农红军在江西瑞金成立了中华苏维埃共和国中央临时政府，下设国家政治保卫局，它是中国共产党的警察机关，和人民军队一样都是人民民主专政的工具，两者承担的职责和任务又有相似之处，人员也基本上都是从部队中抽调组成，所以，当时对政治保卫局人员的教育训练工作都是按人民军队的要求严格进行的。

中华人民共和国成立以前的1949年8月，中共中央军委公安部建立，中央人民政府人民革命军事委员会批准建立人民公安部队。随后，《中国人民政治协商会议共同纲领》规定：中华人民共和国建立统一的军队，即人民解放军和人民公安部队。经1949年10月19日中央人民政府委员会第三次会议决定，中央军委1950年9月22日任命罗瑞卿为公安部队司令员兼政委，授上将军衔，是我国的第一任公安部部长。可以看到当时的警察队伍只是军队的一个特殊兵种。警察的训练工作也完全是按照中国人民解放军军事训练的内容及要求进行的。随后建立的各公安干部学校都按照军队院校的称谓设置军体教研室，教员基本上都由部队转业干部组成，教材使用的是军体教材。

2. 警察体育学科的创立

随着改革开放的展开，各种社会问题随之产生，警察执法的危险性和战斗性逐渐显现，警察在执法过程中受伤和牺牲情况逐渐增多，引起公安高层和从事公安教育的学者对公安教育训练的内容和体系的反思。以公安教育训练的内容和体系应当适应公安执法的现实需要为主的各种教学和课程改革随之展开。在这样的背景下，特别是1983年开始的“严打”斗争，一方面促进了社会主义精神文明建设与社会风气的好转，同时警察队伍也经受了严峻的考验与严格的锻炼。警察队伍的体能素质、健康问题切切实实被提出，警察训练与现实公安工作的不适应以及军事体育的不足渐渐凸显出来。警察体育作为一门独立的学科在公安实践的发展中呼之欲出。在1986年的首届全国警察体育学术讨论会上，中国人民公安大学高椿教授率先公布《试论警察体育》的论文，论述了警察体育作为一门独立学科的重要性和必要性，提出在公安院校以警察体育这一概念取代军事体育，将各公安院校的军体教研室改为警体教研室，成为警察军事体育向警察体育事业发展的里程碑。1988年春，国家教委组织了全国6大体育院校的18位专家、教授，对警察体育学科进行了审核、论证，通过了将警察体育专业列入全国普通高等学校体育学科专业目录。1988 年的体育专业设有体育教育、运动训练、武术、体育保健康复、体育管理、运动心理、体育新闻、警察体育、人体生理科学等 9 个专业。1989 年国家教委、公安部批准在中国人民公安大学试办警察体育系，同年 8 月中国人民公安大学在全国招收第一批四年制本科学生。1993 年国家教委颁布普通高等学校本科专业目录，第一次将警察体育列入体育学类中，编号 040307。

由此可见，警察体育学科的建立是时代的需要，而一门学科的发展需要广大的科学研究工作者尽心去培育。随着社会的迅猛发展，警察体育概念的局限性也随着时代的发展逐渐显露出来。这本是一件好事，科学的发展规律告诉我们，事物是不断发展的，事物发展的道路是曲折的，在曲折前进的过程中实现由量变到质变的飞跃，进而产生新的事物。新事物战胜并取代旧事物的过程，就是事物由低级到高级、由简单到复杂、由无序到有序的不断前进发展的过程。但是广大警察体育研究工作者没有抓住这一机遇在学科建设上进行新的突破，而是将一些原本不属于警察体育学科的内容（如大型活动安全保卫处置）列入研究，无限拓展警察体育的概念，随意添加警察体育学科研究的内容，使真正的警察体育学科研究反而跟不上时代的步伐，无法从理论和方法学上对警察体育学科进行深入研究。继高椿教授之后，没有在全国体育界有影响的学者从事警察体育学科建设的研究，没有有影响的警察体育学科的论文和著作发表，更谈不上建立系统的理论和方法论，原本并不坚实的警察体育学科，没有系统的理论和方法指导实践，其浮在表面上的研究就会值得怀疑，就没有使人信服的说服力。加上警察体育概念不科学的扩展，越来越多的人不知警察体育学科的研究内容和方向。1997 年教育部对本科专业进行调整，未将警察体育列入专业目录。1998 年，教育部根据社会的需求对原有的体育专业设置做了重新调整，其专业设置为：体育教育、运动训练、社会体育、运动人体科学、民族传统体育等 5 个专业，警察体育这一名称消失，警察体育学科建设步入迷惘之中。

2003 年教育部批准公安大学增设军事教育训练学研究生培养点，该专业下设警务体能与警务实战技能、警务战术训练两个方向，该校于次年首次向全国招收军事教育训练学研究生，并于 2009 年成功申办警务指挥和战术专业。2010 年公安大学招收警务指挥和战术专业本科生，2012 年将研究生专业方向调整为警务指挥和战术。2011 年 3 月，教育部在法学学科门类下设公安学一级学科，在工学学科门类下设公安技术一级学科，公安学、公安技术学两个一级学科，统称为（大）公安学科。学科目录调整后，尽管没有将警察体育单列入公安学科的二级学科目录，但在理论意义上将其包含在警务指挥与战术等学科之中，随着当今公安教育的不断发展和改革，以及实践教学中的反馈，这样将原有的警察内容全部归为警务指挥与战术学科是值得商榷的。

2017 年 11 月在福建警察学院举办“第七届国际警务实战论坛”，在警察院校学科专业建设专题研讨会上，来自美国、英国、加拿大、瑞士、中国的近 30 所公安院校、训练基地、行业公安系统的 200 多位理论与实战界专家、教官，分多个小组就警务指挥与战术专业发展现状、存在的问题及未来拟建设学科方向进行了多次详细的讨论。总结起来主要有以下两点建议和结论：一是警务指挥与战术专业不能全部涵盖警察院校体育教学实践工作需要。与会者基本认同根据现有警察体育教学课目内容可归属划分为体育学科和公安学科，体育学科中的运动训练内容包括警察体能、警察防卫与控制、警察武器警械使用、警务战术、泅渡、驾驶技术等；公安学科中警务指挥与战术专业内容包括警务实战指挥学、警务参谋学、警务地形学、警务危难事件处置、警务指挥与战术训练方法、警务危机谈判等。这样的定位和划分，较好地区别开了体育学科和公安学科的领域范围。二是现实警务指挥与战术建设发展的过程中遇到的困惑及近几年毕业生在基层实践工作的反馈，存在如下问题：警务指挥与战术专业人才定位模糊，是培养复合型、应用型还是专门型人才，概念界定上的模糊容易出现人才靶向上的缺失问题；课程设置不够充实，虽突出了实战性，较为管用够用，但缺乏全面和系统，缺乏哲学、地理学、气象学等课程，课程间关联性和逻辑性需进一步提高和完善；专业名称解读不一，有“警察临战”“警察实战训练”“警察体育学”等，导致在教材规划、课程设置、教学训练、人才培养、师资建设等方面出现各院校自行发展，百花齐放现象，警务指挥与战术专业的发展任重道远。这次会议基本代表了当今警察教育训练的学科发展方向。

3. 警察体育应有的学科地位

参考国外的警察教育训练成果和军事体育建设情况，要想改变我国警察体育学科建设的现状，从事警察体育教育训练实践的教师、学者必须认清警察体育的本质特征，以科学、严谨、辩证的方法，秉着对广大民警高度负责任的态度开展警察体育的研究，解决警察体育学科概念不明确、内容不规范、训练方法欠科学的问题。

当前，警察体育事业发展为独立学科的态势已经形成。公安大学、刑警学院和各省公安院校都建立了警察体育教学训练部、警体战训教研部、警务战术与指挥教研部（系）等，负责公安院校所有公安专业的警察体能、技能和战术课程教学。从我国30年公安高等教育的迅速发展来看，警察体育教育现在已经形成一个覆盖全国、面向全社会180万干警队伍和62所公安高等院校和300多所警察训练基地，包括研究生、本科、专科教育和民警培训的多层次培养对象的教育训练体系，有专门的研究对象，有逐渐成熟的基本理论体系，有一批学科专业研究队伍，有警察体育学术组织和学术刊物，出版了大量学术著作，有自己的培养体系与培养方法，基本符合学科指标体系的要求。可见，今天的警察体育更加接近体育学科发展体系，这是充分参照国外学科划分标准和当前国内警察院校警察体育实际教学现实情况得出的，是众望所归的，应该恢复其合法地位。

2.5.2 警察教育训练与警察体育训练的联系及区别

长期以来，公安系统把警察教育训练与警察体育训练混为一谈，实际上，两者有着本质的区别。警察教育训练是警察为有效完成公安勤务工作所进行的相关训练，包括警察业务知识学习、警察体能训练、警务技术训练、警务技能训练、警务战术训练、警务指挥，它以适应公安勤务、提高警察执行职务的能力素质为目标。而警察体育训练是主体性的体育教育，是研究体育的理论与方法以及运动项目如何为公安民警的体质体能以及警务技战术服务，以提高警察个体执行职务需要的体质体能和技能素质为目标，是警察教育训练的基础学科。

警察体育是警察教育与体育学科密切结合的一门学科，是以增强警察体质体能，提升警察综合战斗素质，丰富警察文化生活，加强精神文明建设而进行的有目的、有意识的身体运动和社会活动；是以运动技术为主要训练手段，针对警察这一特殊职业群体对体育的需要，专门研究警察的体育活动规律、体系、专门技术及训练方法、组织管理等理论与实践的综合性应用学科。从警察教育的角度看，它属于教育科学的范畴，属于技术科学的分支学科，它是教育技术；从体育科学的角度看，它属于体育教育训练学下的应用的基础性学科。从事警察体育教育训练实践，如果缺乏正确的理论指导，就难以避免盲目性和无序性，达不到应有的效应，得不到应有的结果。如果不注重基本的理论建设，就不可能对警察体育的理论和实践进行辩证的、本质的思考，也就不可能充分发挥警察体育在当前警察教育训练中的支撑、助推和催化作用，这样，科技强警、科技练兵就有可能走向理论上虚无主义的道路。

2.5.3 警察体育学科建设中存在的问题

1. 警察体育概念不统一

警察体育概念不统一，这不仅是一个理论问题，同时也是一个实践课题。对警察体育概念的认识关系到理解警察体育内涵结构和警察体育学科属性等基本理论问题，将对警察体育学科体系发展产生一定的影响，也直接影响警察体育学科的建设。

2. 警察体育的学科研究还较为薄弱

已有的研究对警察体育学科产生机制还存在分析不够、对警察体育特殊性及发展的特殊规律认识不深、对警察体育整体性研究缺乏，主要集中在警察体能、警察防卫与控制（之前称为擒拿格斗或技击类技术）、武器警械使用、警务战术、指挥应用、其他警务技能等问题的讨论，不重视整体研究和警察体育的内涵挖掘。1994 年以来，公安部多次组织全国公安武警警察体育理论学术研讨会，在遴选出的论文中，对警察体育理论体系研究的论文凤毛麟角。此外，相关部门对警察体育研究的扶持力度不够。比如，2010—2018 年国家哲学社会科学基金项目中体育学科达 400 余项，而研究警察体育的项目仅 3 项。

警察体育理论研究整体滞后于公安实践的发展。现有的理论研究大都零散、单一，原本就不坚实的警察体育学科，因没有系统的理论和方法指导实践，使真正的警察体育学科研究跟不上时代的步伐，无法从理论和方法学上对警察体育学科进行深入研究。另外，从事警察体育学科建设的研究方面没有影响力较大的警察体育学科的论文和著作，更谈不上建立系统的理论和方法论。加上警察体育概念不科学的扩展，越来越多的人不知警察体育学科的研究内容和方向。

3. 忽视学科队伍建设

因对警察体育的基础地位认识不够清，从事公安队伍建设的领导和研究专家学者对警察体育的学科建设发展存在不理解、不重视，导致对学科带头人、学术梯队、学科团队、研究生的培养和警察体育研究所、警体实验室等方面的建设缺乏支持力度和忽视现象，造成警察体育学科没有其学科的层次，无法准确评估警察体育的科学水平、教育水平、训练水平和社会服务水平，使广大警察体育教育工作者发挥不了应有的作用。加之从事警察体育的教师在职称晋升上难度较大，一部分从事警察体育的教师改行或转向警务战术与指挥、警察实战技能训练教学等部门，甚至一些公安院校把警察体育教学训练部门分成两个教学训练部门后，出现教学内容重复、师资力量浪费、教学管理互相扯皮等问题，严重影响警察体育教师的积极性。

4. 警察体育学科体系结构被打破

1998 年，教育部根据社会的需求对原有的体育专业设置做重新调整，警察体育被排除在目录之外，警察体育学科建设步入迷茫之中。在公安教育训练中，警察体育学科内容被不断切割，与其他学科融合产生新的分支学科，这些都在不断地冲击和改变着警察体育的原有体系结构，并使警察体育学科群变得模糊不清。因此，有必要重建警察体育学科体系。

2.5.4 警察体育学科体系建设的标准、条件及途径

1. 警察体育学科建立的标准和条件

警察体育应当按照学科建立的标准和条件去建设和完善，才能被社会所承认。建立一门学科不是一件容易的事情，《中华人民共和国国家标准学科分类与代码》对学科下的定义是："学科是相对独立的知识体系。"其学科分类依据是：根据科学研究对象、研究特征、研究方法、学科派生来源及研究目标等 5 个方面进行划分。该标准收录学科的条件是："理论体系和专门方法的形成；有关科学家群体的出现；有关研究机构和教学团体以及学术团体的建立并开展有效的活动；有关专著和出版物问世等。"其中的任一条件都需要警体教育工作者不懈努力去实现，没有捷径可走。

2. 警察体育学科体系建设的内涵

根据公安职业需求，以及成熟学科应具备的特点，对照警察体育目前的发展状况，警察体育学科必须适应公安工作，初步形成一个完善的学科体系：一是有自己的主干学科，比如警察防卫与控制、警察器械使用、警察体能等；二是有较强的社会需要，特别是为适应暴力恐怖事件突发，公安工作面临新形势、新任务，要求警察体育学科与社会发展相适应；三是公安教育职业化和专业化强，警察体能与警务技能要有相关专门行为的要求；四是教学内容形成健全的内容体系，逐步形成针对不同教学层次的教学方法和手段；五是教学科研队伍水平不断提高，有自己的学术团体；六是科研成果不断推陈出新，拥有一批国家级、部级、市级等不同级别的科研项目，形成成熟的理论和实践体系。

3. 警察体育学科建设的目标

在建设警察体育学科体系的基础上，争取在国民教育系列中有自己的一席之地，使警察体育学科成为国家学科目录中的二级学科，研究生专业可开设警察体能与警务技能实战、警察防卫与控制、警察武器与警械使用、警务战术等方向。要把适应新时期公安工作实战要求的警察体育学科体系建设作为公安事业建设发展的主要目标，加强学科带头人和学术梯队建设，加强警察体育学科条件建设，加强警察体育的学科研究，发挥学术研究的理论指导作用。在公安部的领导下，在教育训练局的指导下，依靠前卫体协的组织，全国公安院校齐心协力，总体布局，分工负责，争取早日实现警察体育学科建设上层次和体系发展的目标。

4. 警察体育学科研究的主要任务

警察体育学科建设的主要任务是研究警察体育领域的基本理论，探索警察体育工作的发展规律。其包括以下几个主要方面：一是探索新形势下公安工作对警察体育学科建设的要求，分析公安工作的新特点、新动向，推动警察学科建设适应公安实战要求；二是开展警察体育学科的基础性研究，包括警察体育学科与公安学科体系的概念、范围、结构和研究对象，警察体育学科如何布局，国内外警察体育学科比较研究等；三是开展警察体育学科的应用性研究，包括对警察体能、警察防卫与控制、警察武器、警械使用、警务战术等技能的基础条件进行研究，对学科带头人、学术梯队、博士点与硕士点、实验室、研究所等要素建设进行论证与研究；四是开展警察体育重点学科的建设和研究，即在应用性研究的基础上，对现有教学科研条件较好、对公安工作有重要意义的学科专业进行遴选、论证和建设，写出重点学科论证报告与建设规划，按学科建设程序进行审批，并争取经费支持。

5. 警察体育学科体系构建的类别

学科体系是衡量一个学科是否成熟的重要标志。“学科是高校的组织细胞。世界上不存在没有学科的高校，高校的各种功能活动都是在学科中展开的，离开了学科，不可能有人才的培养，不可能有科学研究，也不可能有社会服务。”确立学科结构布局，是目前警察体育学科体系建设的重要内容。警察体育学科体系的构建应从学科自身的本质去把握，即应从警察体育的研究对象入手，来确立警察体育学科的总体框架结构。

警察体育学科主要分为警察体育基础理论学科和警察体育技能学科两部分。警察体育基础理论学科属于社会科学范畴，主要研究警察体育的基本理论；警察体育技能学科属于自然科学范畴，主要研究训练科学技能在警务工作中的应用。

因此，可把警察体育学科体系分为两大类：警察体育基础性学科体系和警察体育技能应用性学科体系。警察体育基础性学科包括运动人体科学、警察体能学、警察体质学、体育教育训练学、警察社会体育学、警察心理学、警察体育相关法学等；警察体育技能应用性学科包括警察防卫控制学、警察装备学、警用武器学、警务战术学、特殊警察业务等。

警察体育是研究警察这个特殊人群的运动规律的学科。学科体系有广义与狭义之分，广义的警察体育学科体系应包括警察相关公安专业、法律学科等；狭义的警察体育学科体系应包括警察体能学科、警察体质学科、警察防卫与控制学科、警察武器与警械使用学科、警务战术学科、警察心理学等。

6. 警察体育学科建设的方法

警察体育学科建设是我国公安院校学科建设的重要内容。全国各公安院校的领导和专家应共商警察体育学科建设大计，组织相关专家、教授对警察体育学科建设进行系统研究，设立“警察体育学科体系建设研究”课题，加强与各级公安部门、教育部门、全国公安院校的交流，梳理警察体育学科建设的研究成果。要规范警察体育学科建设，划清警察体育学科的归属，明确警察体育学科具有独立性；要分清警察体育学科的层次，明确其所属主干学科、基础学科和专业学科。各公安院校应遵循教育规律，加强科学训练力度，办出公安实战特色，以警察体育学科建设为突破口，不断深化警察体育教育训练改革，加强警察体育基础教育训练，努力把警察体育学科建设成为公安教育的支柱学科。

从辩证法、认识论、方法论的高度，加强警察体育学科的研究。应从封闭走向开放，博采其他学科之长，把警察体育学的研究置于古今中外警察体育事业发展的历史长河中，加以考察；从感性走向理性，把警察体育实践领域所蕴含的规律性东西挖掘出来；从滞后走向超前，站在学术的前沿、理论的前沿和实践的前沿进行研究，警察体育学科的研究应寻找新的理论生长点，以警察体育学科的理论指导警察实践，对于目前转轨时期警察职能的重新定位具有重要意义。

7. 警察体育学科建设的途径

一要加强师资、科研和条件建设。加强警察体育学科建设，需要注重学科团队建设（包括培养警察体育学科带头人和学术梯队），增加科研投入力度，重点投资建设一批较为先进的科研所、实验室和训练设施，加大重大科研项目支持力度，加强校园网和图书文献保障系统的建设，加快教材建设，扩大国内外交往等。在建设过程中，警察体育教学队伍和公安实践一线队伍要紧密配合，各公安兄弟院校要通力合作，共同推进警察体育学科建设。

二要整合教学科研资源。公安院校目前较分散的警察体育教学部门，可以尝试合并或改建成警体与战术系或警体与指挥系等。合并或改建有利于加强学科建设，有了完善的学科，就有利于培养学科带头人和学术梯队建设；有利于向国内外吸纳有专长的专业人才；有利于扩大研究生招生规模，提高研究生培养质量；有利于与其他国家和地区开展友好往来，扩大国际间的警察体育学术交流。

三要加强实用学科建设力度。以警察防卫与控制、警察武器和警械使用技能、警务战术为主干学科，以警察现场制止违法行为操作执法规范、警察体能体系系统和评估为支撑学科，形成在学科领域以及公安实际工作中有应用能力的学科力量，逐步建立起科学完备的学科体系。集中力量建设那些公安工作急需同时又能强化警察队伍实战力量的学科，以带动警察体育学科体系的整体发展。

2.6 警察体育的作用

警察体育隶属于体育学，源于军事体育，发展于公安实践，是军事学、公安学与体育学的结合，既具有体育属性、军事属性，又具有公安属性。警察体育是一门新兴的综合性应用型交叉学科。警察体育是警察队伍建设的重要内容，也是警察教育的重要组成部分，其在警察教育中的作用是由警察队伍质量的要求所决定的。

在当前强调社会和谐发展的新时期，警察队伍在做到保护人民合法权益、与人民和谐同处的同时，也需要警察队伍个体自身的全面和谐发展。警察体育作为提高警察健康水平、增强警察队伍战斗力、促进警察队伍和谐良性发展的重要教育成分，在公安工作改革浪潮不断涌来之时，对其作用进行全面剖析和清醒认识，具有重要历史和现实意义。

2.6.1 完善警察队伍建设

警察体育是人民警察队伍建设的一个重要保障。警察体育中的队列训练、警察礼仪是规范警察工作、生活行为的依据和基础，是培养警察良好的仪表体态、饱满的精神风貌、严整的警容风纪、协调一致的队伍动作、紧张严肃的警察作风的重要手段。通过训练，有效保证了警察队伍的管理原则、管理秩序和制度建设，保证了警察战斗中的指挥原则和指挥权的有效运作，是警察队伍建设、队伍管理、战斗指挥的正规化、现代化、科学化的有序组织保障。

2.6.2 提升警察身体素质

人的因素是决定战斗胜败最重要的因素，而在人的因素中，身体素质又是警察战斗力的最重要的外在因素。警察的身体素质是一切警务技战术得以实施和运用的基础条件和最重要的决定性因素之一。警察体育的技战术的训练、提升与运用，都必须依靠强大的体力作为基础支撑，警察只有具备了良好的身体素质，才能承受艰苦、复杂、多变的执法环境的负荷，才能有效发挥警察体育技战术水平，圆满完成警务执法任务。警察体育中的公共体育和体能主要以提升警察的各种身体素质为目的，体能是指身体在活动中所表现出来的能力，包括身体的基本活动能力、适应外界环境的身体能力等身体素质。

2.6.3 提高警察警务技战术能力

警务技战术是警察体育的主要研究内容，是人民警察在执行警务活动中主要运用的手段和方法，是警察体育教育训练的核心部分。其主要包括攀爬术、机动车驾驶、泅渡等基本技能；散打、拳击、摔跤等格斗技能；擒拿术、徒手防卫与控制技术；各种警械装备的使用技术；各种警用枪支的实战射击技术；警务技术、追击堵截战术、解救人质战术、枪战战术、缉捕战术、行动指挥、临战战术等警务战术与指挥；防暴队形、防暴技能等防暴战术与指挥；等等。警务技战术对有效打击各种犯罪活动，提高捕获犯罪分子及犯罪嫌疑人的能力和成功率，最大限度地减少人员伤亡和物质损失，有效保护自身安全，具有非常重要的积极作用和决定性因素。

2.6.4 提升心理素质

警察体育训练可以使警察产生和强化积极的情绪体验，降低和解除紧张情绪所带来的负面影响，提升乐观主义的感受，增强安定感；警察体育能改善警察对自身体质体能水平的认知，对自己身体外貌的认知，对自己身体战斗力、抵抗力、健康水平的认知，从而提高身体的自我评价，增强自尊心和自信心；警察体育通过积极主动的活动过程，促进警察的观察力、注意力、记忆力的发展，进而促进警察思维的灵活性和灵敏性，提升智力的发展；警察体育以各种体育活动的方式，促进警察个体间、团体间，以及个体与团体间的沟通与交流，促进心理释放与心理肯定，完善心理修复，预防和治疗心理疾病，促进警察心理健康和提升心理素质。

2.6.5 培养意志品质和思想道德素质

通过警察体育的教育训练，有助于培养人民警察勇敢顽强、吃苦耐劳、坚持不懈、克服困难的坚强毅力和思想作风，有助于培养人民警察机智灵活、沉着果敢、英勇善战、谦虚谨慎的优良品质，有助于培养人民警察忠于党、忠于国家、忠于人民、忠于法律的思想道德素质。

2.6.6 培养集体主义观念和团队意识

警察是以团队的方式来完成国家赋予的法律责任的。警察体育通过各种集体活动方式，不断强化和促进警察的团队意识、团队观念和团队作风，培养警察的集体主义观念，促进警察的团队配合、团队协作、团队保护的行为习惯和精神。使团结不再是一句口号，而是实实在在的行为习惯和思维习惯。

2.6.7 丰富警营文化

警营文化是社会文化现象中不可或缺的重要组成部分，而警察体育文化又是警营文化中最重要的支撑元素之一。警察体育文化通过丰富多彩的内容、生动活泼的形式，将愉快健康、高尚文明的精神生活带到了警察生活的余暇。警察体育文化活动融教育性、趣味性、情感性、健身性、广泛性、易接受性于一身，推进警察健全性格的培养，丰富警察的精神文化世界，推动警营文化和社会文化的发展。

警察体育作为一个多学科、多层次结构的系统，已经与教育学、社会学、警察学、生物学、医学、人口学、经济学、文化学、法学等自然和社会科学发生联系，学科间的交叉、渗透不断产生新的理论成果，并指导和影响着警察体育实践的发展。日前我国警察体育科学研究已经引起诸多科研工作者的足够重视，对系统认识、科学发展、教学训练等方面都展开过讨论和研究，并尝试与世界警察体育科学接轨，随着世界体育科学的发展呈现出整体化趋势。

在新发展理念的新形势下，一切发展应注重当前利益和长远利益相结合、局部利益和整体利益相结合，在注重其全面、系统、协调发展的同时，应充分考虑到发展的可持续性问题；应注重与人文社会学、自然科学等各个学科的联系和共同发展，在不断拓展发展领域的同时，应充分考虑其发展的多元化问题；应注重发展的实际功能和需求，在继续挖掘其内在发展动力的同时，充分考虑警察体育事业发展的实际性问题。

参考文献

[1]胡卫群.我国警察体育发展历程及特点研究[J].体育世界(学术),2016,(07):26-27.

[2]李明.关于警察体育的定义、内容和特征研究[J].体育研究与教育,2013,(04):28-30.

[3]宋万年.警察体育概论.中国人民公安大学出版社,2002,6.

[4]王海源.警察体育与警务技能辨析.江苏警官学院学报,2006,(01):134-135.

[5]沈斌.论警察体育的形成与定义[J].当代体育科技,2016,(06):156-158.

[6]郑卫民.我国警察体育的形成及特点[J].内肛科技,2011,(05):41+61.

[7]编写组.中国人民公安史稿[M].北京:警官教育出版社,1997,.

[8]倪峰.中国警察体育发展初探[J].体育文化导刊,2001,(05):32-33.

[9]谭希培.马克思主义哲学原理[M].长沙:中南大学出版社.2003,(04),168-176.

[10]陈博.公安本科院校警体学科体系建设之思考[J].军事体育进修学院学报,2006,(01):76-78.

[11]曹超.对当前我国警察体育学科建设的思考[J].体育科技文献通报,2008,(03):44-46.

[12]易剑东.熊东萍,2000年以来中国体育史学研究的回顾与展望[J].山东体育学院学报,2004,(05):5-7.

[13]何剑.中国警察体育与课程改革[M].北京:中国人民公安大学出版社,2011,(03):142.

[14]董如军.新时期中国警察体育学科体系建设研究[J].军事体育学报,2015,(02):7-10.

[15]沈斌.试论警察体育的作用[J].产业与科技论坛,2016,(14):134-135.

[16]黄玉珍.试论警察体育的功能[J].福建警察学院学报,2013,(05):84-85.

[17]田文学.论警察体育的功能及发展走向[J].政法学刊,2009,(04):123-125.

第3章 教学模式研究综述

3.1 模式概述

“模式”一词是英文“model”的汉译名词。“model”还可译为“模型”“范式”“典型”等。“模式”一词的指涉范围甚广，它标志着事物之间隐藏的规律关系，而这些事物并不仅仅是图像、图案，也可以是数字、抽象的关系，甚至是思维的方式。模式强调的是形式上的规律，而非实质上的规律，是前人积累的经验抽象和升华。简单地说，模式就是从不断重复出现的事件中发现和抽象出的规律，是解决问题的经验性总结。只要是一再重复出现的事物，就可能存在某种模式，是一种认识论意义上的确定思维方式。模式，其实就是解决某一类问题的方法论，即把解决某类问题的方法总结归纳到理论高度，那就是模式。

每个模式都描述了一个在我们所处环境中不断出现的问题，是解决问题的核心。模式有不同的领域，建筑领域有建筑模式，软件设计领域有软件设计模式，管理领域有管理模式，等等。当一个领域逐渐成熟的时候，自然会出现很多模式。

模式是一种参照性指导方略。良好的指导有助于高效完成任务，有助于按照既定思路快速做出一个优良的设计方案，达到事半功倍的效果，而且是得到解决问题的最佳办法。

3.2 教学模式概述

教学模式是在一定教学思想或教学理论指导下建立起来的较为稳定的

教学活动结构框架和活动程序。作为结构框架突出了教学模式从宏观上把握教学活动整体及各要素之间内部的关系和功能，作为活动程序则突出了教学模式的有序性和可操作性。

乔伊斯和韦尔在《教学模式》一书中认为："教学模式是构成课程和作业、选择教材、提示教师活动的一种范式或计划。"实际教学模式并不是一种计划，因为计划往往显得太具体，太具操作性，从而失去了理论色彩。将"模式"一词引入教学理论中，是想以此来说明在一定的教学思想或教学理论指导下建立起来的各种类型的教学活动的基本结构或框架，表现教学过程的程序性的策略体系。

3.2.1 教学模式基本结构

教学模式通常包括五个因素，这五个因素之间有规律地联系着。

1. 理论依据

教学模式是一定的教学理论或教学思想的反映，是一定理论指导下的教学行为规范。不同的教育观往往提出不同的教学模式。比如概念获得模式和先行组织模式的理论依据是认知心理学的学习理论，而情境陶冶模式的理论依据则是人的有意识心理活动与无意识心理活动、理智与情感活动在认知中的统一。

2. 教学目标

任何教学模式都指向和完成一定的教学目标，在教学模式的结构中教学目标处于核心地位，并对构成教学模式的其他因素起着制约作用，它决定着教学模式的操作程序和师生在教学活动中的组合关系，也是教学评价的标准和尺度。正是教学模式与教学目标的这种极强的内在统一性，决定了不同教学模式的个性。不同教学模式是为完成一定的教学目标服务的。

3. 操作程序

每一种教学模式都有其特定的逻辑步骤和操作程序，它规定了在教学活动中师生先做什么、后做什么，各步骤应当完成的任务。

4. 实现条件

实现条件是指能使教学模式发挥效力的各种条件因素，如教师、学生、教学内容、教学手段、教学环境、教学时间等。

5. 教学评价

教学评价是指各种教学模式所特有的完成教学任务和达到教学目标的评价方法和标准等。由于不同教学模式所要完成的教学任务和达到的教学目的不同，使用的程序和条件不同，当然其评价的方法和标准也有所不同。目前除了一些比较成熟的教学模式已经形成了一套相应的评价方法和标准外，有不少教学模式还没有形成自己独特的评价方法和标准。

3.2.2 教学模式特点和功能

1. 指向性

由于任何一种教学模式都围绕着一定的教学目标设计，而且每种教学模式的有效运用都需要一定的条件，因此不存在对任何教学过程都适用的普适性的模式，也谈不上哪一种教学模式是最好的。评价最好教学模式的标准是在一定的情况下达到特定目标的最有效的教学模式。在教学过程中选择教学模式时必须注意不同教学模式的特点和性能，注意教学模式的指向性。

2. 操作性

教学模式是一种具体化、操作化的教学思想或理论，它把某种教学理论或活动方式中最核心的部分用简化的形式反映出来，为人们提供了一个比抽象的理论具体得多的教学行为框架，具体地规定了教师的教学行为，使得教师在课堂上有章可循，便于教师理解、把握和运用。

3. 完整性

教学模式是教学现实和教学理论构想的统一，有一套完整的结构和一系列的运行要求，体现着理论上的自圆其说和过程上的有始有终。

4. 稳定性

教学模式是大量教学实践活动的理论概括，在一定程度上揭示了教学活动带有的普遍性规律。一般情况下，教学模式并不涉及具体的学科内容，其所提供的程序对教学起着普遍的参考作用，并具有一定的稳定性。

但是教学模式是依据一定的理论或教学思想提出来的，而一定的教学理论和教学思想又是一定社会的产物，因此，教学模式总是与一定历史时期社会政治、经济、科学、文化、教育的水平联系且受到教育方针和教育目的制约，因此这种稳定性又是相对的。

5. 灵活性

作为并非针对特定的教学内容体现某种理论或思想，又要在具体的教学过程中进行操作的教学模式，在运用的过程中又必须考虑到学科的特点、教学的内容、现有的教学条件和师生的具体情况进行细微的方法上的调整，以体现对学科特点的主动适应。

3.2.3 教学模式的功能

1. 中介作用

教学模式的中介作用是指教学模式能为各科教学提供一定理论依据的模式化的教学体系，使教师摆脱只凭经验和感觉，在实践中从头摸索进行教学的状况，搭起了一座理论与实践之间的桥梁。

教学模式的这种中介作用，是和它既来源于实践，又是某种理论的简化形式的特点分不开的。

一方面，教学模式来源于实践，是对一定具体教学活动方式进行优选、概括、加工的结果，是为某一类教学及其所涉及的各种因素和它们之间的关系提供一种相对稳定的操作框架，这种框架是有着内在的逻辑关系的理论依据，其具备理论层面的意义。

另一方面，教学模式又是某种理论的简化表现方式，它可以通过简明扼要的象征性的符号、图式和关系的解释，来反映它所依据的教学理论的基本特征，使人们在头脑中形成一个比抽象理论具体得多的教学程序性的实施程序。便于人们对某一教学理论的理解，也是教学模式得以发挥其实践功能的中间环节，是教学理论得以具体指导教学并在实践中运用的中介。

2. 方法意义

教学模式的研究是教学研究方法论上的一种革新。长期以来人们在教学研究上习惯于采取单一刻板的思维方式，比较重视用分析的方法对教学的各个部分进行研究，而忽视各部分之间的联系或关系；或习惯于停留在对各部分关系的抽象的辩证理解上，而缺乏作为教学活动的特色和可操作性。教学模式的研究指导人们从整体上去综合地探讨教学过程中各因素之间的互相作用和其多样化的表现形态，以动态的观点去把握教学过程的本质和规律，同时对加强教学设计、研究教学过程的优化组合也有一定的促进作用。

3.2.4 教学模式的发展趋势

1. 从单一教学模式向多样化教学模式发展

自从赫尔巴特提出“四段论”教学模式以来，经过其学生的实践和发展逐渐以“传统教学模式”的名称成为20世纪教学模式的主导。以后杜威打着“反传统”的旗号，提出了实用主义教学模式，20世纪50年代以来一直在“传统”与“反传统”之间来回摇摆。50年代以后，由于新的教学思想层出不穷，再加上新的科学技术革命使教学产生了很大的变化，教学模式出现了“百花齐放、百家争鸣”的繁荣景象。

2. 由归纳型向演绎型教学模式发展

归纳型教学模式重视从经验中总结、归纳，它的起点是经验，形成思维的过程是归纳。演绎型教学模式指的是从一种科学理论假设出发，推演出一种教学模式，然后用严密的实验来验证其效用。它的起点是理论假设，形成思维的过程是演绎。归纳型教学模式来自教学实践的总结，不免有些不确定性，有些地方还不能自圆其说。而演绎型教学模式有一定的理论基础，能够自圆其说，有自己完备的体系。

3. 由以“教”为主向以“学”为主的教学模式发展

传统教学模式都是从教师如何去“教”这个角度来进行阐述，忽视了学生如何“学”这个问题。杜威的“反传统”教学模式，使人们认识到学生应当是学习的主体，由此开始了以“学”为主的教学模式的研究。现代教学模式的发展趋势是重视教学活动中学生的主体性，重视学生对教学的参与，根据教学的需要合理设计“教”与“学”的活动。

4. 教学模式的日益现代化

在当代教学模式的研究中，越来越重视引进现代科学技术的新理论、新成果。有些教学模式已经开始注意利用计算机等先进的科学技术的成果，教学条件的科学含量越来越高，可以充分利用可提供的教学条件设计教学模式。

3.3 教学模式种类

教学模式是教学理论的具体化，是教学实践的概括化的形式和系统，具有多样性和可操作性，因此，教师对教学模式的选择、运用、创新有一定的要求，教学模式必须要与教学目标相契合，要考虑实际的教学条件，针对不同的教学内容来选择教学模式，当然首先还是要了解有哪些教学模式，它们的特点是什么。

3.3.1 传递—接受式

传递—接受教学模式在我国广为流行，很多教师在教学中自觉不自觉地都用这种方法教学。该模式以传授系统知识、培养基本技能为目标。其着眼点在于充分挖掘人的记忆力、推理能力与间接经验在掌握知识方面的作用，使学生比较快速有效地掌握更多的信息量。该模式强调教师的指导作用，认为知识是从教师到学生的一种单向传递的作用，非常注重教师的权威性。

基本教学程序是：复习旧课—激发学习动机—讲授新课—巩固练习—检查评价—间隔性复习。教学原则是教师要根据学生的知识结构的认知水平，对教学内容进行加工整理，力求使得所传授的知识与学生原有的认知结构相联系。教师的主导作用强，教师在传授知识的时候需要很高的语言表达能力，同时要对学生在掌握知识时常遇到的问题有所经验与觉察。教学效果的优点是学生能在短时间内接受大量的信息，能够培养学生的纪律性，能够培养学生的抽象思维能力。缺点是学生对接收的信息很难真正地理解，导致培养的人才单一化、模式化，不利于培养学生的创新思维和解决实际问题的能力。辅助系统一般为课本、黑板、粉笔、挂图、模型、投影仪等。运用此模式在介绍讲解性的内容上比较有效，当期望学生在短时间掌握一定的知识去应试时比较可行，但教师不可在任何教学内容上都运用这种模式，长此以往必然造成一种“满堂灌”的教学现象，非常不利于学生的全面发展，会培养出一大批没有思想与主见的高分低能者。

3.3.2　自学—辅导式

自学—辅导式的教学模式是在教师的指导下学生独立进行学习的模式。这种教学模式能够培养学生的独立思考能力，在教学实践中该模式运用也较多。

基本教学程序是：自学—讨论—启发—总结—练习巩固。教学原则是根据自学内容难度，教师在教学过程中适时点拨，学生先进行自主学习后，教师再进行指导概括和总结。辅助系统是提供必要的学习材料和学习的辅助设施，给学生自学提供有力的支持。教学效果的优点是能够培养学生分析问题、解决问题的能力，有利于教师因材施教，能发挥学生的自主性和创造性，有利于培养学生相互合作的精神。缺点是学生如果对自学内容不感兴趣，可能在课堂上一无所获，需要较长的时间且需要教师非常敏锐地观察学生的学习情况，必要时需要启发和调动学生的学习热情，针对不同学生进行讲解和教学，所以很难在大班教学中开展。实施建议是最好选择难度适当、学生比较感兴趣的内容进行自学，教师要有很高的组织能力和业务水平，避免多讲解，而要多启发。

3.3.3　探究式教学

探究式教学是以问题解决为中心，注重学生的独立活动，着眼于学生的思维能力的培养。

基本教学程序是：问题—假设—推理—验证—总结提高。教学原则是需建立一个民主宽松的教学环境，充分发挥学生的思维能力，教师要掌握学生目前的认知特点并实施一定的教学策略。辅助系统是需要一定的供学生探究学习的设备和相关资料。教学效果的优点是能够培养学生的创新能力和思维能力，能够培养学生的民主与合作精神，能够培养学生自主学习的能力。缺点是一般只能在小班进行并需要较好的教学支持系统，教学需要的时间比较长。实施建议是在探究性教学中，教师一定要尊重学生的主体性，创设一个宽容民主平等的教学环境，教师要对那些打破常规的学生予以一定的鼓励，不要轻易地对学生说对或错，教师要以引导为主，不可轻易告知学生探究的结果。

3.3.4 概念获得模式

概念获得模式是使学生通过体验所学概念的形成过程来培养他们的思维能力，主要反映了认知心理学的观点，强调学习是认知结构的组织与重组的观点。

基本教学程序是：教师选择和界定一个概念—教师确定概念的属性—教师准备选择肯定和否定的例子—教师将学生导入概念化过程—教师呈现例子—学生概括并定义—教师提供更多的例子—进一步研讨并形成正确概念—概念的运用与拓展。教学原则是帮助学生有效地习得概念，是学校教育的基本任务之一。概念获得模式采取“归纳—演绎”的思维形式。首先通过一些例子让学生发现概念的一些共同属性，从而掌握概念并能区别于其他概念的本质特征。学生在获得概念后还需要进行概念的理解，即引导学生从内涵、外延、属性、种类、差别等方面去理解概念。为了强化学生对概念的理解，还应该把与概念相关的或相似的概念、逻辑相关的概念、相对应的概念等进行辨析。学习的目的在于在运用的过程中要发现学生对概念的掌握程度，并视情况及时采取补救措施。辅助系统需要大量正反例子，这就需要教师课前做精心的准备。教学效果是能够培养学生的归纳和演绎能力，能够形成比较清晰的概念，能够培养学生严谨的逻辑推理能力。实施建议是针对概念性很强的内容，课前教师要对概念的内涵与外延做很好的梳理。

3.3.5　巴特勒学习模式——七段教学模式

20世纪70年代美国教育心理学家巴特勒提出教学的七要素并提出“七段”教学论，它的主要理论依据是信息加工理论。

基本教学程序是：设置情境—激发动机—组织教学—应用新知识—检测评价—巩固练习—拓展与迁移。

他的教学七步骤中的情境是指学习的内外部的各种情况，内部情况是指学生的认知特点，外部情况是指学习环境，它的组成要素有个别差异、元认知、环境因子。动机是学习新知识的各种诱因，它的主要组成要素有情绪感受、注意、区分、意向。组织是将新知识与旧知识相互关联起来，它的主要组成要素有相互联系、联想、构思、建立模型。应用是对新知识的初步尝试使用，它的组成要素有参与、尝试、体验、结果。评价是对新知识初步尝试使用之后的评定，它的组成要素有告知、比较、赋予价值、选择。重复是练习与巩固的过程，它的主要组成要素有强化、练习、形成习惯、常规、记忆、遗忘。拓展是把新知识迁移到其他情境中去，它的组成要素有延伸、迁移、转换、系统、综合。教学原则是从信息加工理论出发，非常注重元认知的调节，利用学习策略对学习任务进行加工，最后生成学习结果。教师在利用这种模式的时候要时常提醒学生反思自己的学习行为。同时要考虑各种步骤的组成要素根据不同情况有所侧重。辅助系统是掌握学习策略的教师。该模式是一个普适性的教学模式，根据不同的教学内容，它可以转化为不同的教学法，只要教师灵活驾驭就能达到其想要的教学效果。实施该模式时建议教师是一位研究型的教师并具有一定的教育学和心理学知识，掌握元认知策略就可以灵活运用这种教学模式。

3.3.6　抛锚式教学

抛锚式教学模式要求建立在有感染力的真实事件或真实问题的基础上。确定这类真实事件或真实问题被形象地比喻为抛锚，因为一旦这类事件或问题被确定了，整个教学内容和教学进程也就被确定了（就像轮船被锚固定一样）。它的理论基础是建构主义。建构主义认为学习者要想完成对所学知识的意义建构即达到对该知识所反映事物的性质、规律以及该事物与其他事物之间联系的深刻理解，最好的办法是让学习者到现实世界的真实环境中去感受、去体验（即通过获取直接经验来学习）而不是仅仅聆听别人（如教师）关于这种经验的介绍和讲解。由于抛锚式教学要以真实事例或问题为基础（作为“锚”），所以有时也被称为实例式教学或基于问题的教学或情境教学。

基本教学程序由这几个环节组成：一是创设情境。使学习能在和现实情况基本一致或相类似的情境中发生。二是确定问题。在上述情境下选择出与当前学习主题密切相关的真实事件或真实问题作为学习的中心内容。选出的事件或问题就是“锚”，这一环节的作用就是“抛锚”。三是强化学生的自主学习能力。自主学习不是由教师直接告诉学生应当如何去解决面临的问题，而是由教师向学生提供解决该问题的有关线索并特别注意发展学生的自主学习能力。四是协作学习讨论、交流。通过不同观点的交锋，补充、修正、加深每个学生对当前问题的理解。五是效果评价。由于抛锚式教学的学习过程就是解决问题的过程，由该过程可以直接反映出学生的学习效果，因此，对这种教学效果的评价不需要进行独立于教学过程的专门测验，只需在学习过程中随时观察并记录学生的表现即可。教学原则是情境设置与产生问题一致，问题难易适中，要具有一定的真实性，在教学中要充分发挥学生的主体性。辅助系统是巧设情境、合作学习。教学效果是能培养学生的创新能力、解决问题能力、独立思考能力、合作能力等。实施建议是在创设情境时适时抛出问题，注意情境感染与熏陶作用。

3.3.7 范例教学模式

范例教学模式是德国教育实践家 M. 瓦根舍因提出的，比较适合原理性、规律性的知识教学。该模式是遵循人的认知规律，从个别到一般、从具体到抽象的过程。在教学中一般从一些范例分析入手感知原理与规律，并逐步提炼进行归纳总结再进行迁移整合。

基本教学程序是：阐明“个”案—范例性阐明“类”案—范例性地掌

握规律和原理—掌握规律和原理的方法论意义—规律和原理运用训练。

范例教学主张选取蕴含本质因素、根本因素、基础因素的典型案例，通过对范例的研究使学生从个别到一般、从具体到抽象、从认识到实践，理解、掌握带有普遍性的规律、原理的模式。所谓范例性阐明“个”案是指用典型事实和现象为例说明事物的本质特征；所谓范例性阐明“类”案是指用许多在本质上与“个”案一致的事实和现象来阐明事物的本质特征；范例性掌握规律和原理是指从大量的“类”案中总结出规律和原理，在总结归纳的过程中要注意对规律和原理的表述要准确，对规律和原理的名称要清楚，掌握规律和原理的目的和意义在于运用，因而教师要让学生掌握规律、原理的方法论意义，为了了解学生对规律和原理的掌握程度从而获得反馈信息规律和原理的运用，训练是教学必不可少的环节。

教育原则是遵循从个别入手归纳成类，再从类入手提炼出本质特征，最后上升到规律与原理。辅助系统是要选取不同的带有典型性的范例。教学效果是有助于培养学生的分析能力，有助于学生理解规律和原理。实施建议是该模式比较适合教学中的一些规律和原理教学，选取范例要有一定的代表性，最好能激发学生的兴趣。

3.3.8 现象分析模式

现象分析模式是基于建构主义的认知理论，非常注意学生利用自己的先前经验对问题进行解释。该模式主要是反映本质规律，创设民主环境，充分发挥学生的主体性，依据“以学定教，以学生为中心”的原则揭示学生的各种现象，透过现象揭示背后的本质。

基本教学程序是：揭示现象—解释现象的形成原因—分析现象的结果—分析解决方法。在教学中某种现象往往是以材料的形式出现，学生要能通过现象揭示其背后的本质。教育原则是透过现象反映本质规律，通过创设民主环境充分发挥学生的主体性，让他们进行解释说明。要想达到真实的现象感受，最好要有音像辅助设备。教学效果是培养学生的分析能力、综合能力。在实施中建议教师充分调动学生的思维，让他们去发现现象背后的规律，选取的现象要具有一定的典型性以能揭示其背后的规律。

3.3.9 加涅模式

加涅的教学理论主要倾向于用信息加工的模式来解释教学活动，他认为教学过程是信息的接受和使用过程，教学是主体和环境相互作用的结果。其理论的一大特点是注重实际应用，能够很好地将教学理论研究的结果运用于教学实践。

加涅将教学程序分为八个阶段：动机阶段、领会阶段、习得阶段、保持阶段、回忆阶段、概括阶段、作业阶段和反馈阶段。

基于学习是在外部教学指导下的学生内部加工过程的认识，加涅认为教学是一种外部事件，可以通过教学设计来影响学习的内部过程。因此，加涅依据其教学理论提出了教学设计的模式，该模式主要包括九个部分：引起注意、告诉学习者目标、刺激对先前学习的回忆、呈现刺激材料、提供学习指导、诱引行为、提供反馈、评定行为、增强记忆与促进迁移。

3.1.10 奥苏贝尔模式

美国著名教育心理学家奥苏贝尔在对学习（教学）类型做深入研究的基础上将学习（教学）按照其效果划分为有意义学习（教学）与机械学习（教学）两种类型。所谓有意义学习（教学），其实质是指这些观（概）念和学习者原有认知结构中的某一方面如一个表象、一个已经有意义的符号、一个命题联系起来。换句话说，要想实现有意义的学习（教学），真正习得知识的意义即希望通过学习（教学）获得对知识所反映事物的性质规律及事物之间关联的认识，关键是要在当前所教的新概念、新知识即“符号表示的观念”与学习者原有认知结构中的某个表象、概念或命题之间建立起非任意的实质性联系。只要能建立起这种联系就是有意义的学习（教学），否则就必然是死记硬背的机械学习（教学）。奥苏贝尔认为能否建立起新旧知识之间的这种联系是影响学习（教学）的唯一的最重要因素，也是教育心理学中最基本、最核心的一条原理。

奥苏贝尔指出要想实现有意义学习（教学），可以有两种不同的途径或方式，即接受学习（教学）和发现学习（教学）。接受学习（教学）的基本特点是“所学知识的全部内容都是以确定的方式被教师传递给学习者。学习（教学）内容并不涉及学生方面的任何独立的发现，学习（教学）者只需要把呈现出来的材料内容加以内化或组织，以便在将来某个时候可以利用它或把它再现出来”。发现学习（教学）的基本特点则是“学（教）的主要内容不是由教师传递的，而是从意义上被纳入学生的认知结构，以前必须由学习者自己去发现”。

奥苏贝尔还强调指出，如果根据学习引起的能力变化来区分学习类型能否实现，有意义学习（教学）是引起能力发展变化的关键，即根据何种方式引起能力变化（也就是用何种方式来实现有意义教学），那么就能区分出接受学习（教学）与发现学习（教学），而所有其他的学习（教学）类型皆可并入这两大类型之中。他认为目前学术界对学习（教学）类型的众多分类，如“辨别学习（教学）”“概念学习（教学）”“尝试错误学习（教学）”“条件反应学习（教学）”“配对联想学习（教学）”等，实际上都是“没有按照这些学习（教学）类型所引起的能力变化来区分学习（教学）”的结果。

奥苏贝尔不仅在对学习（教学）过程的认知条件、认知因素方面进行研究的基础上提出了“有意义接受学习（教学）”理论和“先行组织者”教学策略，而且还注意到影响学习（教学）过程的另一重要因素，即情感因素的作用，并在这方面提出了独到的见解。基本教学程序是提出先行组织者—逐步分化—综合贯通。

3.3.11 合作教学模式

合作教学模式是一种通过小组形式组织学生进行教学的策略。小组取得的成绩与个体的表现是紧密联系的。约翰逊（D. W. Johnson）认为合作式教学必须具备五大要素：个体积极的相互依靠、个体有直接的交流、个体必须都掌握给小组的材料、个体具备协作技巧、群体策略。合作式教学有利于发展学生个体思维能力和动作技能，增强学生之间的沟通能力和包容能力，还能培养学生的团队精神，提高学生的学业成绩。

课堂里的合作有四点不足之处，首先，如果学得慢的学生需要学得快的学生的帮助，那么对于学得快的学生来说，在一定程度上就得放慢学习进度而影响自身发展。其次，能力强的学生有可能支配能力差或沉默寡言的学生而使后者更加退缩，前者反而更加不动脑筋。再次，合作容易忽视个体差异，影响对合作感到不自然的学生的学习进步。最后，小组的成就过多地依靠个体的成就，一旦有个体因为能力不足或不感兴趣则会导致合作失败。

3.3.12 发现式模式

发现式学习是以培养学生探索知识、发现知识为主要目标的一种教学模式。这种模式最根本的地方在于让学生像科学家的发现一样来体验知识产生的过程。

布鲁纳（J. S. Bruner）认为发现式教学法有四个优点：一是提高学生对知识的保持能力。二是提供了便于学生解决问题的信息，可增加学生的智慧潜能。三是通过发现可以激励学生的内在动机，引发其对知识的兴趣。四是学生获得了解决问题的技能。

根据许多心理学家对这种教学模式的研究，它更适合于低年级（或初次涉及一个新的领域或知识）的教学，在课堂上运用太费时间又难以掌握。

3.4 我国现代课堂教学模式

中华人民共和国成立以来，特别是改革开放以来对教学产生一定影响的教学流派共有 9 个，分别是：卢仲衡的自学辅导教学模式，邱学华的尝试教学模式，黎世法的异步教学模式，张熊飞的诱思探究教学模式，李吉林的情境教学模式，王敏勤的和谐教学模式，张思中的十六字教学模式，马承的三位一体教学模式，顾泠沅的青浦实验教学模式。

3.4.1 卢仲衡：自学辅导模式——培养学生的自学能力

自学辅导教学实验是中国科学院心理研究所卢仲衡教授提出的教学模式，结合了美国程序教学理论和传统教学的优点。实验证明，自学辅导教学在使学生养成自学习惯，掌握自学方法，培养自学能力，提高学习成绩及能力迁移等诸多方面是有成效的，它是有强大生命力的。

自学是指学生发挥主观能动性，运用已掌握的知识，自己去独立地获取知识；辅导是指教师将具有逻辑意义的教材，同学生已有认识结构联系起来，使其融会贯通，并使学生采取和保持相应的学习心态进行学习。自学辅导教学法是将学生自学与教师辅导有机结合的一种教学方法。这种方法的主要特点是把“学”放在教学过程的中心位置，寓“导”于“学”，教学相长，使学生在获取知识的同时，掌握学习的方法，培养和提高自学能力。它的实质就是让学生学会如何学习。

自学辅导教学法以培养学生学习的独立性为核心，以“启、读、练、知、结”自学辅导教学模式为统领，建构多个具体的自学辅导操作模式。在这个模式里，教师除了提供学生自学所需要的教材、自学提纲等辅助资料，以达到预期教学目标外，主要起启发指导、检查督促、辅导提高作用。辅导在于适时地帮助和启迪学生，这样更有利于给学生提供自我学习的机会，体现其学习的主体地位，发展其自学能力和学习的独立性，将教学活动确定为旨在增强学生学习独立性的连续体。

具体来说，“启”就是从旧知识引进新问题，激发学生的求知欲望，使他们有迫切阅读课本和解决问题的要求。启发不是讲课，教师两不代替：一不代替学生阅读，二不代替学生思考。“读”就是阅读课本教材。“练”就是做练习训练。“知”就是当时知道结果，即时反馈。“读、练、知”三者可以交替进行，读懂课本教材就做练习训练，做完练习训练就验证结果，又读课本教材、做练习训练、验证结果，如此交替地继续学下去，直至教师小结才停止。“结”就是小结。在小结中，教师必须有的放矢，概括全貌，纠正学生的错误，解决疑难问题，使做题规范化，促使知识系统化。

3.4.2 邱学华：尝试教学模式——让学习成为学生自身的需要

2000年邱学华完整提出“学生能尝试，尝试能成功，成功能创新”的尝试教学模式观点，形成尝试教学理论的核心。

尝试教学法能充分发挥学生在课堂教学活动中的主体作用，一开始就要求学生进行尝试练习，把学生推到主动的地位；尝试练习中遇到困难，学生便会主动地自学课本或寻求教师的帮助，学习成为学生自身的需要。尝试教学法符合现代教学论思想的要求，改变了传统的注入式教学法，把知识传授和能力培养统一起来，引起了教学过程中一系列的变化，如从教师讲、学生听转变为在教师的指导下，学生自学、先练，教师再讲，从单纯传授知识转变为在传授知识的同时培养能力、发展智力，等等。

尝试教学课堂操作模式，其教学程序分七个步骤。

第一步，准备练习。对解决尝试问题所需的基础知识先进行准备练习，然后采取“以旧引新”的办法，从准备题引出尝试题，发挥旧知识的迁移作用，为学生解决尝试题铺路架桥。第二步是出示尝试题。这一步是提出问题，为学生的尝试活动提出任务，让学生进入问题情境之中。尝试题出示后，必须激发学生尝试的兴趣，激活学生的思维。可以先让学生思考并相互讨论解决方案。第三步是自学课本。这一步是为学生在尝试活动中自己解决问题提供信息。出示尝试题后，学生产生了好奇心，同时产生解决问题的愿望。这时引导学生自学课本就成为学生切身的需要。自学课本之前，教师有时可提一些思考问题作指导，自学课本时，学生遇到困难可以提问。同班学生也可互相商量。通过自学课本，大部分学生对解答尝试题有了办法，时机成熟就转入下一步。第四步是尝试练习。尝试练习根据学科特点有多种形式。教师要巡视，以便及时掌握学生尝试练习的反馈信息，对学习困难学生进行个别辅导。学生尝试练习中遇到困难，可以继续阅读课本，同学之间也可互相帮助。第五步是学生讨论。尝试练习中会出现不同答案，学生会产生疑问，这时引导学生讨论，不同看法可以争论，学生在此过程中开始尝试讲道理，之后学生需要知道自己的尝试结果是否正确，教师讲解也成为学生的迫切需要。第六步是教师讲解。这一步是为了确保学生系统掌握知识。有些学生会做尝试题，但可能是按照例题依样画葫芦，并没有真正懂得原理，因此需要教师的讲解。讲解不是什么都要从头讲起，教师只要针对学生感到困难的地方和教材的关键之处重点讲解即可。第七步是第二次尝试练习。这一步是给学生“再射一箭”的机会。在第一次练习中，有的学生可能会做错，有的学生虽然做对了但没有弄懂道理。经过学生讨论和教师讲解之后，得到了反馈矫正，进行第二次尝试练习，再一次进行信息反馈。这一步对学困生特别有利。第二次尝试题应与第一次不同，或稍有变化或采用题组形式，之后教师可以进行补充讲解。

3.4.3 黎世法：异步教学模式——课堂成为学生个性化学习场所

黎世法认为，传统的班级授课制是同步教学，即一个班全体学生的学习速度与一个教师的讲课速度同步，教师讲到哪里，学生就学到哪里。为了区别于同步教学，并突出最优化教学方式和教学理论的特点，20 世纪 80 年代末，黎世法提出了异步教学模式。

异步教学的具体特征有：具有明确教学目标，有计划、有组织；以学生为学习的主人，教师为学生学习的指导者；能将教师的三种指导形式（个别指导、分类指导和全体指导）与学生的五种学习形式（独学、对学、群学、请教教师和全体学）有机地统一在教学过程中，使教师的“五步指导（提出问题—指示方法—明了学情—研讨学习—强化小结）”与学生的“六步学习（提出问题—指示方法—学生学习—明了学情—研讨学习—强化小结）”紧密结合进行。以学生的个体独学为基础，充分运用一切教学条件，根据学生的具体学情，组织课内外教学活动。通过培养学生的自主学习能力，达到高效率、大面积提高教学质量的目的。

在异步教学实践中，学生的“个体化学习”是一条主线，教学过程就是教师指导学生按照自学—启发—复习—作业—改错—小结等阶段进行学习的过程。自学，主要要求学生通过自主学习基本掌握常规的教学内容。启发，旨在为新旧知识在学生的头脑中建立有效的联系，寻求和提供恰当的解决问题的方法，实质是启发学生自己启发自己。复习，是学生在教师的指导下，运用科学的学习方法和思维方法，继续解决在学习中尚未解决的问题，并在此基础上对所学的新知识进行初步的系统化、概括化，加深和巩固对所学知识的理解和记忆，为将所学的新知识应用于实际，形成新的技能做准备。作业，作业阶段是学生在教师的指导下，独立地将所学的新知识灵活运用于实际，使知识具体化，形成新的技能，进一步加深和巩固对新知识的理解，提高学生学习的自觉性和积极性的过程。改错，改错阶段是学生在教师的指导下，发现错误，认真分析作业错误的原因，改正作业错误，掌握正确作业方法的过程。小结，小结阶段是学生在教师指导下，运用科学的学习方法和思维方法，使所学的知识进一步系统化、概括化，使所学的技能进一步综合化、熟练化，获得比较完全的知识，并在此基础上进一步提高自学能力，发展智力的过程。

3.4.4 张熊飞：诱思探究教学模式——教师要引导学生独立思考

张熊飞及其团队在教学中紧紧抓住“大面积提高教学质量”等教育改革的重大问题开展研究，本着“边实验、边总结、边概括、边推广”的研究方针，沿着“实践丰富科研，科研形成理论，理论指导实践，如此循环往复”的螺旋式上升的研究途径，于21世纪初提出了诱思探究教学论。

诱思探究教学论包括三个方面的内容：诱思教学思想论、探究教学模式论和三维教学目标论。

教学改革最根本的是教学思想的变革，其中最关键的就是处理好教与学的和谐关系。张熊飞分析了教与学的各自职能：教师要充分发挥引导作用，核心特征是启发性，归纳为循循善诱；学生要真正实现主体地位，核心特征是独立性，特别是思维的独立性，归纳为独立思考。其后，他分析了教与学的辩证统一职能，认识了四条教学规律：引而不发，因人善喻，不言之教，和易以思，这就是为师之道的根本。

食贵自化，学贵自得，深思熟虑，积水成渊，是为学之道的灵魂。善诱则通，善思则得，诱思交融，众志成城，这是教学辩证法的真谛。教贵善诱，学贵善思，以诱达思，启智悟道，这是启发教学的精髓。简言之，就是在教师导向性信息诱导下，学生独立地完成学习任务。

探究性学习方式的实质就是情境性学习、体验性学习、探究性学习与目标性学习的和谐统一体，彻底改变了传统教学论中的僵化模式和以偏概全的弊端，这就是探究教学模式论。

教育要促进学生成为德、智、体、美等方面全面和谐发展的创新型、开拓型人才。具体到教学领域，则要实现“掌握知识，发展能力，培育品德”三维教学目标。这就是诱思探究学科教学模式的三维教学目标论。学生通过学习获得知识，提高能力，并进一步培养良好的品德，这是三维教学目标的精华所在。

诱思探究学科教学模式的三个方面之间存在着内在逻辑关系：发挥教学职能—启动教学机制—实现教学价值。这一内在逻辑关系体现了一种返璞归真的生态教学系统：思想上是启发式，过程上是探究式，目标上是发展式。

诱思探究教学立足于更新教学思想来解决具体教法问题，是教学思想与教学方法的结合。其核心在于学生的“思”，“思”的前提是教师的“诱”，“思”的结果则是学生的“探究”。因此，从提高学生素质着眼，在教学思想上突出教师的“诱”，充分认识到教师的主导作用在于循循善诱，以引导、诱导的方式进行教学，改变过去把现成的知识灌输给学生的作风。基于这种认识，诱思探究教学法的教学模式和方法就体现在“探究”上。学生通过教师的启发，自主思考，大胆探究，发现规律，得出结论。

诱思探究教学着意于构建学生的主体地位，根据认知规律，循循善诱，不断调动学生的求知欲，激发学生被压抑的潜能。素质教育对教学的基本要求之一，就是教学生学会学习。诱思探究教学满足了素质教育的这一要求，它要求教师充分发挥“信息源”的作用，更要变教为诱，变教为导，对学生进行启发、诱导，成为学生学习的“引路人”。在教师的指引下，学生的主体地位也得到了尊重：学生不是直接从教师那里获取现成的知识，而是变学为思，变学为悟。学生在教师的引导下自己去研究问题，寻找答案。这样，学生不仅得到了他们应该掌握的知识，同时也掌握了学习的方法、策略，并逐渐形成热爱学习、乐于探究的品质。

诱思探究教学不仅强调学生的“思”，还注重学生的“练”，提出“练”有六法，即“做、看、听、读、议、写”。“做、看”是基础，“听、读”是主导，“议”是交流，“写”是迁移。诱思探究教学把“练”的规律和方法做了科学的、合理的安排，大大提高了“练”的效能。

3.4.5 李吉林：情境教学模式——创设充满智慧和情趣的空间

情境教学模式由著名教育家李吉林女士创建。情境教学模式是指在教学过程中，教师有目的地以案例或情景为载体引导学生自主探究性学习，以提高学生分析和解决实际问题的能力。

情境教学的功能主要表现在两个方面：陶冶功能和暗示（或启迪）功能。情境教学的陶冶功能就像一个过滤器，使人的情感得到净化和升华。它剔除情感中的消极因素，保留积极成分。这种净化后的情感体验具有更有效的调节性、动力性、感染性、强化性、定向性、适应性、信号性等方面的辅助认知功能。接受暗示是人的一种本能。“可暗示性”成就了“可教育性”，既然“人是一切社会关系的总和”，因而必然要受到一切社会关系的影响，“人创造环境，同样环境也创造人”。

创设情境的途径初步归纳为以下六种：一是展现情境，即把学生带入社会，从生活中选取某一典型场景，作为学生观察的客体，并以教师语言的描绘，鲜明地展现在学生眼前。二是实物演示情境，即以实物为中心，略设必要背景，构成一个整体，以演示某一特定情境。以实物演示情境时，应考虑到相应的背景，通过背景激起学生广阔的联想。三是图像再现情境。图像是展示形象的主要手段，用图像再现授课内容情境，实际上就是把授课内容形象化。授课内容插图、特意绘制的挂图、视频等都可以用来再现授课情境。四是音乐渲染情境。音乐的语言是微妙的，也是强烈的，给人以丰富的美感，往往使人心驰神往。它以特有的旋律、节奏，塑造出音乐形象，把听者带到特有的意境中。用音乐渲染情境，并不局限于播放现成的乐曲、歌曲，教师自己的弹奏、轻唱以及学生表演唱、哼唱都是行之有效的办法。关键是选取的乐曲与教材的基调上、意境上以及情境的发展上要对应、协调。五是表演体会情境。情境教学中的表演有两种，一是进入角色，二是扮演角色。进入角色即“假如我是授课内容中的××”；扮演角色，则是担当授课内容中的某一角色进行表演。由于学生自己进入、扮演角色，授课内容中的角色不再是在书本上，而是自己或自己班集体中的同学，这样，学生对授课内容中的角色必然产生亲切感，很自然地加深了内心体验。六是语言描述情境。前述创设情境的五种途径，都是运用了直观手段。情境教学十分讲究直观手段与语言描绘的结合。在情境出现时，教师伴以语言描绘，这对学生的认知活动起着一定的导向性作用。语言描绘提高了感知的效应，情境更加鲜明，并且带着感情色彩作用于学生的感官。学生因感官的兴奋，主观感受得到强化，从而激起情感，促进自己进入特定的情境之中。

情境教学模式在一定程度上改变了传统的结论式的教学方法，可以调动学生的积极性，让他们更多地参与活动，有更多的机会去思考，去发现。因此，情境教学法对发展学生的创造性思维和探索精神有积极的作用。

情境教学模式贯彻实施中应遵循诱发主动性、强化感受性、突出创造性、渗透教育性和贯穿实践性五大基本原则。

3.4.6 王敏勤：和谐教学模式——帮助学生从学习中寻找规律

和谐教学模式由王敏勤教授于20世纪90年代初创建。和谐教学法是指教学过程中诸要素以及教学过程与教学环境之间始终处于一种协调、平衡的状态。运用和谐教学法能融洽师生关系，培养学生的创新精神、实践能力和自学能力，使学生的基本素质和个性品质得到全面、和谐、充分的发展，从而提高教学质量。

王敏勤认为，首先，和谐教学是一种教学的指导思想。在教学的过程中，各种教学要素如果配合得合理、恰当，达到一种和谐的状态，就会形成一种合力，促进课堂教学质量的提高，促进学生素质的健康发展。相反，如果它们配合得不够合理，就会形成一种分力，每种要素不但自身的优势不能发挥，还会抵消别的要素的功能，直接影响课堂教学的效果。其次，和谐教学是一个动态的过程。教学过程中各种要素从不和谐到和谐，又会出现新的不和谐，从而在更高的层次上达到一种新的和谐。正是这种矛盾运动推动了教学过程的不断发展，使教学过程处于一种动态的平衡与协调状态。教师的作用就在于准确把握各种教学要素和环境的变化规律，及时调整各种要素的搭配关系，使教学过程始终处于一种动态的和谐状态。

和谐教学模式有以下几种模式：

1. 导学式模式

导学式模式是以学校课堂教学为主渠道，以创设良好和谐的教学现场为保证，以师生间平等、民主、融洽、合作的和谐关系为前提，在师生教学双边活动中，学生充分发挥学习主体作用，教师适时有效地进行点拨和引导，使全体学生全面和谐发展，提高课堂学习效率和教学质量的一种教学模式。这种模式，有利于激发学生的学习动力和学习潜能，培养学生的学习意志和学习习惯，依靠学生个体和群体的主体学习意识与自我学习能力去探究知识，培养创新思维和创新能力，使学生智力与非智力协调发展，身心协调发展。

2. 兴趣促学模式

兴趣促学模式的构成是：揭题引趣—比较识趣—绘图激趣—演示增趣。这个模式是站在非智力因素的角度上去谋划教学过程，让学生在教学全过程中，始终保持大脑的兴奋状态，维持着兴趣的延续和发展，让学生在充满学习兴趣和快乐的心境中进行学习，在兴奋的激情中融化吸收新知识，使学生的智力潜能在非智力因素的推动下得到发展，从而改变生硬、呆板的强制学习的教学方式，使教与学在兴趣促学中达到完美和谐的统一。

3. 探究研讨式教学模式

探究研讨式教学模式的构成是：问题情境—引导发现—探究研讨—总结归纳。其特点主要表现为以下三个方面，即创设一个背景，突出四个要素，达到两个效果。一个背景是建立民主、平等的师生关系，营造和谐的教学气氛。四个要素：一是为学生提供有足够信息能说明事物原理与规律的所有结构材料（包括传统教学媒体、现代技术教育媒体和为学生提供动手操作使用的各种学具材料）。学生只有手中有了材料，才能主动地去参与活动。二是为学生创造活动的条件，通过活动这个中介，让每个学生都能独立自主地参与教学全过程。三是在教学过程中，让学生自己去动手操作，发现探索，解决问题，让学生在探求意义的实践经历中进行学习。四是让学生在探索求知中，通过思维的操作加工，主动去同化和顺应新知识，形成结论，并在自我调节中完成理解。两个效果：一是提高了学生自主学习的能力，培养了学生的创新意识；二是充分体现了学生在教学过程中的个人价值，使学生在智力与非智力方面得到发展。

4. 情感教学模式

情感教学模式的构成是：接纳期（调动学生的学习情感，把学生带入学习境界）—磨合期（以情动情，通过情感交流和碰撞，调动学生的学习欲望）—和谐期（在教学双边活动中，师生思想情感沟通协调）—巩固期（巩固学生良好的心境，形成学生内在的学习动力和明显的持久学习行为）。

5. “五导五学”教学模式

在“导”的方面，提出“以导为先，导是关键，导是帮助学生自己思考，自己消化，自己吸收”。“五导”是：导向、导情、导法、导思、导序。在“学”的方面，提出“以读为主，读学同步，培养学生的自学能力”。“五学”是：自学、疑学、议学、辅学、验学。这些模式或从学生学习的主体地位，或从创设良好的学习情境，或从学生学习中文化水平和心理健康的和谐发展，或从教学活动中诸要素的和谐出发，使素质教育深入课堂，加速了教学改革的进程。

3.4.7 张思中：十六字教学模式——利用规律提高教学效率

十六字教学模式是由张思中教授通过近20年的研究和实验创造的，是我国教育学方面的“土特产”。张思中教学法的十六字方针，即“适当集中，反复循环，心理优势，因材施教”，它们彼此联系，相互协调，并经长期的实践不断发展和完善，随着社会信息化的发展，该教学模式被其他学科充分借鉴和融合，这里就其主要的内容做概述，以抛砖引玉。

1. 适当集中

适当集中即超前集中、随机集中与综合集中三步走，适当集中所授内容或知识点，机智灵活地运用教材开展教学活动。强化训练，强化学生识记内容或知识点，这是根据学生的成长规律和所授课程的内容体系及其教学规律，充分应用学生记忆力强的心理优势为学好各门学科内容打下良好的基础。

2. 反复循环

在教学中采用多种反复循环方式，使学过的知识重现再认。开始学习的知识密度大，随着巩固程度的加强而逐渐减少次数，使瞬间记忆转化为暂时记忆，暂时记忆转化为持久记忆。根据记忆与遗忘的规律，采取循环记忆法，记忆对象的次数与保持下来的时间成正比。一个内容或知识点要经常重现再认，开学初、期中前、期末前两周都循环一次。当然，这中间也可由学生在平时活动中强化这些内容或知识点。

3. 心理优势

张思中教学法非常重视非智力因素的作用，注重情感的投入，心理优势是张思中教学法教学思想的核心，是一种良好的心理状态及由此而产生的积极行动力量。它树立明确的奋斗目标，而且有实现目标过程中的积极行为活动，表现出强烈的、压倒一切的必胜的信念和夺取胜利的能动性，即成功的渴望、成功的体验和成功的把握。这种心理优势使学生以极大的学习兴趣和热情全身心地投入到所授内容或知识点中去。利用心理优势方法，常常会给学生带来成功的喜悦，使学生信心十足，形成了相互比学高潮。

4. 因材施教（分层教学）

“因材施教”是其十六字方针的最后一条，也是使每个学生的时间和努力发挥最大限度的最后保证。现在有的学者提出要实施分层次教学，其实就是我们常提到的因材施教。分层教学是使每个学生发挥最大学习效能的最好保证。在教学中出现两极分化是很自然的现象，而分层教学是让不同水平的学生各得其所。因此，我们可以通过综合测试，把班级分成若干小组，让优秀学生“天高任鸟飞，海阔凭鱼跃”，进行超前学习；让学习有困难的学生能直接获得教师的帮助，感到有奔头，充满信心。

“教学有法，教无定法”，这是张教授非常中肯的见地，他的十六字教学法也适合其他学科采用，是具有科学性的行之有效的教学法。

3.4.8 马承：三位一体教学模式——为快速学习奠基

三位一体教学模式由马承老师于1982年发明并得到积极推广。三位一体教学模式在具体运用上非常注重减轻学生的心理压力和学习负担，通过教材设计和教学操作，力求使机械记忆与理解记忆有机结合，使模仿活动与创造活动有机结合，使行为形成与认知深化有机结合。

三位一体教学模式强调启迪学生的思维，着眼于培养学生的独立自学能力。该教学模式力求由浅入深、从易到难，简化教学过程，注重授课内容之间的内在联系和交叉关系，体现学生学习的有序性和循序渐进性。注重关联知识的迁移规律，使教学达到事半功倍的效果，做到了巧学和自学，减轻了学生机械记忆的负担，三位一体教学法教会了我们怎样学习，以及如何学习更有效率。

3.4.9 顾冷沅：青浦实验教学模式——来源于实践的有效教学策略

青浦实验是青浦数学教师顾冷沅为了改进青浦数学教育而进行的一场实验改革。1980 年青浦实验将“大面积提高教学质量”的经验概括为四条有效的教学措施：激发兴趣——让学生在迫切的要求下学习；处理教材——组织好课堂教学层次、序列；改进方法——在讲授的同时辅以尝试活动；效果反馈——及时调节教学。它们又分别对应了四条教学原理。

第一，情意原理，即让学生在迫切要求下学习。通过激发学生的动机、兴趣和追求的意向，以及加强教师与学生的感情交流，促进学生的认知发展。

第二，序进原理，即组织好课堂教学的层次和结构。教师可以根据不同对象的发展水平，有步骤地提高所呈现的知识和经验的结构化的程度，组织好从简单到复杂的有序累积过程。序进原理实际上是对知识结构（包括教材结构与教学结构）的关注。

第三，活动原理。建议教师采用尝试指导的教学模式，引导学生边听、边想、边尝试，促使他们发现问题、提出问题、分析问题和解决问题。

第四，反馈原理。教师及时、有针对性地调节教学，学生自我评价的参与，可以大大改善学习的进程，有效的反馈机制是目标达成的必要保障。

青浦数学教学质量的大面积提高，主要得力于上述四条教学原理的综合运用及其延伸出的教学策略。青浦实验的主要教学方法大致包括以下步骤：诱导—尝试—概括—变式—回授—调节。

第一，创设问题情境，启发诱导。教师积极创设问题情境，使学生在注意力最集中、思维最积极的状态中进行尝试学习。同时，教师适时地对学生的这种心理倾向予以调节和促进，使之保持明确指向并维持一定的程度。

第二，探究知识的尝试。在尝试过程中，学生改变了以往被动听讲的学习方式，通过逐步试探和试验，在讨论和研究中发现新的知识和方法，解决提出的问题。教师则拟订适合学生水平的尝试层次，确定“高而可攀”的步子，防止难易失度。

第三，概括结论，纳入知识系统。教师引导学生根据尝试所得，概括出有关知识和技能方面的一般结论，然后通过必要的讲解，揭示这些结论在整体中的相互关系和结构上的统一性，从而将其纳入学生的知识系统。

第四，变式练习的尝试。对于一般结论，教师运用概念变式、背景复杂化和配置实际应用环境等手段，编制好顺序排列的训练内容，让学生进行变式练习方面的尝试。编制练习必须注意：应使练习的思维过程具有合适的梯度，逐步增加创造性因素；有时可将一内容进行适当的引申和变化，并使之与尝试学习过程有机地结合起来；习题的组合应有利于学生概括各种学习训练的技能或从不同的角度更换学习训练的技能和方法。此外，还可用多种形式给出问题条件，使学生受到训练。

第五，回授尝试效果，组织答疑和讲解。教师搜集与评定学生尝试学习效果的途径是多种多样的，如观察交谈、提问分析、课堂巡视、课内练习、作业考查等。教师通过及时回授评定的结果，有针对性地组织答疑和讲解。答疑要答在疑处，解决疑难问题；讲解则是在学生尝试的基础上，使研究的问题进一步明确，并通过帮助学生克服思维障碍，对那些不易被学生发现的问题给予适当指点。

第六，阶段教学结果的回授调节。在一个内容或一个专题教学完毕之后，要进行关于教学结果的回授调节，其中尤以阶段“过关”最为重要。教师应当给掌握阶段内容有困难的学生以第二次学习机会，针对存在问题帮助“过关”。教学细节的调节与阶段结果的调节，两者结合起来，可以改善教学系统的控制性能。

上述六个程序并不是固定的，可以根据学生的实际情况、教材特点而加以调整，也可以在某个方面有所侧重，其中尝试学习是中心环节；启发诱导、创设问题情境是为学生尝试创造条件；归纳结论、纳入知识系统是把尝试学习所得的知识更加明确化和系统化；回授尝试效果，组织答疑和讲解以及阶段教学结果的回授调节，是为了进一步强化所学的知识和技能，提高尝试学习的水平。

以上成功的教学模式有其共性特征。

一是关注教学环节的根本性变革。虽然每种教学模式包含的步骤、方法有差异，但都可以包含三个阶段，即准备阶段、导学阶段、应用评价阶段。

在准备阶段，这些成功的教学模式都极其重视学生学习新知识前的准备工作，重视新旧知识的衔接。它们有的是在课堂上通过创设教育情境，启发、诱导学生，建立新旧知识间的联系；有的是通过教师准备具体的学习目标，给学生尝试任务，激发学生探究新知识的兴趣；有的是在新课伊始完成导学任务；有的干脆把导学放到课前去完成，将预习环节纳入教学流程。总之，改变传统的学生只带着耳朵来听课，而是需要带着问题、带着思想、带着对新学知识的或深或浅的理解来听课。

导学阶段，这些成功的教学模式无一例外地打破传统的课堂以教师为中心、教师一讲到底的模式，甚至都没有保留新课程改革后很多教师采用的对话教学模式，不是亦步亦趋地将教师的话语权一点一点转给学生，而是无一例外地倡导学生自学。在整个教学过程中，教与学各司其职：教师要充分发挥引导作用，核心特征是启发性，循循善诱；学生要真正实现主体地位，核心特征是独立性，独立学习、独立思考。教师的教探讨的其实不是教法，而是学生的学法。为了学生学得好，教师应该思考怎样教，力图使学习规律变成课堂上可操作的方法，寻找到符合学生认知规律的教学模式。注意掌握教育的时机，即所谓“不愤不悱，不启不发”。

应用评价阶段，成功的课堂教学模式无一例外地强调当堂反馈，教师将学生在课堂上的真实学情作为自己授课的起点，教师将强化反馈环节作为提高自己教学质量的保证。

二是关注课堂教学的层次与结构。较之传统的教学模式，成功教学模式的实践者都意识到，要想让学生将知识更好地内化，需要考虑帮助学生建立知识的网络化结构。比如和谐教学探讨的知识树，每学完一个知识就引导学生及时回到知识的上位系统。

三是关注课堂教学的真实有效性。分析这些成功的教学模式，它们都在追求教学的有效性。“课改的目的是课堂教学效益的最大化，要改变过去少、慢、差、废，实现多、快、好、省，将课堂变成师生高效发展的课堂，共赢的课堂。”“课堂要打假，要挤水分，挤假学假教的水分，不让一分钟虚过，不让每一个学生虚学。”经过多年的实践与探索，成功教学模式的实践者都意识到，只有面对真实的学生，进行真实的教学，才是教学成功的起点。

四是关注学生学习积极性的调动。在成功的教学模式里，教师意识到外因要通过内因起作用。所以教师通过一些教学情境的设计，激发学生的学习动机、兴趣和追求的意向，让学生在迫切要求下学习、主动学习。通过建立教师和学生之间的良好沟通，促进学生认知的发展。为了更好地调动学生的积极性，很多教师将教学活动更多地纳入教学体系，不再让学生通过听来获取知识，而是通过预习、读书，尝试完成任务等以“看”“活动”为主的途径获取知识。事实证明，通过“看”和“练”获取知识比“听”对学生更有利。

五是关注评价对有效课堂教学的推进作用。以上教学模式的一个共性是把课堂上学生的表现作为推动课堂教学改革的切入点。评价系统已经成为有效推进课堂教学模式的助推器。

综合以上分析，教育是有规律可循的，融合这些理想的教学模式，借鉴教育学、心理学原理，在综合分析具体教学环境的基础上，寻求一种相对理想的教学模式不是一个神话。著名收藏家张伯驹说：“不知旧物，则绝不可言新。”探讨别人的长处，正是我们创新前的准备和起点。

3.5 国外教学模式

3.5.1 布卢姆掌握学习教学模式（美）

布卢姆（1913—1999）是美国当代著名的心理学家和教育学家，曾任芝加哥大学名誉教授。布卢姆整个教学理论的核心内容是掌握学习教学理论。

20 世纪 70 年代初，布卢姆针对美国现行教育制度只注意培养少数尖子学生而牺牲大多数学生的弊端认为，当今教育不能再满足于只有一小部分学生充分学会学校所教的知识，也不应有这样的心理定势，1/3 的学生能完全掌握教师所教的知识，1/3 的学生成绩一般，1/3 的学生可以不及格。布卢姆认为，解决上述问题的最好办法在于改变我们对学习者及其学习的看法，实施掌握学习教学。

所谓掌握学习，就是在“所有学生都能学好”的思想指导下，以集体教学（班级授课制）为基础，辅之以经常、及时的反馈，为学生提供所需的个别化帮助以及所需的额外学习时间，从而使大多数学生达到课程目标所规定的掌握标准。

经过布卢姆及其同事的多年实验研究，掌握学习教学模式显示了良好的效果。大量实验证明，虽然这种策略还不能使 90% 的学生达到 A 等成绩，但大约 80% 的学生达到了 A 等或 B 等成绩。

布卢姆的掌握学习教学理论把使大多数学生获得发展作为核心思想，注重从某一具体学习任务来分析教学的质量，强调形成性评价，从而使大多数学生达到对课程资料的真正掌握，并增强了学习的兴趣，促进了心理健康。因此，该理论受到许多国家教育理论家的关注并以其推动当代教学改革。当然，掌握学习教学理论也存在不足：它偏重认知领域教育目标的测定，对学生独立学习的帮助较小，为了使所有学生都能达到掌握学习水平，往往需要较多的教学时间。

3.5.2 布鲁纳发现教学模式（美）

布鲁纳（1915—2016）是美国教育心理学家和教育家，当代认知心理学派和结构主义教育思想的代表人物之一。其所倡导的发现法，又称探索法、问题教学法，强调把人当作主动参加知识获得过程的人。他认为学生的认知发展主要遵循其特有的认识程序，学生完全能够利用教师和教材提供的某些材料，去发现应得的结论和规律。

发现教学模式的目标在于发展学生的探究思维能力，让学生从已知事实或现象中推导出未知，形成概念，从中发现事物发展变化的规律性，并培养学生的科学态度和独创精神，掌握科学研究的方法。发现教学模式强调学习过程，注重知觉思维，强调内在动机，强调信息提取。它的指导思想是以学生为主体，独立实现认识过程。此教学模式非常契合当今提倡的教育教学改革目标，“改变课程实施过于强调接受学习、死记硬背、机械训练的现状，倡导学生主动参与、乐于探究、勤于动手，培养学生搜集和处理信息的能力、获取新知识的能力、分析和解决问题的能力，以及交流与合作的能力”。

3.5.3 斯金纳程序教学模式（美）

斯金纳（1904—1990）是美国著名的教育心理学家。程序教学是个别化教学的典型代表。所谓程序教学，是指一种能让学生以自己的速度和水平，学习自我教学性材料（以特定顺序和小步子安排的材料）的个别化教学方法。20世纪60年代早期，程序教学运动像一股旋风席卷了美国教育界。其创始者通常被认为是教学机器的发明人普莱西，但对程序教学贡献最大的却是斯金纳。

一位教师要实施程序教学，首先，要仔细地考虑在特定的时间里计划教学的内容是什么，这些教学内容最终是要通过学生的行为的获得来表示。其次，要考虑有哪些可以利用的强化物。这些强化物包括两种：一种是学习者在学习过程中对所操纵的材料具有强烈的兴趣；另一种是在学习过程中给予学生奖励，譬如教师的一个善意的微笑、一句赞语、一件奖品等。最后，强化的最有效的安排，即教师要把非常复杂的行为模式逐渐精致地分解成小的单位或步骤，也就是把教学目标进行具体分解，确定每个步骤所保持行为的强度，以使强化的效果能提高到最大限度。

斯金纳的程序教学法的教学模式有直线式程序教学、分支式程序教学、混合式程序教学三种。编制程序教学一般遵循积极反应原则、小步子原则、即时反馈原则、自定步调原则和低错误率原则。

3.5.4 赞可夫的发展性教学体系（苏联）

赞科夫（1901—1977）是苏联心理学家、教育科学博士、教育科学院院士、普通教育学研究所教授与发展问题实验室领导人。赞科夫是从传统教育思想体系中突破出来的，他深刻了解传统教学论的弊端，主张教学应从知识转向智能，应该培养学生的创造性，应该“以最好的教学效果来促进学生的一般发展”。他主张讲授基础知识必须同时进行基本智力技能训练和个性优良品质的培养；书本知识教学必须与实际操作能力的培养相结合；教师的教必须向学生自学能力的养成转化。总之，要达到“教学促发展”和“发展促教学”。他把“一般发展”作为教学的出发点和归宿。

为了体现“以最好的教学效果来达到学生最理想的发展水平”这一主导思想，赞科夫通过长期教学实验与理论总结，提出了与传统教学诸原则针锋相对的高难度进行教学、高速度进行教学、理论知识起指导作用、学生理解学习过程和使全班学生都得到发展的五条“新教学原则”。

3.5.5 马赫穆托夫问题教学模式（苏联）

问题教学法由苏联教学论专家马赫穆托夫提出。问题教学法源远流长，随着新课程改革的开展和实施，问题教学法的优势已日渐凸显，它是革除传统教学弊端的手段之一，也是激发学生学习的内在动力源泉。

问题式教学法，就是以提出问题、分析问题、解决问题为线索，并把这一线索贯穿整个教学过程，即教师首先提出问题，学生带着问题自学教材，理解问题、讨论问题，最后教师根据讨论的情况，有针对性地讲解，准确地引导学生解决问题。

问题教学法是以问题为载体贯穿教学过程，使学生在设问和释问的过程中萌生自主学习的动机和欲望，进而逐渐养成自主学习的习惯，并在实践中不断优化自主学习，提高自主学习能力的一种教学方法。问题教学法充分体现学生的主体地位，能有效地激发学生自主学习的主动性和积极性。其特点是打破按一般知识顺序逐段讲读的限制，抓住与理解教材密切相关的几个关键问题，引导学生深入阅读和思考。由于学生提出的问题往往面广量大，教师应予以归纳整理，有针对性地选择与课文重点、难点有关的问题提交学生讨论。

问题教学法是指教师在教学过程中以问题为中心，进行创造性教学的方法。这里所说"以问题为中心"，就是以创造的开始——问题为纽带来组织教学过程的各个环节，把问题贯穿于教学过程的始终，这样就使学生的学习过程成为"感受、理解知识产生和发展的过程"，把学习知识的过程，变成学生自主探究的"再发现""再创造"的过程，进而培养学生的问题意识和科学精神，构建创新素质。

问题教学法的教学步骤一般是：①提出疑问，启发思考；②边读边议，讨论交流；③解决疑难；④练习巩固。问题教学法的教学重点比较明确，教学内容比较集中，并通过问题讨论的方式组织教学，有助于激发学生的学习兴趣和培养学生的阅读分析能力。

3.5.6 瓦根舍因范例教学模式（德）

德国教育心理学家瓦根舍因（1896—1988）首创了范例教学理论，他认为，范例教学法的基本思想在于，反对庞杂臃肿的传统课程内容和注入式的死记硬背教学方法。因为它使学生获得的知识，往往是掌握得少，丢弃得多。提倡要敢于实施"缺漏"教学，让学生学习最基本的、有可能一辈子都记住的东西。理由是，在科学技术快速发展，知识量剧增的情况下，要想什么都教，无异于是在从事一项毫无希望获胜的竞赛。而只有注重发展学生"有教养性"的知识能力，使之在这个基础上改变思想方法，主动地去发现知识的规则、原理、结构，才能使知识如滚雪球般扩展，获得打开知识大门的钥匙。因此，范例教学法的目的在于，培养学生在校内外活动中的独立性和主动学习的能力，养成独立地批判、判断和决定事物的能力。

所谓范例，就是那些在日常生活素材中隐含着本质因素、根本因素、基础因素的典型事例。范例教学就是通过基本性、基础性和范例性知识教学，培养学生具有独立的判断能力和创造能力。

范例教学提出了多种教学原则，其中基本性、基础性、范例性原则是最基本的三条原则。实施范例教学，要求教师在备课时应对教学内容进行五个方面的分析，即基本知识（原理）分析、智力作用分析、未来意义分析、内容结构分析和内容特点分析。范例教学的实施程序通常要经过四个阶段：“个”的阶段、“类”的阶段、掌握规律的阶段和获得关于世界与生活的经验的阶段。

3.5.7 沙塔洛夫“纲要信号”图表教学模式（苏联）

苏联著名教育家沙塔洛夫（1927—　）创造的“纲要信号”图表法认为，既然人们能借助于各种新的生产工具减轻体力劳动的负担，作为教师就应该创立一种科学的教学方法，以减轻学生的负担，提高教学质量。“纲要信号”图表教学法正是基于这一观点建立起来的。

沙塔洛夫教学法是以“纲要信号”（或称“依靠性信号”）图表法为核心的，包括课堂讲授、复习巩固、提问、记分以及如何活跃学生思维在内的一整套教学法体系。在传统的教学法中，理论知识一般都采用“小块”讲解的方法，即在讲完一条或几条原理之后，立即进入实践阶段——做练习或解习题。而沙塔洛夫把心理学的研究成果运用于实践，认为只有从抽象到具体，才能更完整地认识具体事物及其相互间的有机联系。为此，他使用“纲要信号”图表法“大块”地讲授理论知识，然后再转入大量实践的教学方法。

“纲要信号”图表，是一种由字母、单词、数据或其他“信号”组成的直观性很强的教学辅助工具。这种图表通过各种“信号”，简明扼要、直观形象地把所需掌握的知识表示出来。图表必须有利于发挥学生的联想能力和现实记忆能力，并提高学生的逻辑思维能力和概括能力，使学生更好地掌握知识，加快教学进程。这种教学方法可以改变过去那种孤立地讲授某条定理、某一规则、某一概念的传统方法，使学生把所学习的新知识的各个部分放在一个整体中来理解，这样就容易认清各部分知识之间的内在联系，加以对比，得出合乎逻辑的结论。沙塔洛夫为了实施“大单元”教学的思想，把教材加以综合处理，使“小块”知识联结成“大块”知识，即联结成一个个的“大单元”。

沙塔洛夫氏教学法的主要精神体现在它关于课堂讲授和复习巩固的六个阶段上。一是教师按教材内容详细讲解；二是出示“纲要信号”图表进行第二次讲解，突出重点、分析难点，指出各部分之间的联系并加以概括；三是把小型“纲要信号”图表发给每一个学生进行消化，然后将图表贴在各自（为此而准备）的手册里，与此同时，把课上使用的大型“纲要信号”图表贴在教室墙上，以便同学们利用课余时间经常复习巩固，或弄清课上遗留的问题；四是要求学生课后按教科书和“纲要信号”图表进行复习；五是第二次课让学生根据记忆，在各自的练习本上画出上一次课上的“纲要信号”图表；六是让学生在课堂上按“纲要信号”图表回答问题。

可将这六个阶段浓缩为：（按教材）讲解—（出示“纲要信号”）讲解—消化“纲要信号”—复习—再现—回答。

3.5.8 威廉斯创造性教学模式（知情互动教学模式）（美）

威廉斯是美国著名的创造性教学研究专家。他认为，在教学的情境中，认知和情意的行为与启发创造潜能有着重大的关系。教育不仅要侧重认识的能力的培养，还要兼顾情感的发展。他还认为：缺乏情感的学习不是真正的学习，几乎所有的认知行为都会有情意成分，且相辅相成，只有这样，才是真正的学习，而真正的学习，才有创新思维的涌动。因此，情和知互动，是创新之源。

威廉斯创造性教学模式是一种强调教师通过课程内容，运用启发创造性思维的策略以增进学生创造行为的教学模式。它强调现行学校课程中，各种不同的学科（第一个层面）通过教师的各种教学方法（第二个层面），来激发学生四种认知和四种情致的发展（第三个层面），以达到预期的教学目标。第一个层面列举了基础学科；第二个层面列举了十八种创造性思维教学策略；第三个层面是学生的行为，包含了发展学生创造性思维能力的重要过程。其中流畅的思维、变通的思维、独创的思维和周密的思维是有关学生发散思维发展的心理历程，属于认知的领域，这个领域包括了好奇心、冒险心、挑战心和想象力四种，关系着学生的态度、价值观、欣赏及动机等特质。这些特质能促使学生与知识、事实、资料等发生实际的联结，产生有意义的学习。这些过程的训练帮助学生兼顾逻辑与情感，使他们对敏感或好奇的事物去猜测、假设、推敲、验证，也使他们能坦然接受自己的玄想、直觉。

他指出，人的创造性是由两个相互联系、相互促进的因素构成的：一个是创造性思考能力，另一个是创造性倾向。前者是认知范畴，后者是个性范畴。由此出发，他认为创造性的教学目标，除了发展学生的创造性思考能力以外，还应该培养学生的创造性倾向。同时，他还认为：教学活动是教师、学生和教学内容三个因素相互作用、相互影响的过程，因而教学设计只局限于学生活动是不够的，还应该包括教师的活动和教学内容的安排。创造性教学应该是“教师的创造性的教”“学生的创造性的学”和“教学内容创造性的编排”的结合体。

3.5.9 格罗 SSDL 模式（阶段性自我指导学习模式）（美）

SSDL 模式（Staged Self – Directed Learning Model）译为阶段性自我指导学习模式，由美国学者 G. O. 格罗于 1990 年提出，它是以管理学中的情境理论为基础，认为学习者的学习水平可以其自我指导水平为维度，分为一系列前后相继的阶段，与此相适应的教师的教学方法可能促进或阻碍学生的自我指导水平。格罗认为，教师通过采用与学生的自我指导水平相契合的教学方法，是能够达到教育目标的。

SSDL 模式把自我指导界定为正规教学情境下学生的选择程度。因此，自我指导的学习是作为依赖性学习的对立面而言的。将学生的自我指导水平分为四个阶段，阶段 1（S1）：依赖的学生；阶段 2（S2）：有兴趣的学生；阶段 3（S3）：参与的学生；阶段 4（S4）：自我指导的学生。与这四个阶段相对应，教师也可分为四种类型：权威教练型（Tl）对应于 S1，鼓励指导型（T2）对应于 S2，促进型（T3）对应于 S3，咨询协商型（T4）对应于 S4。

阶段 1（S1）：低级自我指导水平的学生。阶段 1 的学生是依赖型的，需要一个权威人物给予明确的指导，告诉他做什么、如何做等，这就是我们常说的教师中心式的教学方法，也是我们传统的教学方法。

阶段 1 的教学方法是教练员式的辅导和批判性的教学方法。教练员式的辅导要求教师树立权威地位。教师要能为学生制定具体明确的目标、严格的纪律，并尽可能使目标和纪律符合学生的发展水平，尽可能使学生体验到成功的快乐。批判性的教学方法要求学生参加设计活动和学科内容的学习活动，并对自己的学习活动负责，从而开发学生对自身处境的批判意识，培养学生的质疑精神，这类似于启发式的教学方式，但仍以教师为中心，学生处于被动接受的地位。不论是教学目标、教学进度和学习内容，均是教师指定的，对学生所提出的疑问，教师要么解释并加以首肯，要么循着学生的思路步步深入，然后使其得出矛盾的结论，从而再回到教师首肯的答案上来。

阶段 2（S2）：初级自我指导水平的学生。阶段 2 的学生对学习怀有较强的兴趣，愿意去完成教师布置的任务，并对任务的意义有一定的认识；他们有较强的自信心，但并不重视系统的学科知识学习，因而是缺乏内在动机的一类学生。对这类学生实施教学时，教师要像推销产品的推销员那样，来感化、激励学生投身学习活动（不仅指表扬，还指带有鼓励性的批评等）。

阶段 2 的教学方法是传统所称的塑造法，以学生和学科的结合为出发点，以激励学生的积极性为突破口，教学带有明显的指导性。

阶段 3（S3）：中等自我指导水平的学生。阶段 3 的学生具备一定的知识和技能，有时能独立地从事探究活动，但需要进一步增强自信心和培养对学习的探索精神、理解教师指导的意义和价值以及与他人合作的意义，应逐渐地学会“应该”和“认为”之间的区别；学会评价自己的经验和感受，并由此学会对他人做出正确的评价。

阶段 3 的教学方法就是人们所称的人本主义教学方法，以 C. R. 罗杰斯倡导的非指导性教学方法（Non－directive Instruction Model）为典型。教师只是倾听和鼓励，以促动学生进行尝试和探索，培养学生的个性和相互尊重为主要目标。

阶段 4（S4）：自我指导水平的学生。该阶段的学生能够自己制定学习目标和评价标准。他们已学会使用专家、图书馆、研究机构和互联网等知识资源，已成为独立的人。他们对自己的学习活动负完全的责任，自己支配时间，完成作业，开展同学间的互评，自己收集信息，具备了较高的自学技能。当然，他们有时也需要教师的指导，尤其是对某些较抽象的知识体系或学科学习时，学习效果显然要比独立学习好，效率也更高。

阶段 4 的教学方法是协商或咨询式的教学方法。教师的目的不在于学生学会学科的基本知识，而是培养学生的学习技能和促进学生人格的全面发展。该阶段的教学方法是以学生的讨论和小组学习及个别学习为主，即所谓的学生中心式的教学方式。SSDL 模式认为，对阶段 4 的学生，在必要时也可以采取阶段 1、2、3 的教学方法。它不是完全放任式的，主要的教学形式是成果撰写、独立学习和研究设计。

3.5.10 路卡斯探索式教学八种模式（英）

英国伦敦大学迁尔喜学院亚瑟·莫里斯·路卡斯（Arthur Maurice Lucas）教授在天津讲学时重点介绍了英国的纳菲尔探索式教学方法。他认为教学研究的过程主要由三个因素组成，即问题（课题）、方法和结果。可以将这三个因素进行有机组合，形成八种课堂教学时常用的探索式教学模式，以培养学生像科学家那样去思考问题、分析问题，使他们学会科学的思维方法和进行科学实验的本领。

1. 问　题

问题是探索教学的核心，整个探索活动都是围绕问题展开的，也因问题的解决而结束。问题的设计既要考虑到学生已有的知识和能力水平，又要考虑到对激发学生学习动机的作用；要预测学生能够解决这些问题，并能够对该问题产生强烈的好奇心和探索欲望。问题可由教师直接给出，也可由学生在观察、调查和阅读等情境中发现，并通过探索活动解决之。

2. 方　法

教学活动所需的材料、仪器、设备、技术等，是学生学习素养的重要方面。该环节还包括对既定方法的实施，即学生通过调查、检索、观察、测量和实验等，积累直接经验，了解事物间的联系，掌握一定的学习研究技能，学会分析影响事件的变量，并对事件进行质疑。

3. 结　果

记录、处理探索结果，分析实验数据，得出结论。当学生的结论不能正确地回答所给出的问题时，要引导学生再扩大对资料的收集，重新分析实验结果或重新设计并进行实验，反复多次；如果仍不能解决问题，教师应首先肯定学生的探索精神，再帮助分析原因。学生对探索过程、结果要能进行科学的表达，形成文字性的材料，并能够将自己的结果与他人交流。

4. 要素组合及应用

将探索过程的三个主要因素在教学中进行不同组合，归纳为以下八种模式（表3－1）。

表 3－1　探索教学模式因素组合

模式因素	一	二	三	四	五	六	七	八
问题	√	√	√	√	×	×	×	×
方法	√	√	×	×	√	√	×	×
结果	√	×	√	×	√	×	√	×

注：“√”表示由教师完成的因素；“×”表示由学生完成的因素。

【模式一】教师完成所有教学过程。主要是教师教给学生探索的方法，让学生了解学习的过程，感受学习发现、缜密推理的乐趣，从而提高所学课程的吸引力，激发学生学习的兴趣和积极性。

【模式二】教师向学生提出要探索的问题，然后教给学生研究方法，结果由学生自己去探索获得。

【模式三】教师给出问题和结论，学生设计方法。目的是让学生掌握问题、方法、结果三者之间的关系，从而培养学生建立像科学家那样的思维方法，而不是只知道结论。

【模式四】由教师提出研究的问题，让学生设计研究方法，并得出结论。

【模式五】教师只告诉学生研究方法和结果，让学生揭示研究的问题。主要是使学生通过方法、结果来解释学习的问题。

【模式六】教师给出方法，学生自己去找问题和结果。

【模式七】教师告诉学生结果，由学生提出问题、设计实验以验证结论。

【模式八】问题、方法、结果教师全不告诉学生，让学生独立学习，教师给予学习条件支持，并在各环节予以适当指导和修正。该法实际上属于探究性学习的范畴。其选题自主、开放，过程具有探索性、实践性。所以这类选题往往是学生感兴趣又与社会密切相关的内容，但考虑到不同教育的客观实际，该法可以灵活运用，即使使用也应当引导学生选择与教材内容有一定关联的命题。

3.5.11 塔巴“三步九阶段”教学模式（美）

黑尔达·塔巴（1902—1967）是美国著名的女课程理论家，是归纳思维模式的主要代表人物，她极力反对教师把现成的结论直接传授给学生，提倡学生通过自己处理信息来形成自己的结论，认为思维技能是能通过教学来进行传授的，但必须通过特定的教学策略来进行，并且这些策略要按一定的顺序来使用，因为一种思维技巧的建立和获得往往要以另外一些思维技能的建立和获得为前提。塔巴就是根据以上思想提出其教学模式的。

塔巴的归纳思维模式包括三大步教学策略：一是概念的形成，二是资料的解释，三是原理的应用。每步包括三个阶段，共九个阶段。

第一步是概念的形成。第一阶段是确定和列举出与所学问题有关的资料；第二阶段是根据前阶段问题的相似性进行分组；第三阶段是对各组进行命名并区分类别。

第二步是资料的解释。第四阶段是教师引导（启发）学生对资料的某些方面进行要点确定；第五阶段是要求学生解释对所确定要点的意义，并把各个要点彼此联系起来；第六阶段是根据已有的资料进行大胆推理和猜测，从而得出某些结论。

第三步是原理的应用，是应用以上两步所得出的结论和原理来解释新现象（从已知条件出发去预见结果）。第七阶段是要求学生应用已有的原理去预见结果，解释新资料或假设；第八阶段是要求学生解释和证明自己的预见和假设；第九阶段是验证这些预见并提出能够验证预见赖以成立的条件。

塔巴教学模式是一种信息处理模式。它强调的是师生双方的合作气氛，其中教师处于主导地位，模式中的每一阶段都是由教师提出的启发性问题开始的。启发性问题的创设是本模式的重要特色之一。塔巴教学模式较为强调对学生的归纳思维技能的训练，其三大步教学策略九个执行阶段都是围绕着归纳思维这一中心目标而创设的，在设计中，还注意创造性思维的训练，本模式还极为重视学生对学习新知识的准备状态，重视学生已有的认知结构的作用，以旧的认知结构去同化新的知识。总之，塔巴教学模式对于发展学生的归纳思维技能，培养学生的独立思考以及处理信息的能力，实为一个良好的途径。

3.5.12 阿莫纳什维利的有效课堂教学法（苏联）

阿莫纳什维利是合作教育学派的主要代表人物之一，当代格鲁吉亚教育家，原苏联教育科学院院士，曾任全苏联教师创造协会理事长，格鲁吉亚戈盖巴什维利教育所所长。他创造了一套以师生独特的交往方式为基础，并具有他本人鲜明个性特点的合作教学模式，被简单称作没有分数的教学体系，也称为有效课堂教学法。阿莫纳什维利反对教学上的两种倾向。一种是教师不顾学生是否弄懂，是否掌握教材，只顾自己的教学进度，完成纸上谈兵式的备课计划。另一种是教师片面理解量力性原则，低估学生的潜力，“抱着学生走”。阿莫纳什维利认为教学应做到以下几点。

1. 关于课

课是组织教学和教学工作的基本形式之一，它不是教学过程的一个独立的单位，而是旨在使学生得到一般发展，掌握知识、技能、技巧的过程中的一部分、一个片段或一个阶梯。阿莫纳什维利认为，课的主要任务是：在具体的教材、教学方法和师生交往内容的基础上，激起和发展每一个学生的求知欲、认识兴趣、自信心、与教师和同学交往的快乐感受，及对于独立的和集体的认识活动的渴望。

因此要求教师做到：第一，精确设计每一堂课和每一堂课上每一分钟的教学，明确规定每一堂课的教学目标和预期的教学效果；第二，使学生在课上的学习和认识活动最优化，加强课的发展功能。

2. 关于课题计划设计

为了最经济、最有效地分配课时，要求教师根据在教学的某一阶段上学生必须掌握的知识、技能、技巧设计全学年以课为单位的课题计划。课题计划必须在学年开始前设计好，在具体实施过程中可根据实际情况进行修改、充实，学年结束后，根据预定教学目标和实际的教学效果进行修订和完善。对教师来说，除了教学大纲、教科书、教学参考资料、教学法建议外，课题计划也是必不可少的，因为：第一，课题计划规定了每堂课的教学内容和应该达到的教学效果，可使教师拟订达到有效的教学效果的标准和确定最优的教学速度；第二，课题计划是教师在探索使学生掌握知识和学习活动的方法，形成学习动机、伦理道德品质等方面达到较好效果的支柱。总之，课题计划对教师的教学工作起着导向的作用：以怎样的速度进行某一教材的教学，在进行某一教材的教学中应注意使学生掌握和发展哪些知识、技能、技巧，怎样判明课的教学效果。

拟订课题计划的根据是：本门学科总的教学目标、该学科教学大纲规定的大体上独立完整的教学单位、班级学生成员的组成状况及他们的能力和发展水平。

3. 关于课的结构

教师除了拟订课题计划外，还要做课的结构提要。每一门学科的课的结构都有其自身的特点，但根据教学的基本原则，在各门学科的课的结构中又有共同的基本组成部分，这些共同的基本组成部分是：①向学生提出学习和认识任务，即激起学生对独立的和集体的学习和认识活动、对获得知识的兴趣和动机。这一组成部分通常都安排在课开始的时候。②组织和控制使学生掌握教材、发展他们的能力和形成技能的过程。这一部分是课的结构中基本的核心部分，组成它的实质的教学目的和任务的多样性，决定了它在不同课上的多方案性。③教师和学生个别的或集体的实质性评价活动。评价在课的结构中并不是孤立于学生的学习和认知活动之外的一个组成部分，而是伴随着学生完成学习和认识任务的过程同时进行的活动。④根据提出的学习和认识任务，对课进行总结，学生提出完善自己的知识、技能、技巧的任务。

在课的结构中没有传统教学体系中复习这一环，但这并不意味着阿莫纳什维利忽视复习和巩固旧知识的重要性。他的做法是：通过对教材的教学法处理，把复习旧知识精心安排在掌握新知识的过程中进行。在必要时，他也安排专门的课来复习关键性的教材，巩固特别重要的知识。

4. 关于教学方法

阿莫纳什维利非常重视教学方法问题，要求教师技艺精湛，掌握某些像演戏一样的舞台艺术的表现手段，如语言艺术、脸部表情、手势、身体姿势等，其目的是使教学对学生有吸引力和教育感染力。他认为，教学的表现手段可以使课更加生动有趣，使教学内容深深印入学生的脑海里和心灵里，激起他们对掌握知识的渴望和激情。只有在充满激情的情况下感知的东西才能掌握得深刻而持久，才能成为对学生具有个人意义的东西。他非常重视教师的语言表达能力，认为这是一个教师的教育技巧的标志之一。

3.5.13 罗杰斯非指导性教学模式（促进教学法）（美）

非指导性教学理论又称人本主义教学理论，它是20世纪60年代产生于美国的一种教学理论，其代表人物是美国人本主义心理学家罗杰斯。非指导性教学理论强调人人都有学习动力，都能确定自己的学习需要；教学必须以学生为中心；教师是帮助学生探索生活、学业的促进者；教学的最终目标是促进学生的个性发展。

罗杰斯对传统的教育方式持激进的批评态度。因为传统教育的主要特征是，将教师置于教学活动的核心地位，学生反倒成为“奴隶”了。罗杰斯主张废除教师中心，提倡学生中心。学生中心的关键在于使学习具有个人意义。于是，罗杰斯富有激情地提出全盘否定传统教学的口号。他认为人人都固有学习动力，都能确定自己的学习需要，之所以不能这样是受到了学校（社会）的束缚。教学就是要把学生的自由解放出来，推动学生个性的充分运转，以达到人人自我确定而敞开其创造力的目的。这样，教师不是教学生怎样学，而是提供学习的手段，由学生自己决定怎样学。在学习中，教师只是顾问，应学生的要求参加讨论，而非指导，更非操作。这就是以学生为中心的教学理论，传播到欧洲被称为非指导性教学。

罗杰斯以学生为中心的教学理论和非指导性教学思想，充分体现了他的教学基本观点。

一是教学必须以人为中心。强调在教学中必须以人为中心，教学中主张创造一种良好的人际关系氛围使学生充分信任自己的体验和价值，形成真实的自我概念。只有在这个条件下，学生的创造潜能才能得到充分的发挥，生动活泼的、自主的、具有创造性和适应性的个性才能得以形成和发展。

二是教学目标。罗杰斯认为，教育的目标是培养具有独立人格和创造能力，能适应时代变化的新人。要培养这样的人，处理好教育者和受教育者的人际关系是进行教学的关键，教师应把对学生的感情问题放在教学过程的中心地位。

三是教学原则。罗杰斯认为：第一，我们不能直接教授他人，我们只能使他人的学习得以容易地展开。第二，人们是抱着维持自己的构造或是强化自己的构造有所侧重地学习的。第三，同化带来自己构造中的某些变化。第四，学生对自身的学习与评价负有责任。第五，也是最重要的原则，教师应把学生的感情和问题所在放在教学过程的中心地位，自己的发言要有所节制。

四是师生关系。在非指导性教学的目标中，教师的主要职责是：创造一种真诚、接受、理解的气氛，这种气氛是真诚的关心和理解的倾听；提供一些学生随意支配的资源。由此可见，教师是学生的向导，是解决问题的样板，是发动学生学习过程的催化剂，是学习过程中的助力，是学生能带着他们的问题来拜访的朋友。以学生为中心的教学不是完全否定教师的作用，它否定的是传统教学中忽视学生的要求，代替学生思考的指导，否定的是教师所扮演的“教授”的角色。

五是学习过程。罗杰斯认为真切的学习是指与简单的积累知识相区别的那种学习。罗杰斯对这种真切的学习内容、条件和方法提出了自己的意见。首先，他认为只有“当知识是和被视为问题的那些情境相连时”，也就是被用来解决在学习者看来是一些重要的问题时，才能做到真切的学习。其次，罗杰斯认为，人类具有学习的自然倾向。再次，他认为要使这种真切的学习得到顺利实现，还需要教师在课堂上创造一种便于习得真切知识的气氛。最后，他认为真切的学习是一个变化发展的过程，它没有终结，也没有结论。

六是教学评价。罗杰斯并不反对教学评价，但他认为在非指导性教学中的评价应由学生本人做出，他反对的是外部评价。学生的自我评价是罗杰斯非指导性教学的一个重要特点。

七是教学模式。第一，创设有利于学生接受的气氛。第二，开放性探索，学生不受束缚、毫无顾忌地发表观点，教师只应学生要求参加讨论，发表自己的看法，不对学生的观点做任何评论。第三，个人或小组鉴别。教师提供资源，对探索结果进行反思和讨论。可能没有结论，但这并不重要，因为探索的过程已经存在了，学生已经创造性地学习和工作了。如果学生希望教师讲授，教师可针对讨论内容进行讲授，但不做结论和总结性发言。

罗杰斯倡导并发展起来的非指导性教学有如下特点：第一，非指导性教学要在课堂中创造一种接受的气氛。第二，非指导性教学围绕着发展学生个人和小组的目标而进行。第三，非指导性教学并不完全放弃教师的作用，而是强调师生的平等地位。

非指导性教学的核心和关键是创造一种有利于学生学习的气氛，教师充分信任学生，了解学生，尊重学生，从而使学生在整个学习过程中都感到安全与自信，充分显露自己的潜能，朝向自我实现。

3.5.14 邓恩个别化教学模式（美）

美国纽约圣约翰大学学习与教学风格研究中心主任丽塔·邓恩（Rita Dunn）和肯尼思·邓恩（Kenneth Dunn）夫妇在 20 世纪 70 年代对学生学习风格的研究以及按学生学习风格设计的教学实验研究中，提出了个别化教学模式。

个别化教学指的是所有适应并注意个性发展的教学，一方面它试图打破僵化的传统班级教学，采用较灵活的方式，使教学适应学生学习的个别差异。因而，在形式上并不强调一对一的教学，它可以是一个教师针对某几名学生的不同能力、习惯、兴趣等情况，分别采取扩充或补救的教学措施，这一方面强调的是精心设计教学，力求教学适应学生的个别差异。邓恩模式主要解决的问题是学校如何提供适当的教学方案以适合在传统教学中产生的“差生”的个人学习状况。从这一方面来看，邓恩模式对我国的教学改革，尤其是对当前我国独生子女教育中存在的“差生”问题，会有某种意义的启迪。

学生不同的学习风格与学校的统一教学常常会发生不协调。许多所谓的“差生”，往往是这种不协调造成的。学校应加强对影响学生学习因素的研究，并提供适合学生学习特点的教学。邓恩等人在大量的资料中总结出影响学生学习方式的四类十八种因素：一是即时环境（声音、光线、气温、设计），二是自我情感（动机、毅力、责任心、结构），三是社会需求（伙伴、自我、配对、小队、成人、混合），四是生理要求（优势感官、摄取食物、时间、活动）。

总之，学业成就与学习风格之间的关系已被许多研究证实是高度相关的，因此，做到教与学的风格的匹配是教学规律的要求，是因材施教的具体体现。在我国以班级教学为主的情况下，诊断个体学习风格、实施不同的教学计划、采用不同的教学方法和材料则显得尤为必要。

3.5.15 凯勒个人化教学系统（美）

凯勒（F. S. Keller）是当代美国著名的心理学家，其在美国哥伦比亚大学、托兹大学、亚利桑那州立大学、西密歇根大学和北卡罗来纳大学任教期间，形成并发展了自己独特的大学教学模式——个人化教学系统，又称“凯勒计划”。

凯勒的个人化教学系统强调以学生的自学为主、以学生自己定速来适应个体差异的个别化教学。凯勒的个人化教学系统与传统教学模式有着很大的差异，这从其基本特征中可以清楚地看出。凯勒的个人化教学系统主要包括以下五大基本特征：

1. 学生自定学习速度

学生之间在学习能力、学习速度、时间安排等方面均有很大的差异，因此，允许学生按照自己的性格、能力、时间及其他条件来决定学习进度。学习能力较弱的学生可能需要用较多的时间才能达到熟练标准，而学习能力较强的学生用很少的时间就能达标。因此，每位学生虽然达成单元熟练所需的时间各不相同，但最后都可以达到预期的目标。

2. 掌握为指导

凯勒认为，让学生掌握规定的教学内容是教学的主要目标。对于每一单元的熟练度要求严格，必须达到100%的完美程度。他认为，单元的标准越高，期望就越高，越有助于学生获得较高的学习成绩。学生通过单元考试就表示已经达到熟练标准，可以继续学习下一单元。如果没有通过，就必须重新学习原单元教材，直到自己认为熟练以后再参加该单元考试。从理论上说，学生参加单元考试的次数不受限制。

3. 教师讲演激励学生

教师讲演的主要目的是激发学生的学习兴趣与动机，而不是提供教学内容。因此，学生可以自由选择参加，讲演内容也不做考试要求。关于教师的角色，凯勒认为，教师并非教学的领导者，而只是教学系统的成员之一。教师的主要任务是在课前选编该学科的学习教材、提供学习指引、编制单元测验试题、决定评价方式和标准、解答学生学习中出现的各种问题等。

4. 指导性教学材料

在凯勒教学模式中，教学的主要来源是书面文字材料，教师只是扮演辅助者的角色。学习材料包括单元学习指引、指定阅读的教科书、作业、评量试题等。这些书面材料均由教师事先准备好。凯勒主张教材要分成许多小单元，每一单元的内容不宜太多；每一单元结束后，都安排一些测试题目，以便进行单元测验。书面材料的编排是凯勒教学模式中的一项重要工作。有了系统完备的资料，可以给学生正确的学习引导，使学生的学习变得更加容易。

5. 实行助理制度

助理由已修习过该科目的学生或由学习进度较快的学生担任。主要职责是：作为学习指导者帮助那些学习上遇到困难的学生，进行学习辅导并负责回答学生的各种问题；按照教师的标准答案，评阅学生单元测验的卷子，使学生能得到及时的反馈；详细记录每位学生的学习进度，并经常向教师报告学生的学习情况。

凯勒个人化教学系统在高等学校中的应用从小规模的实验发展到遍及全美，成千上万的教师都使用了凯勒教学模式。凯勒教学模式应用的学科范围也越来越广，起先在心理、物理、工程学科，以后扩大到数学、化学、生物和社会学等学科。此外，各种类型的学校也纷纷采用这一模式进行教学。凯勒个人化教学系统在亚洲、欧洲和拉丁美洲的一些国家和地区也有相当大的影响，如日本、印度、韩国的一些大学都使用过这种教学模式，并取得了良好的教学效果。

凯勒个人化教学系统也有一定的局限性。首先，它打破了原有班级授课制的统一教学进度，改变了原来的考试制度和方法，这就给学校行政管理带来许多困难和新的问题。其次，它改变了教师的作用，提高了教师的要求，使得现有的一部分教师难以胜任工作。再次，它设置教师代理，但又无法保证有足够的时间和机会对他们进行训练，难免影响教学的质量。最后，它把教材分成许多小单元，并要求每个学生都达到掌握的目标，所以，需要多次单元测验以及多套单元测验试题。而做好这方面的工作要花费大量的时间和精力，这就增加了教师和教师代理的负担。

3.5.16 美国中学的讨论法

讨论法是在教师的指导下，学生以全班或小组为单位，围绕教材的中心问题，各抒己见，通过讨论或辩论活动，获得知识或巩固知识的一种教学方法。其优点在于，由于全体学生都参加活动，可以培养合作精神，激发学生的学习兴趣，提高学生学习的独立性。

讨论法的基本要求：一是讨论的问题要具有吸引力。讨论前教师应提出讨论题和讨论的具体要求，指导学生收集与阅读有关资料或进行调查研究，认真写好发言提纲。二是讨论时，教师要善于启发引导学生自由发表意见。讨论要围绕中心，联系实际，让每个学生都有发言机会。三是讨论结束时，教师应进行小结，概括讨论的情况，使学生获得正确的观点和系统的知识。

讨论是一种群体性交谈，良好的讨论应在学生中随意进行，是多向性的信息传递，讨论的方式是多种多样的。

3.5.17 洛扎诺夫暗示教学模式（保加利亚）

暗示教学模式是指运用暗示手段，激发个人的心理潜力，提高学习效果的方法。这种教学理论是保加利亚的心理治疗医生乔治·洛扎诺夫（又称格奥尔基·洛扎诺夫，Georgi Lozanov）在20世纪六七十年代创立的，又称洛扎诺夫教学法。

暗示教学模式认为，个人的理智和情感、分析和综合、有意识和无意识，是不可分割的，而暗示是环境和个人之间一个经久不息的不知不觉的交流因素，能产生巨大的熏陶作用。所以教学过程要通过暗示建立无意识的心理倾向，创造强烈的学习动机，开发潜力，提高记忆力、想象力和创造性地解决问题的能力，以充分发展自我。

可暗示性是大脑接受或者唤起观念的能力，并使观念现实化为行动。威信是人乐于接受的力量，是决定暗示接受性的主要因素。人在清醒而放松的状态下，可暗示性和有意识的判断能力同时出现。因此，个人知道暗示过程，而且对它采取积极的态度，有助于增加学习的效率。但是，可暗示性总是受到反暗示的抵制。凡是在逻辑上、感情上、伦理上与个人相违背的暗示，都是不能被接受的，所以接受新暗示引起心理共鸣，有时要以破除旧暗示为前提。

无意识的心理活动使人们能和环境保持平衡，而且一切有意识的活动都建立在无意识的组合之上。个人的见解、动机和记忆都受感情、想象以及其他无意识活动的影响。各种感官所接受的无意识的知觉，只是外围知觉，不是意识所关注的中心，但以后可以进入注意的中心。从外围知觉得来的信息，可以成为长期记忆的基础。

暗示教学理论还认为，说话的内容是思想交流的第一平面，说话的语调、节奏、表情、态度是交流的第二平面。听人说话时，注意其内容是对特定目标做特定心理反应；而语调等是中心之外的背景，一般只做非特定心理反应。艺术的形式、色彩、节奏和韵律诉诸无意识的知觉和非特定心理反应而成为最有力的暗示。

暗示教学的原则：一是学生要有自信心，愉快而不紧张；二是情感调节理智，无意识调节有意识；三是设置情境，采用交际性练习，短期内学习大量材料；四是借助母语翻译对比；五是师生相互信任和尊重。

其实总结起来国外的教学模式虽有各自的特点，但许多理念是一致的。我们国家的教育虽然存在诸多问题，但也不能全盘否定，也具有强烈的中国特色，而且有些特色是应当保持下去的。

3.6 国内外课堂教学模式比较及改革对策

高校教育改革的第一要务是提升教学质量，课堂教学模式是影响教学质量最为直接的因素。纵观世界其他国家的高校课堂教学模式，多以与时俱进、变革创新的尝试与实践来适应经济全球化时代不断发展变化的社会需求。

3.6.1 国内课堂教学模式

当前国内外高校课堂教学模式大致可分为五种类型：合作型教学、情境式教学、探究式教学、信息化教学和“以课本为中心、以教师为中心”的传统教学模式。目前，我国大部分高校课堂仍保留着传统教学模式，严重滞后于国家科技进步与社会信息化的快速发展，无法满足现今社会和市场对具有综合素质和创新能力的应用型人才的需求。

1. 单向灌输式教学方式忽略了学生的主体学习地位

我国的高校教育过于依托课本内容，教师在授课中常出现照本宣科的情况。一方面，教师单一地按照课本知识结构讲课，缺乏生动形象的案例解说，学生会感到枯燥无味，课堂吸收率不高；另一方面，课堂大部分时间是教师在讲、学生在听，机械式灌输知识的做法扼杀了学生自主学习的动力，也不利于他们在感知力、理解力、判断力和创造力方面的提升。同时，课堂人数过多，教师无法对学生进行有针对性的指导。

2. 课堂整体教学效果不理想，学生隐性逃课现象严重

信息化时代，手机已成为大学生课堂必备随身物品，在为学生查阅资料提供便利的同时也带来一些弊端。有些学生因沉迷于手机网络，致使学习效率降低。大学生如此依附手机等电子产品的原因可归为三点。一是从学校方面看，课程时间安排欠合理，高校对课堂教学时间注重统筹规划，忽视了大学生生理接受教育时间和心理接受教育时间的科学性；二是从教师方面看，有些教师单纯为完成教学任务，以知识传授为主，不以能力培养为中心，只顾讲课，与学生互动偏少；三是从学生方面看，人容易陷入惰性宽松自由的大学环境使学习目标不够明确、自制力较差的学生丧失斗志而进入“目标间歇期”，生活重心由学习转向娱乐。

3. 课程考核方式单一化，不利于激发学生平时参与课堂教学的动机

我国大多数高校学生课程成绩是按照三七比例计算的，即平时成绩占总成绩的30%，期末考试成绩占70%；平时成绩由出勤情况和课堂作业等组成，期末考试成绩一般采用闭卷（或实训）考试的形式。然而，这种考核方式存在一定的弊端。首先，期末试卷考查的知识点相对固定，使一些学生认为只要考前突击复习几周就能考过，学生与考试之间变成直线式的“背书—应考”关系，忽略了学习过程中日积月累的重要性。其次，考查课堂发言、互动参与等平时表现的成绩占比小，试卷成绩占比大，导致了“唯分论”，致使一些学生日常课堂教学参与不积极主动，却在期末考试时为了分数和荣誉大胆作弊，甚至利用其他手段以获得更高绩点。久而久之，不但课程考核的意义被扭曲，还会造成学生形成不正确、不健康的学习心理。

3.6.2 国外课堂教学模式

1. 美　国

美国高校的课堂教学模式有三个显著特点：一是课堂教学以学生为本。教师的讲授时间并不长，他们作为学生的引导者，调动学生在课上提出问题并进行讨论，同时，教师与学生之间营造一种“伙伴式的平等关系”，教师往往不对学生的发言进行评判，而是以鼓励表扬的方式加以肯定，这极大地调动了学生参与课堂教学互动的积极性。二是注重小组团队合作。分小组讨论是美国高校课堂最常用的一种教学方式，每个小组就是一个团队，团队成员既分工明确又相互依赖，培养学生的个体自主发展与合作互动意识。三是课程设置多元化。课程类型主要包括自由选修型、分布必修型、名著课程型、核心课程型等，鼓励学生涉猎更广泛的课外知识，体现了美国高校对学生综合素质提升的重视。

2. 日　本

日本高校的课堂教学模式主要有两个方面的突出特点：一是课堂教学以学生为主体，建立“试听课制度”。每学期的第一周，学生可以先试听自己所选的课程，若对该课程不感兴趣，可依照一定的程序完成课程变更，学校充分赋予学生更多自主选择权。二是实施启发式教学方法，引导学生发表个人见解。其中，分组讨论、课堂辩论、即兴演讲是最常见的形式，教学课堂气氛活跃、趣味性强，有助于培养学生的发散性思维及创新能力。

3. 新加坡

新加坡高校的课堂教学模式有两个鲜明的特点：一是教学以学生为中心。新加坡的高校普遍采用“1 + 1”的课堂教学模式，即“讲堂课（Lecture）+讨论课（Tutorial）”。教师讲解时间少，课上大部分时间留给学生分组讨论问题，这种模式受欧美高等教育的影响颇多。二是把辩论赛融入课堂教学。教师结合教学内容先确定一个主题，然后学生围绕这一主题准备自己的论点和论据，并在课堂上组织辩论。这就要求学生在课前查阅大量文献资料且自行归纳并分析，促使学生在独立学习的过程中养成发现问题、思考问题和解决问题的能力。此外，新加坡高校的课堂辩论赛重论轻辩，不同于具有竞争性特点的正式辩论赛，其目的是以辩论的形式激发更多学生发表个人观点，培养逻辑思维及语言表达能力。

美国、日本、新加坡等国的高校课堂教学模式均秉持以培养兴趣、发展智力、提高能力为教学目的的原则，呈现一种“以生为本”的人文理念，但也存在一定风险。

首先，课堂管理没有规矩不成方圆。过分强调学生在课堂上的主体地位，可能导致课堂纪律松散、秩序混乱，学生情绪过度活跃而缺少严肃认真的学习风气，降低了学习效果。其次，由于教学形式的开放性，一些自主学习能力相对较弱的学生难以取得较大进步，尤其是性格内向或基础薄弱的学生往往不愿在课堂上表现自己，进而与别人的差距不断拉大。最后，开放互动式的教学模式对教师职业素质的要求较高，如果教师没有足够的能力把控教学进度和课堂氛围，可能会对整体教学效果产生过犹不及的副作用。在借鉴国外经验的同时应该与中国实际相结合，切不可盲目照搬。

3.6.3 我国课堂教学模式改革建议

1. 教学方式由灌输式向启发式转变

首先，教师可缩短讲解时间，给学生留出足够的时间进行自由讨论；其次，教师授课过程中，应以提问形式给学生适度的压力，引导学生独立思考；最后，教师备课时，应适当增加前沿知识并融入热点问题的案例分析，从而弥补课本理论知识滞后过时的局限性，增强课堂教学的时效性、趣味性和启发性。

2. 采用分小组式教学方法

首先，小组划分方式可以灵活多样，如就近组合、自由组合、随机组合、优生带后进生等多种方式；其次，组内讨论是分小组教学的重要环节，教师应特别关注后进生和性格内向生在组内讨论过程中的动态，鼓励他们积极发出自己的声音、表达个人的观点，同时引导小组成员之间互帮互助，提高团队合作能力；最后，教师要提升统筹全局的能力，不仅要营造轻松和谐的课堂氛围，还应保障课堂秩序井然，使教学活动得以高效有序进行。

3. 运用“互联网 +”的教学模式，将线上教学与线下教学相结合

一是建立 QQ 群、微信群或公共邮箱，教师可在群里或公共邮箱中布置学习任务，发送课前预习资料、课外阅读文献等，使教学资源实现更加有效的共享；二是录制授课视频并放到专属网站上，作为课堂教学的补充，便于学生随时随地观看；三是利用教室多媒体带领学生浏览一些含金量较高的学术网站，帮助学生更全面地了解所学专业的前沿进展与技能要求，开拓学术视野。

4. 推行“订单式”人才培养模式，以社会需求为导向定位教学内容和教学手段

所谓“订单式”人才培养模式，是指高校教育方针与目标要符合社会对劳动者类型的需求，以最大限度促进毕业生就业。这就要求高校不断优化、升级课程体系，形成学校、企业和社会相互连通的学习援助系统，重视对学生专业实践能力的培养，灵活运用情景体验式教学、辩论式教学、探究式教学等多种教学方法，体现创新教学理念。

参考文献

[1]https://baike.so.com/doc/2894414-3054494.html[DB/OL].

[2]http://www.doc88.com/p-7758044953561.html[DB/OL].

[3]http://www.360doc.com/content/14/0201/17/6057156_349199619.shtml[DB/OL].

[4]https://wenku.baidu.com/view/7433d04d767f5acfa1c7cd2c.html[DB/OL].

[5]https://baike.so.com/doc/8421442-8741241.html[DB/OL].

[6]http://www.sohu.com/a/154156172-774717[DB/OL].

[7]https://www.douban.com/note/577520478/[DB/OL].

[8]https://wenku.baidu.com/view/729b23cba45177232e60a257.html[DB/OL].

[9]张攀,仲玉英.基于加涅信息加工学习理论框架下的小学英语课堂教学设计[J].现代教育科学,2010,(05):32-34.

[10]何培森,王京琼.体育教育专业教学引进SSDL模式的探讨[J].体育学刊,2000,(06):93-95.

[11]王永诗,邵世光.要素组合探索式教学方法在化学教学中的运用[J].新课程研究,2010,(06):46-48.

[12]https://wenku.baidu.com/view/2e9e8af259eef8c75ebfb3e9.html[DB/OL].

[13]李求真.凯勒"个人化教学系统"述评[J].现代教育论丛,1999,(04):42-44.

[14]黄志成,程晋宽.美国个别化教学新模式——邓恩对学生学习风格的研究及其教学设计[J].外国教育资料,1993,(03):6-9+81.

第4章 警察体育教学研究综述

通过对近30多年的警察体育文献和资料检索整理分析，目前警察体育的研究主要集中在以下几方面：警察体育理论、警察体能、警察防卫与控制（技击类）、警械（装备）使用、警务战术、警用武器六大类。警察体育理论包括警察实战中的相关法律法规制度、警察警务技能的理论部分、警察现场急救与自救等；警察体能包括速度、耐力、灵敏、力量等；警察防卫与控制包括徒手和器械防卫与控制；警械装备包括标配的单警装备和特殊装备；警务战术主要指警察实战中的基本技术、基础动作、盘查、巡逻、缉捕措施以及对各种警情的处置方法；警用武器包括54式手枪、64式手枪、92式手枪、转轮手枪等各种致命性武器。

4.1 警察体育理论

王海源（2001）认为，警察体育理论是一门基础学科，主要研究警察体育的产生和发展，警察体育的目的、任务，以及实现目的、完成任务的基本途径与要求；警察体育教学、训练、竞赛和身体锻炼的特点、任务、内容、原则、方法，以及群众性警察体育活动的组织形式、计划和考核等。它对发展和推动公安队伍整体警察体育活动的开展，增强体质，提高体能、技能和身心素质有着重要的指导作用。

警察体育理论是传授警察体育知识、技能的理论依据，是指导警察体育活动的理论工具。若要完成新时期警察体育教育训练的任务、目的，警察体育理论教材应从整体上体现出警察体育教育训练的特点，即基础扎实、简练实用，融知识性、实践性、科学性为一体。如：运动生理学、运动心理学、运动损伤与预防、急救与处理等基础知识，同属警察基础理论和基础应用科学范畴。至今，警察体育学科已逐渐发展为两个基本学科即基础性学科和技能应用型学科，前文已有叙述，不再作介绍。

董亚军、叶光华（2006）在警察院校体育理论化教学刍议中提到，警察院校体育理论化教学，其要旨是以理论来统领整个教学过程，以理论作为黏合剂，将理论教学渗透于整个教学实践之中，使看似分散的教学单元和技术碎片在理论的高度上统一起来，使它们不再以孤立、单一的状态存在，而是找到其作为警察体育学科整体组成要素的应有位置。要充分注意到理论教学的“丰富性”——对技术练习的多种解释、技术迁移的多种可能性及学生认知形成的多元自组织；“回归性”——对学生以前学过的技术动作在更高理论水平上更为深刻的诠释和概括，促进学生的不断反思，促使其体育素质的螺旋式上升；“关联性”——将学生的关注眼光从具体的、单一的技术中牵引出来，在纵横联系的基础上赋予警察体育更为综合的意义，形成他们自己对警察体育的认知网络。坚持这样的理论化教学，既可以避免“唯技术”论思想指导下学生动作练习的盲目性，又能够克服单纯增加理论课时使学生身体活动时间减少的局面；即使学生明白了技术练习的意义与价值，增加了对警体课的兴趣，又使其离开校园后的可持续发展有了内在推动力，这才是我们所倡导的理论化教学的真正含义。

一是警察体育知识具有目的性。警察体育的教学目的之一是探讨警察体育教学理论化问题，警察体育应该以公安工作的特殊目的为其出发点和着眼点，不仅关注“育”更应落实其“体”，避免警体教学的空洞性、盲目性。二是警察体育理论教学不可或缺。警察院校的体育教学不仅要坚持以学生对技术、技能掌握为主的教学，也应重视对认知、智力、情感在内的各项认知为核心的发展，不应把理论当作技术的“点缀”。三是遵从教学规律。对警察体育的学习，绝不是对擒拿格斗、射击、障碍翻越等具体技术动作的掌握，而是以理论为穿引主线，在这些具体项目有机结合的基础上去实现认知上的超越，去形成这些具体形态的上位概念——警察体育学科的基本原理和基本思想，即警察体育学科的学科结构。离开了学科结构这一理论主线，学生眼中的警察体育只能是一些分解的技术动作碎片，而对警察体育的认识永远是模糊的，支离破碎的，无法凝聚成一个整体印象。加强理论教学是唯一途径，唯有充分强调警察体育教学中体育基本概念和基本原理，凸显警察体育学科结构的核心地位，并以此来指导学生的技术练习才符合教学的规律，契合学生的认知特点。也唯有以理论教学作为警察院校体育教学的主线，学生才可能以此为中介将分散的运动技术在更高层次上加以整合，才能形成对警察体育这一学科的综合认知。四是警察体育理论具有可操作性。警体教学所传授的知识既是体育文明的积淀，也是经过专家层层筛选后进入教材之中的，从实质而言与其他学科知识是一致的，同样需要高度的思维参与，单纯依靠生物观上的技术，练习根本无从掌握。理论之于实践的指导作用，对警体教学而言同样重要。依据心理学的研究，操作性知识的学习需要经过理论、理论与实际结合和操作性练习三个阶段，因此，警察体育教学作为系统传授警体知识的组织形式，有义务做好理论与实践并重的教学，有义务为学生的技术练习和身体活动提供必需的理论支持和效果分析，缺少了这一理念，单纯依靠学生的自我学习绝不能解决警察体育理论教学中的种种问题。

李丹（2018）在警察现场急救一体化教学模式的解析与建议中提到，一是课程实施与课程目标有偏差。警察现场急救课程在课程内容体系排序上强调知识的系统性，从现场急救概述到人体解剖、生理、病理学基础知识再到急救技术，完全遵循医学的学科理论课程范式，没有充分结合警察职业特性（尹晓宏等，2009 年在我院警务现场急救课程的教学内容及完善中也提到这一点），导致在急救实效和目标实现上出现了偏差。二是教学方法和教学手段有偏差。警察现场急救课程作为实用知识课程，需要精讲多练以及多种形式或情境的模拟训练，甚至需要现场实际操作，才能完成知识的迁移和内化。但教学实践中教学时数少，专项教学经费紧缺，急救教学训练器材有限（尹晓宏等，2009），理论讲解多、操作训练少，教学手段单一，缺乏技能实践平台等，这种采用理论讲解替代操作训练与实践教学环节的现场急救课程，其教学目标无法达成。在课程实践中，教学或培训管理部门对警察急救课程的实用性认识不足，只能以现场急救理论知识讲座的形式走过场，达不到实用技能课程的学习目标。三是课程评价与课程目标有偏差。目前，不论是在职民警现场急救培训还是公安院校的现场急救课程，多以分数或等次来评定，不发急救证，导致教学与实际运用脱节，课程目标是否达成的关键——课程评价环节处于缺失状态。在警察现场急救尚需明确的法律与制度保障阶段，急救证的颁发，是弥补法律空白、减少警察执法过程中实施现场急救而产生法律风险的积极措施。“只培训，不发证”的课程评价方式无助于警察现场急救技能的实际运用与提高，制约了课程目标的达成。

针对现状提出以下建议，一是课技融合——实现警察现场急救课程内容的职业化。以“工作过程系统化”理念为指导，在课程内容的选择上突出警察的职业特性。在课程内容的结构上采用实用知识的课程范式，并贯穿到警察现场急救课程的开发和实施中，实现警务人员掌握现场急救技能的课程目标。比如，以职业工作情境作为标准，将警察现场急救课程的内容，分为病发现场、事发现场和案发现场，分类予以教学和实践。二是课教融合——实现警察现场急救课程教学的统一化。警察现场急救教学是实现其课程内容向实际技能转化的重要手段，重视课程内容的实践环节，延续和贯穿实用知识课程范式的理念是警察现场急救教学的重要原则。教学内容统一由学科体系向实用知识体系转变。三是课训融合——实现警察现场急救课程训练的实战化。急救现场往往既紧急又危险，现场惨烈的情形和暴力恐怖活动的高危警情无疑会对警察心理造成极大的冲击和压力。因此，情境模拟训练是警察现场急救课程不可缺少的重要环节。情境模拟训练可以根据病发现场、事发现场和案发现场制订不同训练内容，也可以根据各警种执法环境的特殊性来制订。其目的是训练在危急情况下警察急救技能的有效发挥。四是课证融合——实现警察现场急救课程培训的信息化。在国内警察现场急救相关法律和制度亟待完善的情况下，给接受警察现场急救培训或学习后考核合格的警察发放警察急救证是规范警察现场急救程序、规避现场急救法律风险的客观需要。

曾婕（2016）在警察院校警体理论教学中提出“三型五性”教学模式，认为这是时代发展特征和国内国际形势变化对警体理论教学提出的新要求。“三型”即“综合型、专业型、实战型”，“五性”即“政治理论的先导性、课程体系的科学性、教学手段的多彩性、师资结构的复合性、统领全局的战略性”。要培养出在警体理论上综合全面、专业突出、攻于实战的“三型”警务人才，需通过“五性”教育来实现。

具体讲：政治理论的先导性就是要坚持科学发展观，将中国特色社会主义理论体系贯穿于警体理论中思想政治教育的全过程。特别是弘扬“忠、真、智、勇”的公安精神，做到“忠于党、忠于祖国、忠于人民、忠于法律”“认真、求真、唯真、鉴真”“机智、睿智、理智、明智”“勇于探索、勇于创新、勇于奉献、勇于牺牲”。要切实筑牢听党指挥、忠诚敬业的思想根基，把绝对忠诚、绝对纯洁、绝对可靠的信念扎入脑海、融入血脉，坚定政治方向、严守政治纪律，始终在思想上、政治上、行动上与党中央保持高度一致。

课程体系的科学性就是要针对当前对警体理论的认识不足、课时安排少、师资队伍建设不重视、考核方式单一等存在的误区，统一认识、健全教育体制，在课程内容、形式、手段、评价等方面实现创新，建立正规化、科学化、内涵式发展的课程体系。

教学手段的多彩性就是要不拘泥于传统形式的授课模式，运用以通信和计算机网络为代表的网络课程、微课堂、微课程的授课模式，从而实现知识的共享性、及时性，大大提高教学实效。

师资结构的复合性就是要因其警体理论教学内容的政治性、特殊性、广泛性等特点，要求教师是广泛而多方面的。不仅要求单一的专业素养，也必须具备良好的政治素质、优良的师德师风、过硬的教学技能、强烈的使命感和敬业精神以及团队合作和创新精神，才能真正起到“润物细无声”的效果。教师的培养上，一是在部门岗位培训的基础上，通过校内外老教师、教育专家的传授，到军事公安及高等院校课堂实景教学观摩，优秀教师心得介绍，国内外典型教学材料推荐，与学生深入交流，组织前往考察学习等途径，使教师们的教学素养不断得到完善和提升，更好地为教书育人服务。二是警体理论教师要具备良好的政治鉴别能力，不能人云亦云，迷失方向，教学中时刻与党的路线方针政策保持高度一致。三是通过“传、帮、带”的微观培养，恰当地把握教学内容取舍、讲稿和多媒体课件制作、教学方法的设计等。四是提升师资队伍实力。不断优化教师年龄、学历、学缘、职称、梯队架构，完善警体理论教师职称评定的专门渠道，健全完善师资培养长效机制。

统领全局的战略性就是警察院校对预备警官的培养要着重于“练兵先练长”的教育训练模式，这是服务公安教学不变的主题。警体理论教师要围绕着“有利于公安工作融入大局、有利于公安机关融入社会、有利于人民警察融入人民”的理念贯穿教学始终。由于社会各类不稳定因素日益增多，暴力恐怖事件时有发生，维稳任务非常艰巨，理论教学要从全局的角度出发，遵循“战训合一”的原则，按照“贴近实战、面向实际、讲究实效”的要求，一边摸索，一边实践，一边总结，坚持授课内容和警体训练教学贴近需要，力求创新，从而大大提高学警们的快速反应能力。受训学警在坚持体能训练的基础上吸收战略性的理念，转变认识，促进以结合实际、贴近实战为主的教育活动开展，使警体理论教学化虚为实、化练为战、化技为能。

4.2 警察体能教学研究

长期以来，公安系统比较有影响的经典专著和教材，将警察体能认为是人体各器官系统的机能在警体活动中表现出来的能力，包括警察的基本身体素质、基本活动能力和运动能力三个方面。现在看来，这种理论观点存在一定的局限性和片面性。结合警察体育学科的发展需要，综合大多数警体研究的成果，普遍认为陈博（2009）在《警察体能训练与测试评价》一书中对警察体能的定义较为科学和丰富。

陈博将警察体能从广义和狭义两方面进行了概念定义和诠释。认为从广义上讲，是指警察在先天具有的遗传素质与后天经过训练形成的身体有形能力和无形能力共同构成一个多层次的、相对独立而有机的内稳态自组织系统结构，即由身体形态结构、身体机能、身体素质、智力、心理、适应能力、健康状况等部分组成的。这个概念阐明如下三个层次的观点：一是警察体能是通过先天遗传和后天训练途径获得；二是警察体能是一种人体形态结构、生理机能及身体素质等综合的表现能力；三是警察体能是一种身体有形能力和无形能力的内稳态自组织结合体。

从狭义上讲，警察体能是指警察在日常生活、工作、训练和执法中所表现出来的体力、技力、脑力、心力等综合能力。从警察职业的社会属性上讲，警察体能是警察在工作、训练及执法中，在长时间、高强度、短间歇的大负荷工作过程中，最大限度地动员机体各器官和系统的机能，抵抗疲劳，高效率、高质量完成工作的身体能力。根据上述对警察体能的阐述，其构成要素主要包括身体形态、身体机能、运动素质、心智能力、适应能力、健康状况等。

4.2.1 警察体能重要性

丁一平（2000）、王慧明（2004）在对警察院校学生加强体能训练的思考中认为，警察职业的特殊性要求人民警察必须具有良好的体能，良好的体能来自青少年时期打下的基础和此后不断的训练。学员时期对身体的良好的体能训练尤为重要，加强体能训练，可提高学员抗负荷、抗疲劳及各运动器官的运动功能，可改善身体形态和心理品质，既是警察执法实践的需要，也是警校学生更好地学习和掌握警体技能的需要。

吴东潮、鲁金民、隋波、高士伟、冯国力（2004），陈立平（2011）在论警察体能训练的重要性时认为，体能不强已成为警察工作效率低的主要因素，警察体育训练必须强化警察体能训练。面对严峻的治安形势，每一名警察除了要具备可靠的政治素质和娴熟的业务素质，身体素质的强弱是适应繁重公安工作的先决条件。人民警察必须具备强健的体魄、超越常人的体能、快速敏捷的反应能力、充沛旺盛的精力和对外界环境的较强的适应能力，以及对各种可能发生疾病的抵抗能力。尤其是一线警察，经常处理重大治安、交通、刑事案件，要在各种突发事件、大型集会以及“严打”等重要活动中作出快速反应，人民警察必须具备良好的应变能力、快速的行动能力、克敌制胜的战斗能力，以及特殊的身体素质储备能力，否则就适应不了当前公安工作的需要。

张银福（2012）在关于警察体能训练科学意义的理性分析中提到，警察体能的强弱直接关系到警察战斗力，而现代社会环境下犯罪活动日益新型化、现代化、智能化、职业化、集团化、暴力化，对警察体能提出了更大挑战。由于警察长期超负荷工作，工作环境恶劣，缺乏必要的体育锻炼，许多警察体质明显下降，患病人数增多，工作效率难以保障，严重影响了警察的战斗力。因此，加强我国警察体能训练和增强警务实践技能是提高警察战斗力的主要途径。

尹双双、荣从民、陈永辉（2013），黄一峰（2017），陈永辉、潘春娥、曹超（2006）在论警察体能训练在警务实战中的重要性里认为，体能训练是警察实战能力的基础，是战术能力、对抗应变能力以及应急处置能力的重要保证。加强警察体能训练是当前治安形势的需要，能培养良好的道德品质和顽强的意志品质，能又好又快地促进现代化公安队伍的建设，能提高公安队伍的战斗力、生命力，能促进警察软实力的建设，当前，面对社会治安新形势，为了能够从根本上提高公安队伍的整体战斗力，首先要提高对警察体能训练的重要性认识，其次在提高警察体能训练的内容里着重从力量素质、耐力素质两方面抓起。

刘洋（2015）在警察体能素质对执法能力的提高中认为，警察体能素质是影响警察执法能力的重要因素，是警察能否有效抓捕犯罪分子的先决条件。警察拥有过硬的体能素质，不仅可以提高自身抵抗生理和心理疾病的能力，长期坚守在岗位第一线，而且可以提高执法能力。

吴金龙（2018）在警察体能训练的重要性研究中提到，系统科学的体能训练，对警察执法基本素质、保持健康体魄、加强自身安全防护、提高职业智能等方面均能产生积极作用。

4.2.2 警察体能教学内容

陈永辉、潘春娥、曹超（2006）在“警察体能及其训练的科学认识”中认为，警察体能由以下几个因素构成（表4－1）。

表4－1 警察体能构成因素及其相对应关系

	生物学能力	生理学因素（相对应）
	身体形态、结构	体格，内脏器官，感觉器官、神经系统……
	体力	力量耐力、速度耐力，有氧耐力、灵敏、力量、速度
	精力	抗大脑疲劳能力
	毅力	克服困难能力，心理承受力，抗环境能力
	反应力	复杂情况变化下的反应能力，对事件后果的判断力
	时差适应力	抗生物节奏紊乱，适应夜战的能力

陈长礼（2006）在“论中国警察体能教育学课程的创建和开设”里提到，警察体育理论随着社会、公安教育的迅速发展，已经“容纳”不了越来越广的研究范畴和研究内容，客观上是我们还没有形成一套警察体能教育的科学理论与方法。警察的体质每况愈下、警察对体能教育感到陌生，对体能教育知识、方法所知甚少。现在问题已很明确，我们必须抓紧警察体能教育科学研究，并提出警察体能教育学研究的主要内容是：警察体能教育学的理论体系，警察体能教育的历史进程，体能教育目标、规律、方法手段、过程、负荷和自我监督与体质评价等（表4－2）。

表 4-2　警察体能教育学的内容体系

警察体能教育学原理	警察体能教育方法
警察体能教育学绪论	刑警体能教育方法
警察体能教育系统	治安警察体能教育方法
警察体能教育过程	巡警体能教育方法
警察体能教育目的与手段	交警体能教育方法
警察体能教育方法	森林警察体能教育方法
体能教育负荷量的安排与控制	特警体能教育方法
体能教育处方的原理与制定方法	其他警种体能教育方法
警察体能教育效果的检查与评定	行政人员体能教育方法

李阳、高琴心（2009）在“浅谈公安院校警察体能课的教学与训练”中提出，要加强警察体能素质：一是要加强力量素质的专项训练。通过力量训练可以使肌纤维增粗，使肌肉对蛋白质等营养物质的吸收和储存能力增强，肌肉变得粗壮、结实、有力。当警察在执行公务时，遇到犯罪分子暴力对抗，或在敌众我寡、或遭到犯罪分子的突然袭击的情况下，强壮的力量素质是制服犯罪分子的必要条件。力量素质的训练内容有单杠引体向上、俯卧撑、双杠双臂屈伸、爬绳杆、对墙倒立腿起、跳高、跳远、各种跳跃动作及物体负重练习，如哑铃、杠铃、实心球、沙包进行举、推、抓、掷、抛、蹲、跳等内容练习。二是加强速度与灵敏性相结合的专项训练。当前的社会治安形势，对一名公安民警来说，不仅需要一不怕苦、二不怕死，勇猛顽强的精神，而且要有快速反应能力和机智灵活的战斗作风。如发现罪犯逃跑时，能快速反应，快速奔跑抓捕罪犯，因此，具备良好的速度素质和灵敏素质是非常必要的。反映在体能教学内容上，应侧重速度性和灵敏性的训练，如利用声、光、手势等信号移动目标；如快速举重物、对着镜子打空拳、踢沙包；如各种快速跑、冲刺跑、接力跑、追逐跑等内容练习。三是加强耐力训练以提高学生的活动能力和体力的持久

性。在日常公安工作中，民警可能不分昼夜地巡逻、设卡、侦察、追捕，如果没有良好的耐力素质，就容易产生疲劳，当疲劳时，身体各器官、各系统的机能就会下降，就会精神不振，注意力不集中，动作迟钝，速度变慢，在与犯罪分子激烈的搏斗与对抗中，就会身不由己，失去防守能力。因此对在校学生加强耐力训练，从而提高其抗疲劳、抗负荷能力，是警察体能训练必不可少的一项训练内容。训练的内容有越野跑、障碍跑、重复跑、变速跑、间歇跑、匀速跑、法特莱克跑及长时间活动（除跑以外）的其他周期性运动，如游泳、自行车、划船等。四是体能课的教学还应学习简单的运动医学及急救知识。这是因为，在体能教学训练过程中难免会出现呼吸困难、胸部发闷、两腿发软、头昏恶心、扭伤、擦伤、挫伤、肌肉损伤和运动性疾病，如中暑、抽筋等现象。学生掌握一些简单的急救和预防知识很有必要。不仅可以在平时的训练中给予自我保护和预防，而且可为战时出现的意外事件打下基础。

梁小红（2003）在“警察院校体能课程改革的思路”认为，警院体能课程由于受警察体能教学只是为擒敌和搏击课程打基础思想限制，未能将警察院校培养人才的目标是为发展自己和适应公安工作的专业人才培养目标相结合，导致课程这么多年的改革难于跟上社会发展的步伐，课程内容陈旧落后，今后警察体能课程的改革应坚持竞技性、趣味性、多样性、灵活性、实效性的教学内容思路，并提出多群体的教学组织形式。

王强、卢兆民、向朝文（2017）在体适能理论指导警察体能教学改革的可行性及对策研究中谈到，由于警察体能课程既受到普通高等院校体育教育模式的影响，又受到国外警察专业培训，以及国内武术理论的相关影响，形成了不同的课程教学理念，虽客观上对确立警察体能课程地位具有积极意义，也促进了警察学员身体素质的发展与提高。但也造成了各警校体能教学形成“画地为牢”的尴尬，教学形式缺乏创新，课程改革与发展遇到了瓶颈，存在诸多问题。表现在：一是课程依托的理论根基不一致，则教学内容无法统一。因此，各警校体能教学课时安排随意性较大，甚至课时量越改越少，“提高身体素质”只能成为一句空话。二是目前课程效果的时效性太强，对学员职业生涯身心影响较弱。追求专业化和警务特色并没有错，若只局限于此就存在严重偏差。由于警务特色训练对场地和设施的要求较高，脱离警校环境，学员可持续性训练的基础消失，其他体育运动的兴趣点和习惯并没有形成，教学效果延续性不强。三是各警校体能训练的实际效果也不容乐观。从部分地区的入警招录体能测试成绩来看，无论是力量还是耐力等指标，部分警察院校毕业学员身体素质与普通高校学生相比，整体上并没有明显优势。

因此，警察院校现有的理论远不能涵盖时代所赋予的“体能”的内涵，已经不太适合作为统一的课程理论根基，需要用“体适能”理论来引领警察体能课程的发展。用体适能理论指导，不仅能使健康理论与警察职业特点完美切合，又能有效统一现有教学内容，并为教学改革指明方向，而且还便于量化和监测评价警察体能教学效果。

罗卫东（2014）在警察体能训练实战化的思考中谈到，基层警察健康状况堪忧，脂肪肝、结石症、高血脂、高胆固醇、高血糖、心脏病等是基层民警的常见疾病，患有焦虑症、恐惧症的公安民警已不是个别现象，这些健康变化都与警察超负荷工作、精神压力大、长期缺乏科学合理的体能训练而导致的身体素质下降有关，并提出了在认识到体能在公安工作中的地位和意义后，适当增加公安民警体育锻炼达标内容。

4.2.3 警察体能教学存在问题

魏杰（2016），钟勇（2007）在警察院校学员体能训练现状中认为，一是重技能轻体能。由于受课时安排的限制，教师在教学过程中以技术、技能的讲授为主，因而形成对学生体能状况培养的重视不足，使得相当一部分学生因体能储备不足，因而无法有效地发挥其所掌握的技术与技能。二是体能训练模式存在欠缺。从国内多数警察院校体能教学情况来看，教学模式基本沿用普通高等院校的体能教学模式，不能结合公安院校实际情况采取针对性的教学模式，近年在体能课的教学模式上，有的专家提出

“FMS”（运动性功能测试）、“SE”（运动教育模式）、“YO－YO训练法”“体能技能一体化”等教学模式，但总的来看，教学模式仍比较少。三是学员体能难以达标。造成的原因：一是学生个体因素影响。因缺乏持续的、系统规范的体能训练，导致学生对体能储备重要性存在认知偏差的现象，影响其对体能训练的重视与投入；二是学生家庭因素影响，目前警校学生多来自独生子女家庭，因而其在一定程度上欠缺坚强的意志品质，使得其对较为枯燥且见效较慢的体能训练持排斥态度；三是外部社会因素影响。高校扩招造成毕业生就业难，因而现今社会普遍存在着对智力与知识的过于看重，而对求职者的身体素质较为看轻；四是学校因素影响。硬件设施的投入不足、保障不到位以及教学内容安排对体能训练的重视程度不足，造成学生的体能提升诉求难以满足。

周彬倩（2011），陈永辉、刘一兵（2011），谭长华、陈永辉（2011），王平（2003），张良力（2008），田文学（2008）等在警察体能训练存在的问题中谈到，一是体能训练目的不明确。在警察体能训练中，警察体能训练目的并没有在训练中体现出来，也没体现出要适应公安工作需要这一要求。有些领导、教官及参训学员在警察体能训练认识上还存在误区，并没有深刻认识到警察体能训练的重要性，认为体能训练就是为了体能达标，只要体能测试达标就行，没有认识到公安工作体能实际需要与体能达标的不同，因此在训练中，没有形成一套完整的训练体系，包括训练模式的构建和实施、训练计划的制定、训练工作的组织等。事实上，在公安工作实践中，警察的身心健康状况、基本的身体素质、身体的综合运动能力等，无论哪一方面的欠缺都会影响个体在工作中的表现，不论是机关民警，还是一线民警都必须有一个适合自己工作岗位需要的体能。

二是体能训练趋于形式化。虽然《公安机关人民警察训练条令》中明确规定“经考试录用或从非公安机关调入公安机关正科级以下职务的人员”“警务技能和体能训练时间不少于总课时的50%”“从非公安机关调入公安机关副处级以上职务的人员”“警务技能和体能训练时间不少于总课时的25%”。但在实际中，由于一次公安民警培训通常只有一两个月的时间（初任民警培训时间长些），有的甚至只有半个月时间。在培训时间内，参训民警通常只在早晨进行例行训练，有时每隔一天进行一次，且大多以跑步为主，训练的时间有限。加上体能训练课程一般只有三四次，除去用于体能测试的时间，真正训练时间是少之又少，而且训练中缺乏专职教官组织（体能专职教官），在这种情况下要让参训民警在体能上有进步或者达到一个质的变化很难，也正因为这样，很多在职培训中的警察体能训练基本上趋于形式化了。训练内容、方法、手段都千篇一律，一些参训民警（学员）甚至认为“体能训练就是跑步”，因为整个体能训练基本上就是早晨跑跑步，或者做几个俯卧撑和引体向上，再加上一次体能测试，体能训练任务就完成了。

三是体能训练不科学。警察体能训练不科学主要体现在训练科目、内容、方法和手段上。加强学员的跑、跳、投、攀、爬、涉水等活动能力是人民警察必须具备的基本身体素质。但在公安民警培训时间较短的情况下，怎样根据受训对象不同，采用不同的科目、内容及训练强度、密度；怎样针对各个警种或年龄段的不同身体素质状况采取不同的训练形式，如分层次训练、统一训练、视听教学、操场上大强度高密度训练、课堂训练和课余锻炼相结合的体能训练，以讲解民警体能训练方法和保健方法为主的讲座、论坛，针对公安工作和日常锻炼进行攀爬、救生等项目的比赛形式的训练等，这些都需要基于培训性质的不同、受训民警身体素质状况的不同、体能训练的临时性和短期性来进行考虑。因训练性质不同、参训警察年龄不同、地域不同、身体条件不同、体能状况不同，这些都决定着情况各异的民警不能适用相同的教学内容和教学方法。而实际中，大多培训班往往在体能训练内容、方法和手段上千篇一律，不能针对培训性质、对象采用不同的内容、方法和手段。内容、方法、手段的陈旧、单一往往给参训警察带来单调、厌倦感。

四是体能考核体系不合理。通过查阅各方面资料，目前很多地区警察在职培训中体能考核内容通常是参照公安民警招生中的体能测试项目，以《公安民警体育锻炼达标标准》为评分依据，以年龄段不同来划分成绩标准。这种考核方法已经延续数年，虽可以考核力量、速度、耐力等方面的素质，但缺乏对柔韧性、平衡性、协调性、反应时长等方面的测试。目前的《公安民警体育锻炼达标标准》在测试项目的完整、评分方法的客观方面还存在不足，没有充分顾及不同警种之间的体能要求差异，不能充分反映各警种的训练效果。且这些较为单一的考核内容，往往使参训民警只练习考核的几个项目，而忽视身体素质的全面训练。同时考核成绩也不能充分体现出参训警察的训练效果和实际体能状况，往往会呈现出不确定性，如由于各警种、各地区的情况不同，有些地区警种由于工作任务繁重、警力不足，民警常常超负荷工作，生活没有规律，加之工作条件较差，在短期内很难使培训达到一定效果，因此很有可能呈现出一定的区域性或警种性考核成绩不理想的状况。另外，个人的基本身体素质和体能的各方面表现也有差异，这些差异也会影响考核的综合成绩，如有些人力量素质好但耐力素质较差，有些人速度素质好但力量和耐力方面不足，有些人耐力素质好但灵敏素质欠缺，而达标考核成绩却难以体现这些差异。这些不客观的评价往往在一定程度上影响着参训民警在以后的工作中体能锻炼习惯的养成。

五是缺乏科学的体能训练评估体系。尽管公安部门重视警察的体能训练，也建立了一些与警察工作成绩直接挂钩的激励机制，一定程度上促进了参训警察在体能训练上的积极性。但关于参训警察的体能训练过程是否科学、效果是否理想、考核指标是否合理，训练的内容、方法及手段是否科学等缺乏一套科学的评估体系。缺乏对评价指标体系的科学评估、缺乏对评价指标体系的改进的体育训练，很难达到明显提高公安队伍实战能力的目的。

当前，随着《公安民警体育锻炼达标标准》（以下简称《警标》）的实施，我国警察体能训练的科学化、正规化水平迈上了一个新的台阶，但我们在体能训练评估方面还较为滞后，概括起来主要有以下四个方面：①重技术评估，轻理论评估。即对是否按要求完成技术动作评价较为重视，而对是否懂得相关的训练原理、方法，是否懂得生理、保健、伤病防治、能量超量恢复等知识则涉及较少；②重结果评估，轻过程评估。即对于是否达到《警标》要求的各项标准评价较多，而对于如何达标？过程是否科学？是否付出了伤病的代价等则评价较少；③重个人评估，轻单位评估。即对个人评估项目的基础体能项目和专项体能项目都能按《警标》要求进行考核评估，而对单位的整体评估，如参训率、参考率、达标率、组训人员数量与质量、计划制定与执行情况、场地器材设施情况、考核结果的效用等则评价较少；④重参训学员达标评估，轻教官训练组织水平评估。即对学员体能测试的成绩重视，并报送相关部门备案，作为学员今后职务、警衔提升的依据，而对教官的训练水平、组织能力、训练方法等缺少严格考核和约束，导致许多培训机构往往忽略对体能专职教官的聘请。这些都阻碍着体能训练工作的持续有效开展。因此，建立健全警察体能训练评估体系已成为当前公安系统体能训练领域一个亟待研究和解决的课题。

周炳仙、罗卫东（2008），王加伟（2014），郑卫民（2010）在警察体能训练中存在的主要问题中谈到，一是各级公安机关对警察体能训练的重视不够。长期以来，基层公安机关一直把业务上打击犯罪、侦查破案和队伍建设上的思想教育、纪律教育作为工作的重点。在客观上形成了公安工作重打击数字、重思想政治教育，轻警察体能、技能与实战训练的现状。由于部分公安机关的领导没有认识到体能在实战中的作用有时是决定性的，在警务技能活动中也多是以队列训练、射击、擒拿、警务技能与战术训练为主，从而忽视了体能训练对警察身心健康的作用，忽视了对公安民警的体能素质的训练与提高，因此，许多基层单位的领导没有把警察体能的训练当作是提高警察技能与战术的基础工作来抓，把维护和保养警察身心健康和良好体能素质当作是提高公安队伍战斗力的一件大事来抓。有些公安机关在警务练兵的活动中就根本没有体能训练安排，有的即使制定了训练计划，训练也难以组织和开展起来，大多是抽调部分体能水平高的警察以应对上级公安机关的检查。随着公安工作任务的日益繁重和长期的日积月累，警察体能整体逐渐下降在所难免，而且所产生的警察身体健康问题也越来越严重了。

二是民警通过体育锻炼来提高体能的意识差。警察体能的提高最科学和有效的方法就是长期进行体育锻炼。不少警察由于对自身身心健康的意识淡薄，通过体能训练来提高身心健康的意识差，平时就不太注重运动和加强体育锻炼来提高自身的体能素质。通过调查显示，基层警察经常参加体能训练（每周3次以上）的不到29%。调查发现，除了因为基层警力不足，警察把大量的时间和精力投入到公安的日常工作上，大部分警察把业余时间放在休息和娱乐上，而不是通过适度的体育锻炼来消除工作、生活中的压力。因此大多数警察没有形成良好的体育锻炼的行为与习惯。同时，也有相当一部分警察认为自己从警多年，体能、技能与战术基础较为扎实，身体很健康，没有必要在体能训练上投入过多的时间和精力。由于受到这种思想的影响和对健康的认识不清，从而对自身的健康和体能上的不足视而不见，在训练和学习中的自觉性不强，动力不足。很多警察在老爷作风和养尊处优中，使“将军肚”、近视眼、弱不禁风等各种体能问题在警察队伍中普遍存在了。由于思想上的不重视，也使这些问题越来越泛滥，甚至一些原本训练有素的警察也慢慢变成了“文弱书生”。调查中还发现，公安院校的毕业生除了在校期间得到过一些正规的训练外，工作后多数缺乏对警察体能的系统训练。

三是警察体能训练的组织与管理不科学。从基层公安机关的体能训练情况的调研中发现，第一是没有科学的组织与管理，没有训练的标准与要求，大部分是以自我训练为主；第二是训练的考核不严格，达标不达标一个样，练好练坏一个样，没有相对应的表彰与奖励机制；第三是缺乏专业的训练和教官队伍的指导；第四是没有可供警察体能训练所需的场地器材，训练经费也严重不足；第五是没有长远的训练规划，追求短期效应，为的是应付检查，做表面文章。因此，造成警察体能训练的开展受到限制，这样的训练难以达到预期的效果。

沈明（2010），张良力（2008），张茜、谢东北（2014）等在我国警察体能训练存在的问题及影响因素中也谈到，一是思想重视不够。我国警察体能训练思想重视不够表现在教练员配置、体能训练与体育锻炼的代替问题和警察专项技能理论研究各个方面。各级警务系统体能教练员配置情况调查结果显示，配备专业体能教练员的警务机关占23%；无专业体能教练员的占77%。有专业体能教练的微乎其微，大部分处于自己摸索着练的状态。国外警务系统一般都配备了专业体能教练，他们认为注重系统体能训练的警察，能更快地适应快速变化的环境，能更好地提高其战斗力，他们的体能教练员分工明确合理，按运动素质分为力量、速度、耐力体能教练员等，而我国的体能教练员既负责技能训练，又负责身体素质训练和管理全队的日常生活，没有专职的体能教练。调查发现：89%的体能教练员认为体能训练非常需要进行单独训练，但实际训练中总是以技能训练和体育锻炼代替体能训练。目前我国警务系统的体能训练仅仅解决了速度素质和耐力素质的问题，而基础力量训练根本没有保证，影响警察体能整体水平的提高。

二是训练手段、方法简单化。从“生物适应”理论的角度来看，影响训练效果的主要因素是训练手段和训练负荷。训练手段的选择确定了机体接受刺激的部位，而负荷的大小则决定了对某一部位刺激的程度，训练手段的正确选择和负荷大小的合理安排才能确保体能训练的效果向正确方向发展。我国警务系统体能训练中普遍存在训练手段、方法简单化与训练负荷的盲目性。体能训练手段方法简单化反映在训练方法单一落后。如力量训练时杠铃挂帅。目前先进的力量训练方法除杠铃外，还有大强度的跳跃练习器、综合力量练习器、等动和电刺激力量训练，以及各种组合力量训练；对速度的训练单纯认为加速跑就可以了；耐力训练单纯采用田径式长跑。训练负荷的盲目性就是对练习次数、组数以及次与组间隔等构成没有科学体现运动速度、力量、耐力的量化标准。盲目的训练使机体能力得不到有效的刺激，练习负荷没有突出专项特点，使警察的体能保持在较低水平。

三是体能训练缺乏系统性、计划性。体能训练的系统性与计划性对当今警察的生活和工作都具有重要意义。我国警察体能训练缺乏系统计划性，第一表现在训练计划和安排不合理，体现在训练方法和手段简单雷同，青年训练成年化，成年训练简单化。第二表现为在工作后体能训练安排无规律、无计划，大部分时间缺乏体能训练。因此致使刚从警校毕业的警察体能相对比较好，但随着时间的推移，体能训练逐渐被淡忘，大部分工作数年以后的警察出现体能下降趋势，一到关键时刻不能很好地发挥出原有的训练素质，不能更好地完成保打击违法犯罪的任务。

四是对警察工作活动规律和特点缺乏深入研究。在警察体能训练中确定训练原则和选择训练内容时，首先要明确影响警察能力的决定因素是什么，即警察工作特点是什么。因此警务系统的体能教练必须深刻理解警察工作活动规律及其活动特点，它是实施正确体能训练的前提，否则将导致训练效果事倍功半，事与愿违。由于现代化的发展，使得作案手段越来越高明，环境瞬息万变，那么，体能训练就成为制胜的关键因素。而影响警察体能的诸因素中第一是与健康相关的指标，诸如心血管适应力、柔韧性、肌肉力量、肌肉耐力、身体成分等健康体质指标；第二是与动作技能相关的体能，包括速度、心肺耐力、力量爆发力、灵敏性、神经肌肉协调、平衡、反应式等；第三类是与心理健康相关的体能项目；第四类是与适应能力相关的体能。这四类体能成分紧密联系、彼此交互地组成完整的体能结构。其中与心理有关的体能成分和与适应能力有关的体能成分包含在其他两类体能成分之中。与健康有关的和与动作技能有关的体能成分，例如，心肺功能、心肺耐力、肌肉力量、肌肉耐力、柔性和身体成分等体能成分无论是对健康还是对技能性要求较高的运动都是十分重要的。但是，从事不同活动的警察体能的每一成分发展程度的要求是不一样的。为达到较高的与动作技能有关的体能水平，就必须使上述的每一个成分都得到充分的发展。

4.2.4 提高警察体能训练策略

王惠明（2004）对加强警校学生体能训练的思考中认为，体能训练可以简单分为速度、力量、耐力、灵敏四个方面，对基础不同的学员个体，从四个方面开展针对性的专项练习，能有效地提高训练进度，从而提高训练的效果。一是加强速度训练，提高学生的速度素质，达到一个“快”字。提高速度素质的方法包括：提高反应速度，可利用声、光、手势等信号转移目标，让练习者迅速、准确地做出规定的动作练习；提高动作速度，可以利用缩短动作时间、动作距离和降低器械重量等条件加快动作速度的练习。如：快速举重物、对镜打空拳、踢轻沙袋等；提高位移速度，可采用各种快速跑、冲刺跑、接力跑、下坡跑、追逐跑等练习，只有速度素质得到了提高，才能做到在遭遇紧急任务和突发事件时，召之即来，速战速胜。二是加强力量训练，提高学生的力量素质，练就一个“狠”字。提高力量素质的方法包括：克服自身体重的练习方法，如器械体操、引体向上、俯卧撑、双臂屈伸、爬绳（杆）、跳高、跳远以及各种跳跃动作的练习；伙伴对抗练习法，可以“一对一”进行抱拉、角力、顶肩、对抗等练习；物体负重练习法，可以选择哑铃、杠铃、实心球、沙包进行举、推、抓、掷、抛、蹲、跳等练习。只有力量得到加强，在与敌人格斗时才能强人一分，才能使肌肉更有效地发挥力量去战胜对方。三是加强耐力训练，提高忍耐能力，强化一个“韧”字。增强耐力的手段和方法很多，如各种形式的长跑、长距离游泳、滑冰、划船、跑楼梯、跳绳等。只有这样，战斗时才能连续作战拖不垮，真正做到“特别能战斗”。四是加强灵敏训练，提高应变素质，体现一个“活”字。可以采用刺激大脑皮层兴奋提高灵活性、协调能力、快速反应及应变能力的练习。如各种球类活动、武术、拳击、摔跤及各种带有快速反应要求的躲闪游戏或比赛等。只有这样，才能机智灵活、巧妙地打击敌人。

车新蕊（2014）通过对实验组和对照组学员的 YOYO 训练，结果显示，可使警察学员的心脏功能、有氧代谢能力和无氧代谢能力明显提高。警察学员在训练后，警察学员耐受 +Gz 的能力也同样有着显著性差异，并且 +Gz 值提高在 1.06 +Gz。YOYO 训练法即循环训练法和间歇训练法，主要是模拟实战中出现的加速、减速、急停、转身等动作，在训练中通过不固定的时间及音乐提示，将学员的体能训练强化的一种训练方法。

刘洋（2016）对公安院校体能训练课实施分层教学的研究与实践中，针对公安院校对体能训练的认识存在：体能训练课时不足、用擒拿、散打等战术素养的训练课程替代体能训练、体能训练方法盲目移植、体能训练手段单一、缺少娱乐性等问题，提出公安院校体能训练课的发展对策。一是深化对体能训练的认识。必须清楚地认识到体能训练绝不仅仅是为了体能达标（或者合格），更重要的是提升学员的软实力，为将来投身于公安事业做好准备。二是改进体能训练方法，完善体能训练模式。制定统一的公安院校体能训练课程大纲和教材，课程大纲中应当指明科学、系统的体能训练模式和方法。三是进一步加强和完善公安院校体能训练相关设施条件，丰富学员体能训练方式，增加体能训练乐趣。四是完善公安院校体能训练教员专业知识。要有计划、分批次地对教员队伍进行专门化培养，提高其体能训练方面的专业素养，要不定期地对教员的教学方式及效果进行检测评估，激发他们的教学主动性。五是完善学员考核机制。针对部分学员在校期间对体能训练重视性不够，很少参与导致无法通过毕业考试的现象。可以适当增加阶段性体能测试，使体能状况不佳的学生产生危机感，自觉主动地重视体能训练。

王国入（2017）在“教学练战一体化”视阈下提出提升警察体能训练应做到，一是教学设计与教学内容要有针对性。警察体能训练应该按照性别、年龄、警种不同制定不同的教学设计与教学内容。之前“大练兵”中警察体能达标测试项目有 100 米跑、4 × 10 米往返跑、引体向上和 800 米或 1000 米跑，而这些项目较适合作为内勤民警和机关民警的日常训练达标项目。对于一线警察来讲，由于工作处于长期高危环境之中，必须具有连续的作战能力、长期抗负荷能力、突发事件的反应能力，不是靠这几项单一体能就可以完成的，需要更高的水平作为基础。所以，警察体能训练应更贴近实战，体现训练的全面性、科学性、针对性和实战技能的连续性。二是练与战相结合的原则。练是第一位，是基础，而战是对练效果的总体考核，是一项指标。公安干警由于工作紧张忙碌，长期缺少系统、科学性的体能训练，临时的体能达标测试并不能使之达到较高达标率，反而可能对身体造成不好的伤害。所以全面掌握实战技能、提高战斗力，采用科学训练方法，才能有效提高达标水平，达到战的效果。因此，警察训练应该将练与战有效结合，形成一个科学系统，符合实际应用的训练模式，提高总体的身心素质、实战能力、高水准达标率，这样才真正意义上提高了警察体能。三是合理的运动负荷原则。警察职业特点决定其处于繁重的工作中不规律生活，这样的环境下体能训练，不仅要突出内容的科学性，而且还要控制好运动负荷适当。合理的运动负荷是提高体能训练效果的重要手段，负荷量过大，会导致身体机能下降，产生疲劳，对身体产生伤害，对工作效率产生影响。过低的运动量对身体机制刺激低，达不到训练目的，达不到要求的效果，所以，在制定体能训练计划时，应制定不同阶段的训练计划，不同阶段运动负荷量，这样才能更好保证体能训练效果。四是长效性原则。提高警察技能不是短时间就能完成的，需要长期训练。所以，在体能训练的理解认识上，立足于长远发展，突出实战，应用于实战的训练角度，从训练系统设计上制定好常年的体能训练计划，还包括保障机制、相关领导机制、惩罚机制等相关机制的拟定，不能简单将体能训练认为是几次考核、演练。要在“教学练战一体化”下，树立科学的发展观，重视体能训练的每一项内容，不松懈，循序渐进，培养好习惯，使被动变成主动，调动积极性，全面提高警察体能的长效机制。

罗卫东（2014）在警察体能训练实战化的思考中也谈到，一是理念上转变。警察体能训练应树立以警察现实斗争为需要，树立警察体能训练为职业、为实战服务的新理念，真正认识到体能本身就是警察战斗力构成的直接因素，体能训练不仅能有效保障警察体质健康，以积极的心态完成工作，提高效率，而且是警察熟练掌握和运用各种警务技战术的基础，是公安队伍战斗力的重要组成部分；要真正实现警察体能训练由一般性体育锻炼向警察职业需求训练观的转变。公安机关教育训练部门要制定科学的体能训练计划，合理安排训练时间和训练经费，调配好训练指导教官，保障警察体能训练的组织与开展工作；要切实重视和加强警察体能训练的日常组织、监督和管理工作。同时各级公安机关要根据本地的实际情况定期或不定期地开展各类体能达标赛、实战演练，提高警察应对各种突发事件的实际处置能力，要在日常训练、监督、管理和演练中逐步使全体警察树立重视体能训练的观念与意识。

二是警察体能训练内容要多元化，突出职业特点和实战的需要，训练方法要创新、训练手段要多样。公安机关教育训练主管部门应根据警察执法和现实斗争的需要为基础，结合警察的职业特点，及时调整和完善体能训练内容，创新和改进训练方法，突出警察体能训练的实战化。警察体能训练内容除一些规定的体能考核科目固定外，在日常的警察体能训练中，其训练内容要多元化，应根据警察职业特点，突出实战化的需要，要按警务需要和实际情况去设计和丰富训练内容。比如组织警察跑楼梯、翻越障碍、俯卧撑、爬山、攀树、游泳以及3000米跑等训练，这些训练内容符合警察职业特点和实际工作的需要，不需要专业的训练场地和器材，不需要专业的人员指导、趣味性强。楼道、山丘、树林、河流在基层也随处可见，训练的组织管理工作简单易行，随时可练。这些训练不仅可以有效地提高警察的体能和技能，而且对提高警察的越障能力、救援能力、耐久能力、心理承受能力和机动能力等有着很重要的作用。如果需要进行专项训练（比如力量、速度训练等），还可以和当地的社会健身机构等进行合作，借助这些机构的专业训练设施，进一步优化训练内容。

三是在警察体能训练方法上要创新，手段要多元化，设计的训练内容要能够调动训练者的积极性。同时可以把一些训练内容加入到实战演练中，也可以经常组织像爬山、攀树、游泳、跑楼梯等以小竞赛的形式开展训练活动，对成绩优异者的给予适当的奖励。

四是推进警察体能和警察技战术训练的一体化。警察体能和警察技战术一体化训练是指在技战术训练条件下，以警察体能训练为对象，以促进警察技战术水平提高为目的，使警察体能训练和警察技战术训练成为一个有机的训练整体。体能是警察技战术的载体，警察在执法战斗中任何技战术的运用都需要有足够的体能作为支撑，警察体能和警察技战术是相辅相成的，在训练中不能人为地把它们分隔开来。如果我们的体能训练只是简单地为了提高警察的身体素质，而没有把体技能的训练有机地融合在一起，那这样的体能训练很难显现其作用和其实战的意义了。体能训练要突出实战化，就必须推进体能和技战术训练一体化的发展。

五是科学设置考核科目和标准。根据警察职业特点、实战需要研究设置体能考核科目和制定测试标准。公安机关教育训练部门应组织相关人员做深入的调查和研究工作，根据不同警种的职业特点、实战需要，制定出适应警察职业需求的体能训练内容、考核科目和标准。制定出的警察体能训练内容、考核科目和标准要科学、合理。如果将标准定得太低，使多数人不需要通过专门的训练就可以达到，将难以起到应有的作用。只有将考核科目和测试标准定得适度，只有民警坚持训练才可能达到，不坚持训练将难以达标的水准，才能杜绝目前检查式的突击训练。同时除一些必考科目外，应该设置一些利于在基层条件下不需要专业的场地器材、符合警察职业需求、简单易练、能够起到良好训练效果的内容作为考核科目，有利于警察体能训练保持职业特点和实战需要。

4.3 警察防卫与控制教学研究

防卫与控制课程，是警察院校警务实战技能教学的重要组成部分，是警察院校公安专业的必修课。防卫与控制技能是人民警察依法执行公务及实战中打击和制止各种犯罪行为，有效维护国家和人民财产不受损失，维护社会安定，保护人民群众和自身安全所必须具备的实战技能之一，简单分为徒手防卫与控制（现在有学者还称为擒拿格斗或技击技术）和警械类防卫与控制。

徒手防卫与控制是警察在执法过程中以徒手的方式，根据人体关节的活动规律、要害部位的生理机制和薄弱环节的特点，以快速多变的动作，综合运用踢、打、摔、拿等技术，制服、擒获犯罪分子或犯罪嫌疑人，制止其违法犯罪行为的进行和进行自我保护的一项专业技能。

警械类防卫与控制是警察在执法过程中根据现场情况，利用警械的击、刺、劈、砍、挡等技术，迅速攻击犯罪分子或犯罪嫌疑人的薄弱或要害部位，使其暂时丧失抵抗或进攻能力，进而制止其违法犯罪行为的进行和进行自我保护的一项专业技能。

4.3.1 警察防卫与控制重要性

陈永辉、刘一兵、尹双双（2011）在公安机关软实力建设下警察徒手防卫与控制能力的培养中谈到，警察防卫与控制能力是公安机关软实力建设的重要部分，警察在使用防卫与控制技能时，具有明显的软性特征，另一方面可透过它们展示出警察良好的公众形象，一方面警察防卫与控制能力是公安工作这一特殊职业能力的体现，它必须受到法律的约束和支配。

赵美环（2015），赵美环（2013），杨波、孙健（2005）等在关于加强警察防卫与控制技能训练的几点思考中认为，防卫与控制技能是警察用来自我保护和制服、抓捕、控制犯罪嫌疑人的一种专门技能，是警察有效制服暴力犯罪的一种强有力手段。在暴力犯罪严峻的社会转型时期，防卫与控制技能越发凸显出重要性，对于更好地打击和控制犯罪，减少警察执法伤亡有着重要意义。一套适合警察实际情况和切合警察工作需要的简单易行又科学合理的训练手段和方法，是新形势、新任务和新特点下警务工作的需要，也是对警察体育教育提出的一个总要求。

黄一峰、朱庆宾（2017），赵柳林（2015），屈晨曦、曹超（2009），等，在谈到防卫与控制的重要意义时，根据公安部每年的新闻发布会上通报的警察死伤公布数字和基层调研数据整理得出，同违法犯罪分子作斗争是民警负伤的首要原因，严峻的态势表明，警察在打击犯罪过程中，必须具备过硬的徒手防卫与控制技能，在犯罪嫌疑人对警察实施伤害的同时制服犯罪嫌疑人，提高防卫与控制技能在实战中的应用能力，减少警察的流血和伤亡，必须要重视警察院校的防卫控制技术教学。

郑卫民、姚春玲（2011）在谈到警察控制与防卫技能的作用时认为，警察防卫与控制技能有效地增强体质、强健体魄、增进健康，培养对抗意识和良好的心理素质，以保证警察更好地在实战中发挥各种技术技能，合理巧妙地运用各种战术，使身体承受激烈而残酷的搏斗与对抗，适应恶劣的环境，处置复杂多变的情况，机智果断、勇敢顽强地战胜并控制各种犯罪嫌疑人，提高临战意识、自我保护的能力，以确保圆满完成维护社会安定，为经济建设保驾护航的艰巨使命。同时作为一项高对抗性、高风险的技能活动，警察防卫与控制技能训练也是培养警察具备坚定、沉着、机智、果断、勇敢、顽强的意志品质和战斗作风的重要途径，是任何其他训练项目无法替代和比拟的。

4.3.2 警察防卫与控制教学内容

从1935年，我党成立第一支人民警察队伍至今，全国公安院校的防卫控制课程基本都是把擒拿格斗技术作为主要的训练内容。擒拿格斗是由踢、打、摔、拿、跌结合进、退、闪、躲等身法，攻防结合的一门综合性实用技术。学习防卫与控制技术的目的就是提高对敌格斗的技战术水平，从而在对敌斗争中能更加有效地打击对方，保护自己，出色地完成任务，重攻击轻防守，多徒手少器械使用，多沿用军事体育模式。

随着社会不断发展进步，犯罪分子作案方式日益现代化、暴力化、智能化和集团化，警察体育原有教学内容已不能适应公安一线需要，因此，改革和完善擒拿格斗内容显得尤为突出。王平（2002）在警察体育教学内容体系改革中提出，新构建的防卫与控制技术技法应包括：打法、摔法、踢法、格法、拿法、反关节技术等，课程内容可结合实际选择适合学员的训练项目，如拳击、散打、搏击、跆拳道、摔跤、空手道等，并从中摘取精华部分，加以整理、研究、实践、规范后再进入课堂，忌“大而杂”“华而不实”，为警察防卫与控制内容体系形成奠定了坚实的基础，可以说具有里程碑意义。

杨波、孙健（2005）在警察抓捕中擒拿技术分类及教学特点的研究中将擒拿按抓握部位、实施的手法、实施的主动性、实施技术的方向分为四类教学内容。

擒拿抓握部位的类型有拿关节、拿筋脉、拿骨节、拿穴位。拿关节是指从关节正常活动范围的反方向去控制所作用人体的关节，利用了力学中的杠杆原理，迫使对方的人体关节暂时性地丧失生理机能和活动能力。拿筋脉是用五指的抓劲抓拿起对方某部位的肌肉或筋脉，使之产生疼痛而失去反抗能力的技法，被称为拿筋脉，也有人称之为抓筋法、分筋法、捏脉法等。拿骨节是抓拿对方的骨节和人体中较小骨的技术，如锁骨、肋骨、指骨等骨骼较薄弱，抓拿时具有明显痛感。拿穴位是通过抓握、捏拿特定的穴位使某部位肢体产生麻木或疼痛，它以中医的经络、穴道学说为基础，讲究人体内“经气”的运行规律。

擒拿实施的手法类型有：抓握类、裹缠类、撬别类、旋转类。抓握类是通过抓握与捏拿对方的肢体与关节来实施的擒拿技术动作。裹缠类是指通过上肢或下肢施力于对方的肢体，具体的动作以带、裹、缠为主。它一般不以单一部位实施动作，通常贴紧缠绕对方肢体，以控制对手为目的。撬别类是依据杠杆力学之原理，多以臂骨为杠杆，结合扳、撇、扛、压等招法，以克制对方上肢的肘、肩关节或下肢的胯、膝关节来实施的擒拿技术动作。旋转类是大部分擒拿技术都使用的一种手法，通过自身旋转，牵动对方重心，使其因失去重心而跌倒；或者借助大幅度的旋转动作，旋拧对方关节超过其正常活动范围，使其身体重心与关节相分，而达到重挫其关节之目的。

擒拿实施的主动性是相对被动擒拿来划分的，擒拿分为主动擒拿法与被动擒拿法两种。主动擒拿法顾名思义为主动出击实施动作，在平时的教学中大部分都以主动擒拿为主，被动擒拿法指在正面或后面被对方抓住或抱住时，采用直接解脱、击打解脱、反拿解脱等各种解脱与反拿的技术动作以守转攻的擒拿技术动作。

按照实施擒拿技术的方向分类有：正面擒拿、侧面擒拿和后面擒拿技术。正面擒拿技术是与嫌犯迎面相遇时，果断采用恰当的擒拿技术，将其制服。侧面擒拿技术是考虑到当嫌犯出现时，为避免正面对视引起其警觉，从左侧或右侧运用擒拿技术动作，将其制服，捆绑、上铐的擒拿。后部擒拿是由后自然接近对方，运用恰当的擒拿技术将其制服。

王泽（2012）在公安院校徒手防卫与控制专业课程研究中认为公安院校防卫与控制专业课程的教学内容设置应该有：警察防卫与控制概述、警察防卫与控制技能、基本控制技术、基本解脱技术、警察防夺凶器徒手防卫控制、警察防暴棍等内容。

警察防卫与控制技能有戒备姿势，步法移动基本技术；有前滚翻、后滚翻、前倒功、抢背、侧倒功、后倒功、扶地前后扫腿的失衡保护技术；有格挡、搂抓、挟挡、下潜、掩肘、提膝、拍击法，闪躲的基本防护技术；有直拳、平勾拳、上勾拳、摆拳、鞭拳及拳法组合，掌法、肘法的基本上肢反击技术；有膝法、弹腿、蹬腿、踹腿、横踢腿及组合的基本下肢反击技术。

警察防卫控制和解脱技术有抱腿前顶、接腿勾踢、接腿拌腿摔、涮腿摔、抱腿上托、过背摔、夹颈过背摔、穿背过背摔、折腿摔的摔法技术；有金丝缠腕、正手抓胸擒拿、反手抓胸擒拿、正面抓肩、背面抓肩、外格上步别肘折臂擒拿、外格退步摔别肘折臂擒拿、拐臂擒拿、挑肘别臂擒拿、外格过背摔别臂擒拿的擒拿技术；有单警控制、双警协同控制、三警协同控制的基本控制技术；有单臂抓握解脱、双臂抓握解脱、正面抓肩解脱、背面抓肩解脱、正手抓胸解脱、反手抓胸解脱、抱腰解脱、夹颈解脱的基本解脱技术。

警察防夺凶器徒手防卫控制技术有防夺短凶器基本步法、防夺短凶器基本手法、匕首下刺防夺技术、警察防夺凶器徒手防卫控制等实战技术。

警察防暴棍有其基本操作及步型步法：有戳棍、劈棍、横击棍、点棍、盖棍、崩棍、挑棍、拨棍、拦击棍、扫棍、撩棍、摔劈棍、平抡棍的实用棍法；有预备队形：纵队队形、横队队形、介子队形、环形队形、弧形队形、防暴棍战术队形及与盾牌组合的各种队形。

程洪玲、张新鹏（2014），李德祥、马洪（2012），邹玉吉（2016），付龙（2014）等通过对公安院校武术技击类课程开设的教学课时调查发现，公安院校均将擒拿格斗课程作为公安院校公安专业学生必须掌握的专业技能训练课程，课程开设时间一般为 2 个学期，最低 36 学时，最高 192 学时不等，其中，安排实践教学的课时为 90%，理论学时为 10% 左右。教学内容大都为防卫控制和解脱基本技术，有的院校开设有长拳和太极拳，有的院校将警棍盾牌技术并入警械技术。总的来讲，全国公安院校防卫与控制技术课程教学内容大致相同，偏重实用性，基本涵盖了日常警务活动所需，只是在结合当地公安工作和院校实际教学时数上不同。

4.3.3 警察防卫与控制教学现状及改进策略

程洪玲、张新鹏（2014）分析了武术技击类课程教学中存在教学内容的衔接性不强，教学课时不足；教学和实践不能有效结合，过于重视动作规格；师资力量薄弱，教师缺乏创新等。在改进策略中提到应坚持以人为本，坚持以公安职业需求为导向，构建立体化的公安擒拿格斗教学实践体系；武术技击类课程在教学内容上应力求优化组合，打破传统的条块分割教学模式和技术传授模式。将武术散打、摔跤、擒拿格斗、摔跤等武术技击类项目在技术动作上进行优化组合，按照公安工作实战的要求选编一些实用、易掌握的擒拿格斗技术，将踢、打、摔、拿、控制等技术完善，避免人为的条块分割和教学重复，使教学内容更符合公安实战需求，而不是花拳绣腿的空架子；应实施警察教育和培训的基地，采用现代化教学手段，促使教学内容具体实用，动态性较强，重视实践教学环节，有条件的警院建立一系列的模拟训练教室，把学生放到近似实战的环境和背景下训练。如民宅模拟室、储蓄模拟室、商店模拟室、酒吧模拟室、吸毒贩毒模拟室、新闻采访模拟室等。通过情景实战环节的教学，增强学生的实战技能。

赵美环（2015）认为影响警察徒手防卫与控制教学效果的主要因素有体能、意识、技术、战术行动这四个部分。其中体能是警察防卫与控制技能的基础和保障、意识是警察防卫与控制技能的灵魂、技术是警察防卫与控制技能的根本，三者同等重要，缺一不可，任何一方面不足的话都会造成严重的后果，影响警察的执法行动，甚至造成不必要的人员伤亡。提高警察徒手防卫与控制技能的途径：一是强化警察的体能。没有一个良好的体能作为依托，徒手防卫与控制技能以及其他警务技能可以说都是无源之水，很难在实战中发挥应有的作用。二是加强技术训练。在进行技术训练时一定要让警察明白技术动作是如何构成的，同时对于技术的训练不能采用一遍即过的方式，而要确保警察经过多次的训练达到本能化的程度，只有这样才能够在实战中灵活自如地运用徒手防卫与控制技能。另外，强调徒手防卫与控制技能的训练重点不在防卫与控制上，而在攻击上。

邹玉吉（2016）虽是以甘肃警察职业学院为例分析警察徒手防卫与控制教学效果，但基本概况了全国公安院校在警察徒手防卫与控制教学中存在的问题。授课内容以基础为主的简单易学技术动作，注重技术动作的学习，弱化了支撑技术的基本力量、身体灵活性、身体柔韧性以及抗击打练习，动作较多，缺乏连贯性给学生理解和记忆带来不便。师资上存在配备不足，年龄结构略显偏大。学生成绩优秀率低，学生害怕受伤，动作协调性差，女生力量弱。教学设备陈旧、种类偏少，训练效率低下。刘庆寿（2016）在分析擒拿格斗课程教学中存在问题时也谈到，教学思想不统一，教学设施缺乏，教学内容单一。在提升策略中认为，一是应进一步加强与基层公安机关尤其是基层办案单位的沟通交流，听取基层公安民警在日常警务活动中有关徒手防卫与控制技术的应用情况，基于“贴近实战、贴近基层”的原则对教学内容进行必要的删减或调整，切实做到“服务实战”。二是加强与兄弟院校警务技能训练部门和专业散打、搏击行业内知名专家的交流合作。经常聘请在此领域中有丰富教学训练经验的教官和有着极为丰富基层实战经验的民警与教师交流合作，以教研活动或专题讲座的形势，展开技术动作规范改进、整合教学内容等活动。三是加强互动交流，了解学生学院需求。定期与学生展开师生交流或座谈，了解学生在学习训练中的心得体会，同时也为学生解答教师的训练意图和理念，适时改变教学的训练方式方法和运动量，让双方在理解对方的基础上开展训练，得以能够有效地提高教学训练效果。

陈永辉、刘一兵、尹双双（2011）认为，提高警察徒手防卫与控制能力可实施在职民警培训的三级教育训练体系。所谓三级训练体系，即省公安厅警官培训中心组织训练为一级，市州公安局组织训练为二级，基层所、队组织训练为三级。一级训练主要按照省警察全年培训计划，对各批次受训警察实行集中封闭训练，主要采取“课堂 + 案例 + 研讨 + 训练”的形式，突出案例评析和研讨互动，并通过针对训练，提高警察防卫与控制能力。主要训练综合技能、协同战术等能力。二级训练按照市州警察全年培训计划，对各批次受训警察实行集中封闭训练，主要采取“课堂 + 训练 + 实战”的形式，突出实战性、操作性，主要训练个人格斗技能、单兵战术、协同战术、综合技能等。三级训练由基层所、队组织，可根据工作时间，灵活安排和组织训练，一般一周可集中训练一或二次，主要训练基本的防卫格斗技能和传授、学习实战经验。

公安院校教育训练路径：一是完善警察徒手防卫与控制课程体系。当前，警察徒手防卫与控制课程体系尚不完善，教学内容、方法和手段还跟不上公安工作需要，针对性、实用性不强。我们要针对一线警察、基层警察需要，安排教学内容，结合公安工作特点，采取针对性训练方法和训练手段，要突破过去传统课堂教学模式，实现师生互动研讨式教学训练，要改革教学评价体系，重教学过程，重学生能力养成，完善考评方法，把学生考核成绩和上课的行为态度结合起来评价，做到集教、学、练、战、考、评于一体。二是积极开展课外训练与活动，营造校园警体文化氛围。当前公安院校课外训练与活动没有配合课堂教学，学生课堂中掌握的内容得不到巩固，不能及时、真正转化为学生的技能，还仅仅停留在技术的肤浅认识上。要积极开展各种警体训练与活动，结合公安特色，利用学校体育资源，举办各种警体训练班、训练队，培养学生的实战技能；要举办具有警体特色的体育赛事，如散打比赛、障碍攀爬比赛、擒敌技能比赛等，通过比赛，营造训练氛围，促进学生训练积极性，打造特色校园警体文化。三是注重教员实战能力培养。教员拥有了丰富的实战能力和实践经验，才能胜任警体教学。建立警体教员“轮教轮值、教战合一”原则，可把学校警体教员编成一个机动队，采取边教学、边实习、边待命的方式，将教员分成若干小组，在学期中集中安排时间去周边公安部门实习，或者利用假期时间，统一安排到下面地市公安局实习，这样既不耽误教学，又能提高能力和经验，有利于警体教学产生实质性的变化。

屈晨曦、曹超（2009）认为警察徒手防卫与控制课的改革走向，一是突破单一的课堂教学模式。针对当前的教学模式局限于课堂教学，与公安警务实践有脱节，多数徒手防卫与控制课的任课教师也不是来自公安一线，教学中存在理论上讲得过去，但实践中用不上的现象，要敢于突破单一的课堂教学模式，大步“走出去、请进来”才能丰富课堂教学，才能使警察徒手防卫与控制课的教学训练工作合乎新时期公安工作的需要。二是重视学生或警察实战能力的培养。教学中常常发现有的学生身体素质很好、技术表演起来也有模有样，但一旦真干起来却手忙脚乱、乱打一气，毫无章法、战术可言。有些牺牲的警察，不能说体能很差，也不能说对徒手格斗与控制技术、战术一无所知，但在牺牲前根本没有使用或不能恰当使用徒手防卫与控制技术。这就是典型的缺乏实战能力，不知道针对对手的缺点和不足，有效利用自己的优势和长处去战胜他，出现既不“知彼”

也不"知己"的尴尬。注重实战能力的培养和训练，能使警察训练的内容付诸遇敌对抗的实践，缩短训练与实战的距离。注重培养身体素质、心理素质、所掌握的徒手防卫与控制技术、战术以及环境条件、武器装备等，合理、有效地用于公安执勤任务的能力。三是改革教学评价体系。以前的教学评价体系是以课堂教学规范为目的，以同行与学生观感为主要评价形式，忽视了教学效果与公安实践工作的融合度，没有用实践去检验教学效果，仍然是一种"理想状态"的教学评价，太过注重教学的形式，而忽视了教学的真实目的。理想的教条与框框同时扼杀了教师的创造力与个性，也无法突出学生的主体性和开拓思维，其结果必然导致教、学、练、战的脱节，与公安实战脱节的徒手防卫与控制课必不为现实公安工作所欢迎，只有改革教学评价体系，才能充分调动教师的创造力和学生学习的主动积极性，才能真正提高警察徒手防卫与控制课的教学质量。四是完善学生考核评价内容与方法。今后，应当围绕教学目标，确定考核项目，做到教、考内容的一致性。倡导对学生的"行为态度"和"进步幅度"的测评，要更加注重量化评定方法的研制与应用。要重视个性差异，改革评分方法，严格技术标准，考试运作与程序应当更加科学化、规范化。探索考核各因子的量化方法与内涵，贯彻因材施教、因教施考的原则，切实把警察徒手防卫与控制课落到实处。

钟成娣（2010）在分析警察徒手缉捕课教学现状中提到，教材陈旧、战训脱节、师资薄弱、课时不足。袁越（2009）在对公安院校擒拿格斗课程改革的思考中也提到，擒拿格斗课程教学目前存在的主要问题是：教学指导思想不统一，教学目标有待进一步完善；教学内容陈旧，教材的更新进程跟不上时代的需要；课时不足，教学形式单一；擒拿格斗教学体系缺乏相应的监督考核机制。在改革走向方面提出，一是创新思想理念、更新教材内容。徒手缉捕课的改革应突破以往的旧观点，从教材入手，改变过去擒拿格斗教材没有课程理念，只强调政治意识、突出打击力度的现状，确立安全执法、终身运动的新课程理念，使徒手缉捕技术的教、学、练成为生活习惯。徒手缉捕技术和教学训练应该符合职业特点。教材内容要适应公安实际工作，有效途径是发展集职业性、综合性、实战性于一体的徒手缉捕技术，选择、组织一些简单、实用、易掌握的技术动作，组成包含踢、打、摔、拿、控等基础技术和单人抓捕、多人协同抓捕、特定情境抓捕、案例重演等的一套系统的徒手缉捕技术。并要打破传统的机械分割教学模式和技术传授模式。对各类缉捕技术按照公安工作实战中的要求进行进行改革、优化、整合，最大限度解决教学、训练不系统而造成的只能表演、不能实际应用的现实，使其更符合公安实战的需要。二是加强师资培养、突破课堂教学模式。徒手缉捕教官除了自身要加强师德修养、钻研摸索外，院校或上级主管部门还要有计划地在校内展开业务交流、集中培训、专家讲座等教研活动，或者积极参加公安部组织的各类师资培训、院校专业年会等交流活动，并定期安排教官到基层一线去参加业务实践、调查研究、挂职锻炼，在日常的教学活动中坚持请进来、走出去的原则，为徒手缉捕教官搭建平台，不断提高师资水平，逐步改变战训脱节的滞后现象。同时要主动进行教学改革，改进教学训练方法。警察徒手缉捕课是实用操作课，要精讲多练，把握技术训练的科学系统性，突破战训分离的单一课堂教学模式，加强实践环节训练，最终让学生模拟在具体的情境或案情中展开对抗，通过徒手缉捕课的教学训练，切实提高学生的身体实战素质；培养临战的心理意识；掌握实战的实用技能，强化学生的自我保护能力，最大限度避免战斗伤亡。三是拓展训练途径。当前警察徒手缉捕课的课时远远达不到技能形成的要求，只有在努力工作、实践验证、提升地位的基础上积极争取课时，还要拓展其他训练途径，借助学校其他活动形式，开展教学训练，达到课程要求。例如，开设徒手缉捕技术选修课、组织学生警察徒手缉捕技术协会、成立警察徒手缉捕俱乐部等。四是革新考核制度。对教官的考核，应根据公安院校教务部门对授课教官的测评情况，结合教官所带班级学生的考核成绩，综合教官所属系部采取随堂听课、学生座谈、问卷调查等形式收录的教育信息，帮助徒手缉捕教官进行最终评定考核，并与绩效工资、推优评优、职称评定、职位晋升等自身利益联系挂钩，切实督促教官上好每一堂课。对学生的考核，要建立教考分离的考核原则、科学设置考核内容、组织年级会考的考核形式。客观上保证了考核的公开性、公平性和公正性，既有利于提高学生主动投入训练的热情，又能督促任课教官全身心投入、改革创新，保证教学训练质量，从而形成良性竞争机制，使课堂教学训练效果最大化。

訾凤琴（2010）在警务擒控技术中的模拟实战教学途径探析里也对教学现状进行了简单分析，认为，警务技能重要组成的擒控课程教学时数过少，师资实战经验不足，公安实践知识匮乏。要全面推进公安院校警务擒控技术教学的改革，真正实现“学为用，练为战”的教学改革目标，建议警务擒控技术应充分根据具体情形进行模拟实战教学。

宽广地形情况下的擒控教学。此类地形宽阔，便于施展大幅度的腿法和拳法，格斗时应沉着冷静、耐心地寻找时机，当对手动作反应快，防范能力强时，直接进攻容易被防守、截击或反击，此时应尽量避免与歹徒硬碰硬，应采用灵活多变的步伐、手法，多运用佯攻战术、迂回战术、多点战术等，使歹徒疲于奔袭，消耗大量体力，在其暴露空隙时，用拳、肘、膝、腿等技能给予其致命攻击；若歹徒身材矮小，切不可麻痹大意，要防止其抱摔、击我要害等，此时可利用自己腿臂较长等特点，与其拉开距离，找准机会硬性突破对方防守，并采用攻防结合，用拳、腿给予其猛烈攻击，或施展别臂挂肩、切别摔等警务擒控技术制服犯罪分子。

狭窄街道地形下的擒控教学。在街区巷道进行格斗时，身体应向墙壁靠拢，抢占有利地形，可利用电线杆、垃圾箱、停放的车辆掩护和支撑身体防止犯罪分子利用凶器疯狂反扑，并抓住时机，采用上、中、下、正面、侧面以及不同手法、腿法和摔法并配合灵活的脚步闪动，使进攻点形成立体交叉，全方位攻击对方，使对方防不胜防，这样才能牢牢掌握主动权以击打歹徒要害部位，比如可用电线杆掩护自己的要害部位，向右闪身骗诱歹徒，突然上步，以左直拳击打歹徒头部，对其造成重创。

人多热闹场面地形下的擒控教学。在这类繁华场所，为防止犯罪分子的拒捕行为造成周围群众的人身威胁，应先对其采用攻心战术，使犯罪分子感受到来自伦理良知以及法律制裁的压力，通过一系列政策攻心，使之心理防线崩溃，丧失斗志，放弃顽抗，束手就擒，停止犯罪活动。与此同时，可动员人民群众协力抓捕，给其造成巨大的思想压力，使其感到无形的威慑力量，使犯罪分子处于一种不敢轻举妄动的境地，起到“不战而屈人之兵”的良好效果，以达到顺利制服歹徒的目的，另外，由于这些场合人员拥挤，我们可以趁其不备慢慢逼近歹徒，出其不意，利用直拳击打歹徒喉部等要害部位迅速将其制服。

火车、公共汽车上的擒控教学。乘坐火车或汽车遇到歹徒时，最好采用二人协同抓捕，第一抓捕手应当避开歹徒的视线，隐蔽接近歹徒，同时应掌握主动攻击权，确保擒控动作能够迅速、干净利落的完成，第二抓捕手应站在犯罪分子的侧后方，认真观察，防止歹徒有攻击或逃避的可能，由于车上人多拥挤，空间范围较小，不宜使用摆拳或腿法攻击歹徒，此时可以直拳攻击歹徒要害部位，如果歹徒是在座位上，可以自后方侧方实施锁喉擒拿、击打等动作，在这种场合下应注意千万不要让歹徒接近司机，以保障车厢内外群众的人身安全，此时切忌生搬硬套地使用擒控动作，应因地制宜，突出擒控动作的“快、准、狠”，做到一招制敌，对打击力度，擒拿部位，都要准确无误。

复杂地形的擒控教学。复杂地带是歹徒经常作案的地方，在和歹徒搏斗时，要注意保持重心降低，尽可能稳固下盘，不宜做腿法和进攻幅度大的拳法动作，而应两手紧护门户，除了采用短打的拳法和肘法外，还应伺机采用搂、拉、拨等方法，将其迅速控制上铐，不可恋战，做到扬长避短，寻找发挥自己之长，抑制对方之短的方法，善于发现对方短处的漏洞和疏漏，以己之长，攻其之短，此时的警务擒控动作应注重可变性，因敌施策，灵活运用，依据自身个性特点及对擒控动作的熟练程度，可以其他招法作为假动作，为“绝招”创造条件和机会，以施展一招制服对方为目的，争取做到以不变应万变。

树林、山坡、田野障碍地形的擒控教学。树林中树木茂盛而异于平地，不宜做奔窜跳跃、闪展腾挪的大幅度动作，地面多坑洼和枯枝败叶，要谨防不慎绊倒而处于不利地位，擒控中，应奇正相生、攻守结合，充分利用拳脚并用的打法，既可以借助树木躲闪或进攻，还可以利用树干将歹徒臂腿反关节或扭控于树上，或有称手的棍棒可随地取之，作为武器攻击歹徒。在山坡上，应根据山坡地形调整好合适的防卫姿势，击打歹徒的方式也应该根据地形而灵活地运用合适的格斗技能，如处于下坡，在防守歹徒攻击时，要灵活闪躲，严防头部受到攻击，可击打其裆部、腹部，一招制敌；如处于上坡，应减少腿法的应用，注意身体重心，要用拳法击打歹徒头部，必要时，也可用腿猛踹歹徒的腰、腹等要害部位。

赵美环（2015）在加强警察防卫与控制技能训练的几点思考中认为，警察防卫与控制技能训练的原则应遵循，一是简单实用原则。简单性，是由于警察没有足够的时间进行技术训练和研究，这种情况下，只有简单易行的训练形式与训练内容才会被广大警察所接受。易学、简单实用，经过短期训练即可运用于实践之中，是警察工作的特殊性对防卫控制的必然要求。实用性，如果防卫与控制技能没有实用价值，那么在警务行动和执法战斗中警察就无法通过使用防卫与控制技能来解决问题，不仅达不到自我保护的目的，更无法有效制止犯罪，抓捕犯罪嫌疑人。二是全面发展原则。技术的好坏、实战能力的强弱、心理素质的高低、环境的不同都会对警察执行任务造成很大的影响，对此我们在进行防卫与控制技能训练时要注意全面发展。一方面在技术上要做到防卫与进攻并重，加强对警察的心理素质训练，避免在面对敌人时由于犹豫不决导致牺牲流血事件的出现；另一方面防卫与控制技能训练不能一直处于一个一成不变的场地中进行，尽可能在不同环境、不同地域中进行，以此来培养警察的临时应变能力和环境适应能力。三是适宜性原则。俗话说“过犹不及”，警察防卫与控制技能训练也是如此，训练本身就是一个从不平稳到平稳的适应过程，一旦训练超出了警察自身的承受能力，只会起到适得其反的效果。因此在训练过程中要根据每位警察自身的身体素质、工作性质、心理素质等因素科学、有计划地安排和挑战训练负荷，只有承受合适的训练负荷，才能有效提高警察的防卫与控制技能水平。“量力而行，循序渐进”原则是防卫与控制技能训练的一个重要原则。四是普遍性和针对性相结合原则。警察是一种职业而不是部队编制，因此其并不像部队那样都是清一色的年轻人，而是有老有少，有男有女，每个人的基本身体素质也不相同。因此在进行防卫与控制技能训练时，无论是训练内容、训练方式的选择还是训练器材的选择都要具有普遍性，保证每一位警察都能够顺利完成训练。而针对性则指的是对于某一部位的进攻训练要有针对性，对于制止不同类型的违法犯罪活动要有针对性的训练。

警察防卫与控制技能实用训练方法，一是专项体能训练法。专项体能训练主要包括通过各种长短跑来增强体质、速度、耐力和下肢力量的训练，通过动作击空来提高出招速度的训练，通过俯卧撑、引体向上来提高上肢力量的训练，通过纵叉、横叉、压腿、劈腿来提高身体柔韧素质的训练，以及通过各种体育游戏如篮球、排球、足球等来提高闪避能力的训练等。二是辅助器材训练法。所谓的辅助器材训练法就是徒手或者空击的技术动作施用到一定的物体上，使训练者有一点的手感和距离感，这种训练方法比较适合在没有陪练者或者进行某一方面加强训练的情况下使用。比较常见的辅助器材有哑铃、警棍、梅花桩、沙袋等。三是持续重复训练法。正所谓“熟能生巧”，一种技术的掌握是不可能一蹴而就的，而是要经过长时间的不断重复练习才能够熟练掌握的。警察的防卫与控制技能作为一种人对人的操作性技能，对于技术的要求更高，如果不经过持续重复训练达到熟能生巧的地步，是很难在实战中制服犯罪嫌疑人的。四是条件变换训练法。所谓的条件变换训练法指的是在进行防卫与控制技能训练时，有目的性地改变训练方式如从空击练习转变为对抗练习，或者改变训练环境如从房屋搜救训练转变为街头实战训练、由山间缉捕训练转变为水中格斗训练等。之所以采用条件变换训练法主要是考虑到警察能够在实战中灵活自如地使用防卫与控制技能，达到克敌制胜的目的。五是临战心理训练法。临战心理素质对于警察在实战中使用防卫与控制技能有着重要甚至致命的影响。警察在执行任务时成败与否的决定因素是人，人的因素不仅包括技术的好坏、体能的强弱，更包括临战心理素质的高低。很多时候警察面对突发的犯罪行为并不是缺少防卫与控制能力，而是没有相应的心理准备，导致警察在执法的时候很被动；也有的警察过于盲目自信，结果被犯罪嫌疑人利用，导致流血伤亡事件的发生。创造性地把临战心理因素和防卫控制技术有机地结合起来，才能达到克敌制胜的目的，有效地保护人民和自身的生命安全。六是以战促训训练法。警察的防卫与控制技能训练的根本目的是为了更好地为实战服务，而通过模拟实战场景以战促训训练法对于提高警察的防卫与控制技能水平是有着积极的作用的。常见的以战促训训练法有：有条件实战，即在实战训练过程中附加某些特定的条件如不得使用警械、不得攻击要害部位等；模拟实战，即创造一个比较真实的执法战斗环境，选择不同的对手，不同的反抗形式来进行实战训练；适应性实战，即在开放的环境下，与真实或者类似真实的对手进行实战。

随着擒拿格斗课程地位的提升和教学改革发展趋势，赵美环（2013）提出了在擒拿格斗训练中运用“体验式”教学法。“体验式”教学法是通过设计模拟实战环境，让学生积极主动地参与到擒拿格斗的实战训练当中，使其切身体会到擒拿格斗的重要性，掌握擒拿格斗在实战中的基本要求，从而不断提高自身的擒拿格斗能力的一种方法。“体验式”教学法不仅符合将来警务人才的培养目标，有利于提高学生参与擒拿格斗各种教学训练的积极性、主动性，符合当前警察院校教学与警务工作脱节的现状，符合公安部提出的“把课堂搬进训练场，把实战搬到课堂”的要求，能够适应学生学习心理反应过程，能够有效缓解工作、生活、学习上的压力，达到放松身心、舒展压力的效果，促进其身心健康成长。

林永（2015）认为提高徒手防卫与控制训练质量，要使用遇抗训练教学法。所谓警察遇抗训练是指警察在警务活动中制止违法犯罪行为或在执行任务中遇到不法侵害行为时，依据相对人不同级别的反抗行为所采取的相应控制措施，在依法使用警械和武器或不准使用警械和武器的情况下，以生理学、经络学、神经学等理论为依据，利用人体关节和要害部位、神经点的特点，配合辣椒粉喷雾器、警棍、手铐等警械和武器，制服擒获犯罪嫌疑人的一项专门控制技能。开展遇抗教学训练，是提高警察徒手防卫与控制实战能力的需要，是培养警察具有良好职业精神素养的需要，训练方法可采取已用、转换和综合防卫与控制技术的遇抗训练。

4.4 单警装备教学研究

警用装备是指警员使用的所有物品，包括抓捕器、作战服（春、夏、秋、冬装）、作战背心、警用装备包、警用水壶、警用强光手电、电击棒、警用腰带八件套、作战靴、腿绑枪套、警用制式刀、作战背囊、防割手套、半指手套、全皮手套、护膝护肘、手枪、防暴盾牌、高压水枪、巡逻车、催泪枪等。单警装备是警用装备的部分列装，是根据实际公安工作需要配发给民警个人的基本装备。它具有救助、防护、约束、制服、杀伤、通信等基本功能。公安部制定的《公安单警装备配备标准》规定了 15 种基本的配备装备。其中必配类单警装备有警服、警棍、手铐、催泪喷射器、强光手电、警用制式刀具、警用水壶、急救包、防割手套以及多功能腰带等；选配类单警装备有枪支、对讲机、警务通、防刺服以及警用装备包等。

4.4.1 单警装备配备的重要意义

单警装备的配备意义重大：首先，标志着公安装备建设工作从此走上了标准化、制度化、正规化的建设道路；其次，单警装备的配备大大提升了一线公安民警战斗力和防护能力；最后，《公安单警装备配备标准》的颁布实施从制度上解决了一线执勤执法民警装备落后的问题，全面提高了公安民警的装备配备水平，提升了公安民警在执法执勤、巡逻防控、擒敌追捕时的战斗力和防护能力，鼓舞了公安民警士气，对震慑犯罪分子和打击犯罪活动起到了重要作用。

4.4.2　单警装备教学现状及改进策略

杜洋（2008）、黄文华（2014）在改革实战教学中提到，公安院校教学中警用装备训练存在以下问题。一是缺乏教材支撑，教学训练难以规范。从公安院校当前使用的实战训练教材来看，涉及警用装备的使用训练非常少，有的院校沿用了以前军事体育中相关的教学章节；也有的院校把香港警察训练中使用的相关资料作为教材参考。由于没有统一的教材和教学大纲，各公安院校教学水平参差不齐，盲目照搬，缺乏具有公安特色的警用装备实践应用性教学，“华而不实、战训脱节”的现象严重。二是混淆教学课程，训练课时不足。警务战术学科的建立，填补了我国公安学科的一项空白。随着时间的推移，研究的深入，结构的细化，以及西方发达国家警察执法理念的影响，我们都认识到，警务战术的发展很大程度上要依赖于警用装备，单警装备作为警用装备的重要组成部分，在教学训练中应该放在战术课程中还是放在技能课程中，这是大多数公安院校实战训练部门普遍具有争议的一个问题。还存在技能课程和警务战术课程重复教学的现象，现有32学时的课时量只能用于基础性内容的教学，有关紧贴实战的综合性教学在训练中往往一带而过，这样的训练结果很难适应日益复杂的社会治安形势要求。三是师资缺乏公安实践经验，训练脱离公安实际。绝大多数担任技能训练的教师未深入过基层公安实践，更谈不上经历或真正体验过公安执法战斗，与公安实践脱节现象严重，教学只能是单纯的传授。四是院校警用装备缺乏，训练保障不到位。教学中，警用装备的数量多少、质量优劣、性能是否可靠、保养维护是否及时都关系到教学目的是否达成和教学质量、效果的好坏。公安院校处于公安学术研究的前沿，担负着引领公安学科发展的重任。然而，教学中使用的是一批基层实战单位已经淘汰弃用的技术装备，加之落后、陈旧的教学手段，怎会衍生出先进的战术思想，又何谈教授在校学生、指导在职民警提高实战能力？在各公安院校内，往往存在着领导重视程度不够、资金无法保障、购买警用装备程序烦琐以及对已有装备缺乏维护保养等诸多问题，这就导致教学保障难以满足教学需要，严重制约了警用装备战斗力的形成。

改进措施，一是编写统一教材和实训指导，规范警用装备教学训练。在原来沿用的技能训练教程中，新增警用装备训练章节，具体介绍：约束性警械，驱逐性、制服性警械；震慑性、警示性器材；交通工具；通信工具；防护、救生器材及其他警用器材的结构原理、使用条件、使用方法、配给保障、注意事项等内容。同时编写相对应的实训实验指导：制定统一的训练指导思想、目的要求、教学原则和实施方法；细化科目的阶段训练内容（基础训练阶段、套入战术背景训练阶段、综合实训阶段）。通过教材和实训指导的编写，达到统一教学内容、规范训练程序，着力加强对人民警察在执行暂务中应具备的基本技术技能的训练和培养，从而提高民警的整体素质和战斗力。二是完善教学大纲，保证教学时间。在教学大纲中完善相应内容的理论讲解和实训操作规定，增加课时量，保证该教学计划的顺利实施。三是深入基层实践，打造复合型师资。公安院校应注重对实战基础教官的培养，制定相应的师资培养计划和具体措施，利用课余或统一安排时间，让实战教官深入到基层，亲身经历公安实践工作，收集公安对抗性执法中成功与失败的案例，丰富教学资源，为贴近实战的技能教学做充分准备。新形势下应该打破以往所谓的战术教官和技能教官的界限，使战术教官能够教授技能课程，技能教官能够教授战术课程，从而形成“一专多能”的复合型师资。对实战教官而言，怎样更好地结合实战教学，更好地服务于民警的执法实践，需要深入的研究和思考。四是联系职能部门，掌握最新动态。自配备单警装备以来，对实战教官提出更新更高的要求。公安院校实战教学单位一方面应加强与上级部门的紧密联系，以便随时了解、掌握最新的警用器械配备情况，另一方面要积极主动联系相关职能部门，针对民警实战中遇到的棘手情况、疑难问题，制定出更行之有效的教学训练方法。

阮泽来、魏毅（2014），邹玉吉（2010）在培养公安院校学员依法使用警械武器能力研究中提到，公安院校警械武器训练课存在的问题，一是警械教学设计不合理。目前上警械训练课前讲授的法律法规课只强调知识的记忆、理解，而忽视了该法律法规课的实战性，导致学员上完该课程后，只是站在法律法规的角度去理解，只了解到警械武器使用的法律界限，没有将法律知识有效地整合到警械实际应用中去，在后面的实战训练中无法做到快速合法的使用。二是教学方法单一，难以满足执法实际需求。教官讲课大多关注法律法规的知识点和使用方法，缺少联系案例，举的几个案例衔接也不自然，缺少对案例警械使用的合法性进行分析。教授过程中，很少涉及技战术运用，引导学员结合案例思考，如何在未来行动中准确把握警械使用条件，导致学员以后难以处理实际案件。三是考核针对性不强，缺少对警械相关法律法规认知方面的考核。在现有训练考核机制下，多数公安院校都将警械操作能力和相关法律法规课程分别进行考核，缺乏结合相关法律法规使用警械的综合能力考核。导致在以后实战中若要使用警械，仍然需要一定时间去思考相关法律法规是否允许，大大影响了使用警械或者武器的反应速度，增加了反应时间。四是缺少依法使用警械反应速度的考核。许多公安院校警械考核主要以完成动作和制服对方为主，缺少对学员从发现情况到使用警械的反应时间的考核。反应时间作为一种十分可靠的心理指标，可以方便地分析学员的反应速度。衡量学员的反应时，可以让学员的关注重心从完成动作快转移到快速反应上，缩短学员从发现情况到判明情况，最后确定是否使用警械的时间，为以后从警执法快速依法行动提供基础保障，也保障了自身行动的安全。

阮泽来、魏毅（2014），邹玉吉（2010），杜洋（2008）在改进策略中认为，一是加强警械法律法规，融入技能训练，达到自动化反应程度。课堂上教官应引导学员分析判断行动中一旦使用警械可能会出现哪些情况，应当如何妥善处理，其行动的法律依据又是什么。学员带着这些问题听课，自然会在随后的实训中思考，主动将有关法律法规依据结合到使用警械的技能中去。经过训练，使学员遇到紧急情况时，能够在最短时间内准确判断能否以及如何使用警械。许多资料显示，在职民警对犯罪嫌疑人拒捕、逃跑以及有不配合的行为时是否可以使用警械，心中疑虑重重。经过法律法规的讲授再结合实际模拟情景的讲解，使学员熟练掌握实战中可以使用警械的时机，今后在使用警械中才能应用自如，不再疑虑重重，能够做出迅速而准确合法的反应。二是增加学员依法使用警械武器的知觉预测能力考核。实战中，警察的行动不断受到嫌疑人的激烈对抗，机会稍纵即逝。警察必须根据现场情势变化情况，不断调整自己的武力使用，快速地采取相应的程序。这就要求警察能以准确的预判，见微知著，有的放矢，根据现场情况灵活应变。学员在公安院校所学将很大程度上影响其未来的行动能力，在校期间就应注重学员的警械使用的知觉运动反应能力训练考核，对在校学员的知觉运动反应能力训练考核重点以反应时间和准确率为主。通过考核来提高信息输入水平，加快学员内部信息加工速度和帮助学员积累更多范式或者心理模型，进而实现学员的动作识别和预判能力得到提升。

4.5 警用武器教学研究

警用武器，是指人民警察按照规定装备的枪支、弹药等武器。警用武器具有使用环境广泛、执行任务情况多样、作用目标性质多变等特点，要求警用武器在各种环境条件下，都能及时出手、作用准确、有效，不误伤群众和减轻对公共环境及公共设施的损坏。当前，警用武器都有向非致命杀伤方向发展的趋势。

4.5.1 警用武器分类及种类

1. 警用武器分类

警用武器及弹药产品可以分为以下几类：按武器杀伤性质可分为：致命杀伤武器和非致命杀伤武器；按武器发射方式可分为：枪发射、专用发射器发射、手投及人工设置；按弹药的作用原理可分为：动能武器、闪光声响武器、化学刺激武器、电击武器和冲击波武器等。按武器及弹药类型可分为：枪械及枪弹、手榴弹、枪榴弹、榴弹发射器及小型榴弹、柔性器材和喷射器等。

2. 警用武器种类

（1）警用手枪

警用手枪是装备量最大的警用武器，主要包括：通用型战斗手枪、特种警用手枪和警察专用的非致命型手枪。通用型战斗手枪，即能致命杀伤的进攻型手枪，威力大、弹匣容量大、火力持续能力强，而且环境适应性强。如54式手枪、64式手枪、77式手枪、92式手枪等。特种警用手枪，主要指执行特种任务的袖珍手枪和伪装手枪，如：钢笔式手枪、警棍式手枪、匕首式手枪等。一般使用专用枪弹，具有体积小，便于隐蔽携带，发射时声音小等特点，装备量极少。非致命型警用手枪，是指能抑制对抗人员的行为，又不致造成严重伤残和致命伤害的手枪。这类手枪装备量较大，目前主要有：电击手枪、麻醉手枪、毒气手枪、防暴手枪。

（2）警用冲锋枪

包括军警通用型的战斗冲锋枪和警察专用的非致命型冲锋枪两种类型。军警通用型冲锋枪，是警察使用的主要进攻型武器。使用军用手枪弹，用于武装押运、围剿逃犯和对付200m以内的恐怖分子。非致命型冲锋枪，使用橡皮枪弹或霰弹丸等非致命杀伤枪弹。

（3）警用步枪

包括警用突击步枪和狙击步枪。主要具有射程远、射击精度高、威力大等优点。警用突击步枪，可使用军用普通步枪弹，也可使用防暴橡皮枪弹，警用突击步枪还应具有发射枪榴弹和下挂榴弹发射器的能力，可发射军用杀伤破甲型枪榴弹和军用小型榴弹，用于摧毁坚固工事和杀伤隐蔽物后面的有生目标，也可发射防暴用的各种型式的枪榴弹和小型榴弹，以便执行各种杀伤性及非杀伤性的任务。警用狙击步枪，主要用于远距离对付重要有生目标和拦截击毁恐怖分子逃逸车辆等。由于在狙击行动中，往往环境复杂瞬息万变、目标位置多变且稍纵即逝，战机一到如果不能一枪消灭对方就很难有打第二枪的机会，甚至还有可能被对方消灭。因此，要求警用狙击步枪比军用狙击步枪有更高的射击精度、更大的威力和更良好的瞄准跟踪系统。

（4）警用霰弹枪

霰弹枪是能将成束的弹丸射向目标的近距离使用的武器。按发射方式分有非自动、半自动和全自动的。警用霰弹枪普遍采用半自动的，弹种主要是12号弹。霰弹枪的杀伤威力主要取决于使用的枪弹。军用霰弹枪使用大号霰弹或集束箭弹，警用霰弹枪一般发射小粒霰弹或橡皮弹等非致命杀伤的弹头，以及起驱散人群作用的催泪弹等防暴弹药，射程近、杀伤威力小，容易使人员暂时性地丧失战斗力和机能损伤，而不致造成致命伤害。

（5）警用气枪

由于发射俗称为彩弹的五颜六色的弹丸，所以警用气枪又称为彩弹枪。彩弹枪都采用滑膛枪管，其发射原理、结构和气枪一样，利用压缩气体发射彩弹。警用气枪多采用弹簧活塞式、压气式和气瓶式发射方式。

此外，随着新技术的研究和发展，许多先进技术在警用武器中得到了广泛应用，出现了诸如警用枪榴弹发射器、警用榴弹发射器、警用手榴弹、喷射器、柔性器材等信息武器。同时弹药种类也取得了长足发展，闪光震晕弹、闪光烟幕弹、液体粉末穿障弹、牵制骚扰弹等也不时见诸报端。但警用武器发展还是多以动能、声光、电击、冲击波和刺激性物质为主，与十几年前相比更注重人性化设计、标准化设计和安全性设计，立足产品更安全、更可靠、更方便，且具有世界竞争力。

鉴于目前国内公安院校实际教学现状，以下主要对射击课教学内容进行简述。

4.5.2 警用武器教学中存在问题及改进策略

李光（2008），梁杰（2013），范龙（2008）对警察院校手枪射击实战教学训练存在的问题进行了分析：一是在射击实战教学训练的主体方面，存在对射击实战教学训练的定位不准确、认识不清、局限于旧的训练理念。老的训练模式之中，仍然重视射击精度，而忽视实战射击的安全、规范、速度、命中率等问题，出现在靶场上是精度射击高手，在实战中都缺乏掌控枪支的能力，使用武器不合法、不规范，射击命中率差等现象，造成不必要的损失和伤亡，没有真正体现“训战合一，服务实战”的要求；各个院校的教学训练条件、状况不一样，教学训练理念、模式和要求不统一，缺乏学习、交流和改革创新的力度；缺乏教学训练的针对性和实效性，对公安射击实战和涉枪案例的研究和投入不够，缺乏射击实战案例的情景模拟综合实战对抗训练；由于射击实战教学训练的资金投入高、枪弹消耗量大，在校学员和各级公安机关民警培训基本上都没有能够达到公安部射击训练的要求，没有规范的实战射击训练场，射击教学训练器材缺乏保障等问题。二是在射击实战教学训练的客体方面，在校学员缺乏实战经验，虽然对射击教学训练具有浓厚的兴趣，但对枪支的安全性、危险性认识不到位，心理素质不够好，存在一定的安全隐患；对于参加培训的在职民警，虽然具备一些实战经验，但临战意识和心理准备不充分，在实战教学训练中压力大，缺乏对枪支的控制力，存在使用枪支的验枪不规范、走火等安全隐患，在训练和实战中容易出现心理紧张、瞄不准、扣不响、误伤队友和群众等现象。

对开展射击实战教学训练的建议，一是提高对开展射击实战教学训练的紧迫性认知，认识和树立正确的训练理念。各警察院校必须要树立加强射击实战教学训练是关爱警察“生命工程”的重要意识，要把射击实战教学训练置于整个警务实战训练的突出位置，要树立切实提高射击实战技能和水平，体现战训合一、一切教学训练为实战服务的训练理念，要进行重点部署和保障，不断加强射击实战教学训练，加快提高学员和警察的射击实战技能战术能力和水平。二是加强使用枪支安全意识和安全规范动作的训练养成。通过规范化、严谨的教学训练，注重在训练中培养时刻保持使用武器的谨慎安全意识，每一个学员警察都要树立动枪无小事、开枪有责任、用枪必须严肃谨慎的思想认识，依法安全谨慎的用枪意识，从根本上杜绝使用枪支发生事故，注重训练养成正确、安全、规范、习惯的使用武器动作和携枪方法，坚决杜绝随意拔枪、玩枪，扣扳机的食指位置不安全和枪口指向不安全等安全隐患现象的出现，必须要突出安全规范操作程序的学习和训练养成。三是注重相关法律法规的深入学习，养成依法、合理使用枪支的习惯。训练中一方面要强化对使用武器枪支相关法律法规的深入学习掌握，能够在实战中根据现场情况做出快速、准确、果断地使用枪支的判断。另一方面，依据法律法规在确保自身安全的条件下，灵活运用战术，合法、合理、合情地使用武器完成处置任务。四是注重实战训练心理，提高对使用枪支的控制力。教学训练中，要注重学员和民警对公安执法工作的复杂性、艰苦性、危险性的认识，通过开展心理暗示、集中注意力、情景刺激、情绪体验等心理训练，加强临危不惧、沉着坚毅的意志锻炼和性格养成，通过对枪支的安全、规范操作技能和枪支性能、射击原理、常见故障的排除等的熟练掌握，使学员和民警不断加深对枪支的了解和掌握力，消除对枪支的恐惧心理，增强临危不乱、自我控制能力，要做到能控制紧张的心理，避免因紧张慌乱而出现故障或走火现象，提高对枪支的控制能力，充分提高射击技战术能力和水平。五是加强射击实战训练科研，建立“训战合一”的教学训练模式。射击教学要坚持从基层中来，到实战中去，切实加强射击实战研究，了解把握民警队伍的警务射击技能现状，准确掌握公安实战总体情况、主要特点、难点及发展变化趋势，随时进行总结和分析，提炼出解决公安执法现实暴力和涉枪案件的应对方法，及时改革创新射击实战教学训练模式，用公安基层一线生动的实战案例充实课程，用鲜活的工作经验丰富教学、创新模式、完善内容、改进方法，使射击实战教学训练与公安执法实战同步，并具有前瞻性，做到练战结合，服务实战之目的。六是加强教学训练课时和器材的保障。建议公安机关进一步加强射击实战教学训练的实证调研，全力保障射击教学训练的课时和设施器材，切实保障实战射击训练的顺利进行，确保训练质量。七是加强教官队伍建设，建立完善训练考核制度。要确立“教官为本”的理念，建立一支具备较高专业技能和水平、创新意识和较强科研能力的教官队伍。面对新形势和新要求，教官要积极准确把握公安实战的新变化、新动向、新特点，切合实际地推陈出新，加强、充实和改进训练的内容、方法，真正体现实战射击教学训练和实战的高度统一，为公安实战需要服务。

罗亮（2009）对公安院校手枪射击教学现状分析时指出，大都是以“注重传授基本知识、基本技术和基本技能，多以原教学班为单位，注重发挥教师的主导地位”为特色的“三基型”教学模式为现行主流。此模式下学员只能掌握基本的射击技术和单警行动模式，却无机会进行灵活逼真的实战立体训练和多警种、多警组联动协同训练，学员射击水平以及实战心理素质都无法得到有效培养，遭遇实战时无法保证稳定发挥射击水准，打击犯罪分子的力度受到很大影响。在教学改革中建议，一是要更新训练理念。当前手枪射击在训练理念上还是把手枪射击训练作为一个技术项目，重警察对手枪射击技术的掌握而不重视其应用能力的提高，重视射击成绩，轻学员手枪操作程序的规范化。在这种教学理念的指导下，使大多学员仅掌握了手枪的射击技术，而实战应用能力相对滞后。所以，在公安院校的手枪教学训练改革中首要是改变原有的教学训练理念，拓展思路，从实战出发，以培养公安实用型人才为目标。二是改革课程目标的设计。警察手枪射击课程的设置必须紧紧围绕“服务实战，力求实用”这一培养目标，公安院校警用手枪射击教学目标应包括射击技能掌握、心理素质的培养，实战对抗能力，操枪的规范等几个方面的目标。这些多元化的目标包括了两条主线，一条是射击技能的掌握，能否满足于实战对抗的需要。另一条是能力主线，即实战对抗的心理素质、操枪的规范性。三是改革教学内容。教学内容设计以理论与实践相结合，引导式与探究式教学有机结合。以“精度射击为基础，应用射击为目的”。四是完善教学方法。公安院校手枪射击教学在教学内容上应树立科学的训练理念，多运用现代化的手段，如：在理论部分可运用多媒体教学，图文并茂提高学员的学习兴趣；在模拟训练中采用彩弹的实战对抗，学员在对抗演练中将承受枪支使用的安全性、规范性、合法性、合理性、掌控枪支的能力及对抗性等多方面的压力，对提高人才培养将起到重要的作用。

邹继京（2001），朱荣军（2007）认为警察院校射击教学应采用 PPC 新模式，PPC 训练是根据现代犯罪的特点及各种突发事件的产生和处理情况的不同，比较规范和实用，要加大 PPC 课时设置、要重视快出枪动作的应用、要强化射击姿势的多样化、不同时间和不同距离的设置等教学训练内容。在教学方法改革中，除坚持传统的讲授和示范法外，加大练习法、考核法和多媒体法的使用。

黄漓（2011），梁杰（2013）认为，现有射击训练模式存在的问题，一是警察院校的射击教学大部分都只偏重基础射击，片面强调精度射击。这样的射击训练使大量的时间都用在对固定目标的空枪预习上，而忽略了实战当中场地、环境、目标和射手的位置及运动速度、方向不断变化的训练。因此，条件稍有变化，射击技能就不能正常发挥。二是警察院校的战术训练和射击训练严重脱节，战术课和射击课分开。战术训练只注重对地形、地物的利用和战术动作的训练，而忽略了对射击动作的要求；射击课训练只注重怎样打得准，且尽量在较好的外界条件下进行，而忽略了在战术背景下的训练，使得射手只能在外界条件比较好的静止状态下才能取得比较好的成绩。三是当前警察院校的射击课程存在着内容落后、时间分配不合理等问题。大部分教材只注重理论性和基础性的内容，缺乏实战训练的教学内容。虽然部分院校射击教学课时在原来基础上微有增加，但也不超过 60 学时；在职民警培训（以新入民警培训为例）不超过 30 学时。由于经费原因，存在教学设施使用次数少、教学子弹供应限制等问题，试想此种条件下，完成基础教学已十分紧张。如果再增加实战训练的内容，几乎不可能，因此只能应付考核，至于培养学员射击能力根本难顾。

加强手枪射击实战训练的措施，一是教学中应重点突出使用枪支的安全规范程序。只有在射击实战教学训练过程中，注重培养受训学员安全规范操作枪支的意识，才能从真正意义上杜绝枪支事故的发生。二是弱化精度射击。把精度射击仅仅作为学员掌握射击技术动作的一个基础训练方式，不能再像传统训练模式那样强化学员射击的精度要求。在训练中强调学员射击的弹着点分布情况，不要求学员追求射击的环数。弱化精度射击是迈向加强实战训练的重要一步。三是突出射击技术与战术的联合施训。射击训练的最终目的就是要实现射击技术训练与战术应用的有机结合，就必须树立“把训练当实战”的思想，从根本上改变现行的固定化和模式化的训练。射击训练的内容要紧随战术要求来设计，射击目标的设置必须符合战术要求，要营造逼真的战场氛围，加强夜间射击的训练，强化快速反应射击训练，这样的联合施训才是提高实战能力的关键。四是要结合当前治安需要，确定实战型射击训练。在治安反恐形势下对实战型射击训练的要求远远超出了打靶的范畴，它是一种意识、一种理念、一种素质、一种能力，这种训练是一种系统的结合，是提高警察战斗力的关键。

刘海萍（2017），罗亮（2017）在手枪射击课程改革的初探中也提到，目前射击课存在精度射击多、场地器材有限，不能很好开展模拟实战训练、课时少、学员训练子弹有限、对射击成绩要求高等问题。改革建议：一是增加课时教学量和实弹射击子弹量。只有充足的课时和子弹量的保障，才可能开展多形式的实战训练，保证学员实战能力的提高。二是从精瞄细扣到快速掏枪射击转变。我们对射手的要求一直是，打得准，命中率高，这样不仅占用大量教学时间，而且对学员实战能力培养作用甚微，却忽视了最重要的环节——快速掏枪，因此，要想做到先发制人、先敌开火，就要采取概略瞄准快速掏枪的技术，达到一枪制敌的效果，从而自身的安全就有保障。三是在教学中要增加掩体和地形地物利用内容。这样对培养学员在各种复杂多变、突发性和被动性的情况下，保全自己，有效制止犯罪，最大限度发挥枪械的性能将有重要作用。

司昌军（2011）认为传统的手枪射击训练模式只注重训练技术和技术

练习的结果，不重视练习过程是否符合公安执法特点，导致手枪射击练习模式是“为打靶而训练”，这是严重脱离实战的，必然严重影响警察战斗力的提升。要扭转这一现实就必须转变观念，要建立“为实战而训练”的观念，使训练紧紧围绕“实战”这个核心思想，注重训练警察执法实战所需的技能、意识、程序以及规范性。建立“实战型”射击训练模式注重训练以下几个方面：冷静的观察能力、危急中的移动和与同伴协同能力、紧张情况下的自我控制能力、肌肉记忆能力、语言控制与武力控制综合运用能力、执法实战所需的各种射击技术、射击前的程序及法律规范意识。

赵冠华（2015）认为，全国各实战训练基地及警察院校对于警察实战用枪的训练，仍然是以课堂为中心的教学形式。这种教学形式虽然具有掌握知识迅速、节约教学时间的优点，但只适用于传授系统知识、培养基本技能，无法完全满足民警个人对警务实战能力和水平提升的个性需求，提倡在“课内集中训练”时，增加“课外分别辅导”，以射击俱乐部的形式将课内和课外相结合，将进一步促进民警实战用枪能力的提升。射击俱乐部以会员制的模式开展培训，主要目的是充分利用现有的教学资源，以“课外分别辅导”的教学形式弥补“课内集中训练”的缺失。“课外分别辅导”采取民警自学为主、教官辅导为辅的教学活动形式。它尊重民警的学习主体地位，倡导民警发挥受训者的主体性，在教官的指导下独立自主地学习警务实战技能，努力提高实战能力。

盛志豪、詹才荣（2001）认为，为提高公安院校学生手枪射击的技能，以适应公安实践的需要，训练中可将体育教学中的“时间量”训练法运用进去，着重进行“掏枪中的时间量训练、上膛与瞄准中的时间量训练、瞄准与击发中的时间量训练和二快一中的时间量训练”。“二快”指出枪快、上膛快。“一中”指首发命中。通过实践证明，运用时间量教学法训练过的学生，在动作连贯性、协调性、心理稳定性方面与未经时间量教学法训练过的学生相比有很大的提高，特别是在实弹射击中上靶率明显提高，危险动作发生率明显下降。

冯勇（2011）认为，提高民警武器使用训练水平可采用小规模训练形式和分层次训练形式。小规模训练形式是在进行武器使用训练时，根据训练科目和教官人数不同，将参训学员拆分成小班，每名教官指导2~4名学员，这样，教官能够根据每个学员的特点和问题进行针对性训练和纠正，从而提高训练质量。分层次训练是指根据不同警种、年龄、工作实践和射击水平分为初、中、高三个层次，不同层次接受不同技术训练。采取小规模和分层次训练虽占有较多课时，但效果是显而易见的。

李伟、王炎（2016）认为，为进一步提高学员射击实战能力水平，警察院校可开展彩弹模拟实战对抗教学训练。彩弹模拟对抗是除实弹对抗训练外最接近实战的一种训练形式，它采用二氧化碳压缩气体为击发动力，使用装有染色剂的塑料弹头代替实弹弹头，击中目标后即刻留下彩色弹痕，无毒易清洗，击中对方时会出现明显的标记和轻微的疼痛，在紧张的对抗射击中，使训练的效果更加真实，充分体现个人的智慧和团队的合作，是训练者体能、毅力、思维、反应等素质的综合体现。彩弹模拟对抗训练是学习枪支使用法律法规的具体载体，能使学员的安全意识及战术意识得到提高，能规范武器操作程序和排除故障能力，是增强学员的临战心理素质的重要途径，能有效检验学员的协同意识，是辅助实战教学的重要手段。

4.6 警务战术教学研究

4.6.1 警务战术概念

陈济鹏（2003），李炳光（2011）认为，警务战术概念可概括为三种不同观点。第一种是“警察查缉战术”说。该观点认为，“警察查缉战术”是指导警察进行清查、盘查和缉捕行动，正确查找和捕获各种犯罪分子或犯罪嫌疑人的作战行动方法。这种观点的实质在于，认为警务战术的范围主要涉及清查、盘查和缉捕行动，而不包括突发事件处置、反暴临战处置和反恐处置等警务战术与指挥的内容，执法对象主要指犯罪分子或犯罪嫌疑人，而不包括违反治安管理处置条例的人和普通群众。显然，这种观点不论是在内容范围上，还是在执法对象上，均与实战需要存在差距，在一定程度上缩小了警务战术这一概念的内涵和外延。第二种观点是“警察实用技术战术”说。该观点认为，“警察实用技战术”是指警察在盘查、搜查和缉捕等执法活动中与犯罪分子及犯罪嫌疑人进行战斗时所采取的原则、方法和行为操作的总称。这种观点的实质在于，认为警务战术的主体内容是诸如行为操作等技战术。这种观点除有第一种观点的不足之处外，还将战术的内涵重心偏向于“行为操作”，从而大大降低了警务战术中谋略运用、战术指挥、临战处置等智能的比重与含量。第三种观点是“警察临战学”说。该观点认为，“警察临战学”是研究警察处置各类突发事件的临场方法策略及其规律性的一门应用学科。这种观点的实质在于，认为警务战术的主体内容是临战处置方法。这种观点虽然在很大程度上弥补了第一种及第二种观点的不足，但又忽视了研究警察在盘查、清查、搜查和缉捕行动中的基本战术问题，其概念的内涵和外延也不够充分。

基于此，警察的战术问题应当涉及盘查、清查、搜查和缉捕等日常执法行动，同时还应当涉及突发事件处置、严重暴力犯罪临场处置、解救人质、反恐处置等重大处置行为；执法的对象除包括违法犯罪分子和犯罪嫌疑人，还应当包括普通群众。战术问题是一个综合性问题，在内容上是智能与技能的结合，是简单与复杂的结合；在执法主体和执法对象上，是个体与群体的结合，在方法手段上是单一与综合的结合。因此，警务战术是指人民警察在执法行动中和重大事件处置中，为了及时有效地发现、识别、确认和制止犯罪，捕获犯罪分子或犯罪嫌疑人，维护社会治安秩序，获得最佳执法效益，而依法使用的谋略思想、策略原则、执法程序、科学方法与有关技术的综合体系。

这一概念包括以下三层含义：一是警务战术是指导警察查找和捕获犯罪分子或犯罪嫌疑人，临战处置重大事件的综合行动方法体系；二是警务战术的目的在于及时有效地查找和捕获犯罪分子或犯罪嫌疑人，临战处置重大事件，维护社会治安秩序，获得最佳执法效益；三是警务战术的基本表现形式是盘查、清查、搜查、缉捕和临战处置。

4.6.2 警务战术教学内容及体系

1. 警务战术的研究领域

警务战术是集基础理论、专业知识和实用方法、技能为一体的独立体系，具有很强的智能性、技能性和实用性，其专业面宽、知识跨度大，涉及范围广。研究的主要领域可概括为：

（1）客体研究

主要研究查缉与临战处置对象的自然情况、个性特征、心理特点、行为习惯、活动规律、逃匿的方式方法、拒捕的手段等，现场环境对战术方案设计与实施的影响等。

（2）主体研究

主要研究查缉与临战处置人员的基本素质、基本能力、执法水平、组织指挥、协同配合、武器装备、后勤保障等。

（3）本体研究

主要研究查缉与临战处置行动的基本规律和特点、行动的策略原则和法律依据、基本战术、不同条件下的战术形式和战术方法等。

2. 警务战术教学内容体系

警务战术是有关查缉与临战处置行动的规律、特点及对策、方法的科学方法体系。在确立这一学科方法体系的具体内容时，应当充分把握体系的科学性、针对性和前瞻性的原则，全面、准确地认识警务战术的教学内容体系。

（1）科学性

即警务战术的基本内容必须符合辩证唯物主义和历史唯物主义的基本观点，符合客观实际，符合现行党和国家的政策与法律，以确保其内容的科学性和理论的正确性。

（2）针对性

即指导性，是指警务战术的内容必须来源于公安实践，必须是对实践的概括和总结，必须将查缉与临战处置的最新需要反映到警务战术的内容之中，并能根据实践的不断变化而调整内容，以确保警务战术对实践的指导作用。

（3）前瞻性

即超前预见性，是指警务战术应当能够根据社会政治、经济格局的变化和社会治安状况的变化及时预测犯罪方法手段的变化，特别是根据犯罪手段、方法和逃匿、拒捕方式方法的变化以及突发事件的变化规律，提出预测性的理论模型和框架性的方法，以指导未来实践。

按照这一原则，警务战术的内容体系可概括为以下几部分：

1）绪论。主要包括警务战术的概念、作用和内容体系，警务战术的研究方法等。

2）警务战术的策略原则与谋略运用。主要包括警察在查缉与临战处置行动中运用的谋略思想和战术原则。

3）警察行动的组织保障与指挥。主要包括警察在查缉与临战处置行动中组织保障与指挥的一般程序，组织保障与指挥的实施原则及方法等。

4）查缉与临战处置行动的基础战术。主要包括警察在日常工作中经常使用的几类基础战术。如地形、隐蔽物、遮蔽物的利用，观察与控制的基本方法及快速移动战术、协同战术、枪战战术、包围、分割、穿插、驱散人群战术等。

5）查缉与临战处置行动战术分析。主要是指对影响战术方案设计的相关因素分析及综合分析。主要包括：执法对象分析、执法主体分析、情报信息及相关因素分析和综合分析。

6）盘查与清查战术。主要包括对违法犯罪嫌疑人员的盘问战术和对其人身以及随身携带物品的检查战术；对违法犯罪嫌疑人可能落脚、藏匿、出没、活动和犯罪的场所和地点进行清理、检查、处置的战术。其中，含截查可疑车辆战术，主要是对犯罪嫌疑人乘坐的车辆以及犯罪嫌疑车辆进行设卡查控并处置的战术。

7）搜查与搜索战术。主要包括对已制服或捕获的犯罪分子或重大犯罪嫌疑人进行搜身和处置的战术，以及对犯罪嫌疑人可能隐藏的处所进行搜索并对紧急情况进行处置的战术。

8）缉捕战术。主要包括缉捕的策略原则、缉捕行动的组织与指挥、不同场景下的缉捕战术、几种特殊对象的缉捕战术。

9）解救人质战术。主要包括解救人质的策略原则、解救人质的基本步骤、初始围控战术、和平解救人质战术、武力解救人质战术等。

10）突发事件和严重犯罪与恐怖犯罪的临战处置战术。主要包括处置的基本原则、基本程序、围控方式、攻击方式与方法、善后处置等。

4.6.3　警务战术的基本属性

战术是随着军队的出现而产生的。警务战术是借鉴并吸取军事战术在维护国家治安领域里的应用，是军事战术与警察执法战斗行动相结合的产物。它受军事学术和警察执法实践的制约，伴随着军事学术和警察执法实践的发展而发展。警务战术的发展方向是完善执法战斗样式，并在作战区域灵活运用各种战斗样式实施有效的战斗行动。

警务战术的进一步发展同样与技术装备、武器装备的发明和使用相联系。警务战术既规定了警种使用武器、警械条件下的战斗行动，也规定在包括诸警种协同战斗中使用各种武器的战斗理论和实践以及战斗保障措施。因此，警务战术的基本属性有：

1. 谋略性

人们在各种对抗性的活动中，目的在于根据所进行对抗行动的性质、领域，运用专业谋略，进行战术行动。没有内容的战术，没有谋略的战术实施，实际上是不存在的。人们所实施战术的目的，在于了解情况并据此解决问题。战术的目的性质决定了战术内容的谋略性，否则战术的目的实现就失去了客观基础。任何战术行动都必须反映客观事实和客观情况，这些客观事实和客观情况就形成了谋略体系，谋略体系运用的那一部分就是战术。应该说，战术实施的实质就是谋略性，没有一定的专业谋略知识内容，就不能使战术成功。因此，谋略是战术的主要属性。人们对特定问题的解决，正是建立在战术具有谋略性的基础上的。

2. 技术性

恩格斯指出：一旦技术上的进步可以用于军事目的并且已经用于军事目的，它们便立刻几乎以强制的，而且往往是违反指挥官的意志而引起作战方式上的改变甚至变革。在科学技术飞速发展的条件下，技术对战术的决定作用比以往更加突出。在战术应用的众多领域中，由于新的技术大量运用，技术决定战术已经不仅仅表现为传统的技术。比如，电子、信息对抗领域中就是以大量使用电子、信息技术为特征的战斗样式，也就是说，新技术的运用直接形成一种新的作战样式或者战斗新手段。技术与战术的关系也就更加密切。研究战法要求研究技术对抗手段和技术装备对抗行动，有的对抗技术本身就是战法运用问题。运用战法也就不能只考虑战术需要，而要兼顾技术装备战斗效能的制约因素和必备条件。军事学术界有一种看法颇有道理：过去战场上的胜利与其说是来源于技术进步，不如说是来源于以创新的方法看待和综合运用于作战的现有（有时是新的）技术。因此，将有效的技术装备通过战法的运用，就会在对抗方面实现质的飞跃，产生作战对抗目标意想不到的效果。

3. 情报性

战术的成功运用，除了必须包含一定专业谋略内容、专业技术含量外，还要一定的有利用价值的情报。一份原始的情报，经过搜集、分析、整理、储存、检索、传递、研究、利用等诸多过程，其根本目的就是把原始的情报变成战术成功的使用价值，使其有一定效用的情报。战术行动中的情报效用性表现为启迪思想，提高解决问题的能力。虽然不同的情报效用、价值性的大小各异，发挥效果的时间各有先后，但只要是准确的情报，对战术的实施就具有举足轻重的作用。因此，情报实际是战术行动的一种过程，只有经过去粗取精的情报，才是战术行动的精髓。

4.6.4 警务战术教学必要性及重要意义

警务战术指导民警运用国家法律赋予的强制力，合法合规安全高效地进行执法或对抗活动。警务战术训练同民警日常警务执勤活动息息相关，警务战术训练不是假大空的花架子，而是实实在在为民警保驾护航的实战型工具。随着经济和网络的发展，刑事犯罪日趋增多，犯罪分子穷凶极恶，在面对警察的追捕时，往往狗急跳墙，和警察拼个鱼死网破，并且随着刑事犯罪呈现集团化、智能化、职业化的发展趋势，给警察的抓捕工作带来了更大的难度。“天天有牺牲，时时有流血”，是公安部门的真实写照，加强警务战术训练具有时代的必要性。

1. 必要性

黄正宪（2011）认为，强化警务战术的必要性是由当前的复杂环境形势所决定的。一是日益增加的警察伤亡率。警察是一项危险的职业，每当人民群众遇到危险时，他们都责无旁贷地冲在最前面。然而警察在面对亡命之徒时，往往自身安全也受到很大威胁，而且随着局势变化，刑事犯罪日趋多样，公安民警的伤亡也逐年上升。通过多方面调研认为，警察伤亡率上升与对敌战术的运用有关。警察伤亡率如此之高，一部分是犯罪嫌疑人的狠毒残暴造成，也有很大一部分警察的伤亡是由于缺乏必要的敌情意识和自我保护意识，缺乏必要的警务战术造成的。二是社会上不稳定因素的增多。目前我国各类不稳定因素仍然存在，如：劳动争议案件、“三无人员”、困难职工和失业家庭成员等，社会上不稳定因素就像“定时炸弹”。在如此复杂的环境中，如何有效缉捕别有用心带头闹事或者隐藏在其中的犯罪嫌疑人，对于平息事件有重要作用，但如果警务战术使用不当，暴露目标或失手，不明真相的群众很容易将怨气转移到警察身上，从而对警察进行围殴，造成伤亡。三是暴力性案件逐年攀升。首先，持枪犯罪攀升。虽有《中华人民共和国枪支管理法》的明文规定，但枪支问题还是较为突出。据统计，全国公安机关平均每年收缴各类型枪支近 30 余万支，“枪患”越来越危及警察的安全，犯罪嫌疑人为实施犯罪的便利和实施犯罪后能够快速脱逃，并与警察相遇时能与警察相抗衡，在犯罪活动准备期都会想方设法购买枪支，这对警察的缉捕活动造成了极大的威胁。其次，恐怖活动有所抬头。在我国，恐怖主义虽然没有市场，但确实有一批民族分裂主义分子妄图通过暴力恐怖手段分裂国家。最后，持爆炸物犯罪活动形势严峻。持爆炸物犯罪是近几年来犯罪活动的一个新特点，犯罪嫌疑人通过使用定时或遥控爆炸装置实施犯罪活动，此类案件破坏力巨大，造成了极大的人员伤亡、财产损失。四是刑事案件发案率形势不容乐观。从20世纪70年代以后，严重暴力性犯罪迅速发展，犯罪活动产生的危害后果越来越严重。近年在各级公安部门的努力下，刑事案件大幅度增长的势头得到了一定遏制，但严重的社会治安形势仍不容乐观。五是国际宗教势力对我国稳定的影响。20世纪90年代以来，世界宗教冲突日益加剧，已成为影响亚太未来局势的一个重要因素。警察必须未雨绸缪，强化对于缉捕战术的意识，扎实掌握警务战术各种技能，以应对可能发生的各种状况。

张桐悦（2017）认为，当前社会形势下加强警务战术训练的必要性具有紧迫性。一是政治环境。当前形势下反恐和打击贪污腐化成为警务工作新常态。面对反恐高压态势，人民群众对于恐怖袭击防范要求越来越高。党的十八大以来，党和政府先后打掉众多“大老虎”，惩治贪污腐败分子，极大净化社会风气，人民群众要求警察队伍进一步加大打击力度，以人民的名义保障人民的权利。二是经济环境。国有企业改革、金融犯罪、共享经济等对于警务工作提出更高要求。面对国内外复杂的经济形势，打击股市和外汇交易市场等金融违法犯罪迫在眉睫；当前“互联网＋”共享经济方兴未艾，对于警务工作提出新要求。三是社会环境。社会犯罪新形式、涉众犯罪广泛性和新延伸性给警务工作带来一系列挑战。社会犯罪新形式层出不穷，从简单的暴力犯罪到智力型诈骗犯罪，从简单“黄赌毒”到“互联网＋黄赌毒”，犯罪形式伴随社会更新变化。四是科技环境。“互联网＋”和人工智能技术发展，科技侦查不断进步，但道高一尺魔高一丈，犯罪科技含量和工具也在推陈出新，守卫我国网络空间净土，对打击网络空间的违法犯罪提出新要求，网络犯罪隐蔽性和反侦察手段能力不断提高，网信民警面临网络“黄赌毒”和金融诈骗等各种高科技犯罪手段，打击防范难度和压力越来越大！同时我们也应该审视整个民警队伍心理变化。当前打击防范难度越来越大，犯罪成本越来越低，打击成本越来越高，部分民警同志出现消极畏难情绪，部分干部过分注重安全维稳。加强警务战术训练具有环境的紧迫性和必要性。

2. 重要意义

警务战术是警察与形形色色的犯罪分子及犯罪嫌疑人作斗争的有力武器。作为人民警察，掌握治安巡逻、盘查搜身、清查搜索、追缉堵截等战术知识和技能，并能够在执法实践中加以灵活运用，对于有效地打击各种犯罪活动，提高抓捕犯罪分子及犯罪嫌疑人的能力和成功率，最大限度地减少人员伤亡和物资损失，有效地保护自身安全，提高自身的职业素质，以及有效地维护社会秩序，保卫国家和人民利益，保卫社会制度，都将起到难以估量的作用。强化警务战术训练对提高公安人员的实战能力、完善训练制度、改善训练条件、减少不必要的伤亡有着重要意义。

（1）强化警务战术训练，有利于减少公安民警不必要的伤亡

从近几年全国民警因公牺牲的人数和负伤的各种事例中看，部分民警在战术和技能等方面确实存在着明显的不足。如何提高民警素质、战斗战术技能、执法水平，摆脱被动局面，减少警察的伤亡是摆在各地公安机关面前亟待解决的重大课题，同时也是各级公安机关、承担警务战术训练的警察院校及管理工作者需要更新观念、认真思考的紧迫问题。在“面向公安实战、突出实战教学训练”的警察培训方针指导下，各地从事公安教育和训练的部门，在日常警务战术培训过程中要注重训练的针对性和目的性，对不同警种、不同层次的学员须采取不同的训练方式和手段，结合实战与实际公安工作需要，从民警执法、执勤必备的基本技能抓起，加大训练模式和训练方法的改革力度。1995 年来，我国警察平均每年有近 400 人因公牺牲、有 6000 余人因公受伤，可谓是“日日夜夜有牺牲，时时刻刻有流血”。

暴力形势的急剧恶化，犯罪分子的穷凶极恶，拒捕、袭警案件，群体性事件的增多，对战斗在第一线的人民警察构成了新的威胁，对警察的身体素质、警务技战术技能、战术方法提出了更高的要求。为了能使公安机关在各种警务中尽可能不处于被动局面，强化警务技战术训练这一战略举措已势在必行。党的十六大以来，特别是大练兵和“三基”工程建设开展以来，全国各级公安机关和警察院校认真贯彻落实“三个必训”制度，大力强化警务战术训练工作，训练理念进一步更新，训练方法明显改进，训练手段明显增多，公安民警技战术水平、自我保护能力和实战本领明显提升，公安队伍的执法水平和战斗力显著增强。在暴力案件、恐怖事件、突发事件、群体性治安事件日益增多的情况下，公安民警在警务工作中的伤亡数量逐年下降。通过坚持不懈地开展训练，广大公安民警的技战术水平得到明显增强，综合实战本领、单兵作战能力、团队协作水平明显提高。在警务实战中，涌现出一大批以少胜多、擒敌惩恶的成功案例，大大减少了公安民警不必要的伤亡，为创建和谐社会和促进经济建设做出了应有的贡献。

（2）强化警务战术训练，有利于提高公安民警的实战能力

警察在日常执法活动中，需要具备最基本的技战术能力。具体讲，就是要掌握以下五个基本环节：第一是会“防”，即防范、防卫、警戒，戒备在先；第二是会“控”，即控制，控制行动的主动权；第三，是会“查”，盘查、搜身、搜查和搜索；第四是会“抓”，抓捕、擒拿、防止犯罪嫌疑人脱逃；第五是会“带”，带离现场，带到易于控制和便于审查的地点。只有强化了警务战术训练，才能提高公安民警的实战能力。为此，公安部高度重视，将警务战术训练工作作为推进公安教育训练工作的切入点和突破口，作为关爱民警的“生命工程”，置于教育训练工作的突出位置，层层落实、重点部署、狠抓基础、强化训练。针对现实工作中一些民警存在的“说不过、追不上、打不赢”等问题，从2003年开始，公安部在全国公安机关统一部署下，开展了一系列的诸如“大练兵”“三个必训”

“干什么、练什么，缺什么、补什么”执法规范化等工作部署，并采取了岗位练兵、业务考核、技术评定、自学自练和集中强化训练等多形式全面推进，极大提高了广大公安民警的技战术水平。

（3）强化警务战术训练，有利于加强实战基础的建设

实战基础的建设为强化警务技战术训练提供了物质基础和强有力的保障，是强化警务技战术训练的基石。实战基础的建设主要包括教官、基地、教材、设备等方面。没有高质量的教官，就没有高质量的训练，没有高质量的训练，就没有合格的警务人才，没有合格的警务人才，就没有安定和谐的社会环境，所以各警察院校和各级公安机关应把教官培养作为警务技战术训练工作的首要环节，切实加强技战术教官队伍建设。

大力实施“十百千”实战教官培训工程，为各级公安机关培养了一大批技战术教官。同时，积极推进教官制度建设，落实业务教师与实战单位骨干双向交流制度，从实战单位遴选业务骨干和标兵能手担任教官，到公安院校讲学，取得了较好的效果。公安机关已建立各级教官人才库，实现资源共享、人才共用、警校合作、共同进步。

各级公安机关和警种、部门采取多种形式建立综合或专业训练基地，逐步形成了部、省、市、县四级训练网络，利用当地公安院校的师资，确保了警务实战训练的质量。此外，在训练大纲研制、训练教材编写以及电子、音像等辅助教材配套等方面取得了显著的成绩，从而为提高警务实战训练水平提供了重要保障。

（4）强化警务战术训练，有利于提高实战训练的质量

随着社会主义市场经济的迅速发展和改革的不断深化，我国公安教育发生了新的变化，对一线的人民警察提出了更高的要求，对警务技战术训练的质量提出了新的标准。各级公安机关建立了按职位、衔级、警种、专业的分类训练机制，采取灵活多样、寓教于乐、贴近实战的训练方法，增强了训练的科学性，切实提高了警务实战训练的质量和效果。

公安部根据基层一线公安工作特点，全面推行公安教育改革，在地市

公安局和有条件的县市公安局，依托当地公安培训学校，实行“战训合一、轮训轮值”的训练模式，既进行业务知识、专业技能、实战体能的集中训练，又将其作为值班备勤、处置突发事件、救急抢险的机动力量，使基层和一线民警每年保证不少于15天的集中训练。训练中，合理设置训练内容，围绕“三个模块”开展培训，即加强政治思想和法律法规培训，提高民警政治素质和执法素质；加强实战技能训练，提高民警技战术水平和实战本领。同时加强了警种岗位专业化培训，提高民警依法履行岗位职责的能力和水平。

2004年以来，以教育训练管理、大型活动安全保卫、警务实战指挥、人群控制、武力使用、危机谈判、警察公共关系等为主要内容，先后组织近50余期研修班赴香港研修，共培训学员2000多人，组织出国培训班80多期，培训学员近3000人，对提高公安机关驾驭社会治安大局能力和警务工作水平起到了积极作用，达到了预期的效果。近几年，公安部，组织警务技战术教官，开展国际交流与合作，举办多层次警务实战培训班，学习借鉴国外警务实战先进理念及实战训练经验做法，取得了明显效果，提高了实战训练的质量。

（5）强化警务战术训练，有利于训练制度的完善

制度是强化警务技战术训练的必然要求，是保证实战训练的关键，是培训合格警务人才的重要环节，各级公安机关和警察院校的警务技战术训练都有自己的模式和方法，都有自身的管理体系，都有自己的特色项目。但是公安实践中，制度的效能有着不同的效果，加强制度建设是建立警务实战训练工作的长效机制。

近几年来，各级公安机关以《干部教育培训条例》《公安机关人民警察训练条令》为依据，及时把成功的经验和做法总结转化为规章制度，逐步形成具有公安特色的警务技战术训练制度体系，将警务技战术训练工作落到实处。2004年以来，公安部先后制定下发了《关于在全国公安机关组织开展大练兵活动的意见》《关于全面推进全国公安民警大练兵的意见》

《全国公安民警大练兵考核指导意见》《公安部关于全国公安民警苦练基本功实施意见》等文件，将警务技战术训练纳入了规范化、制度化、正规化的轨道。部分公安机关建立了民警训练手册和电子档案，把民警参加警务技战术训练的情况作为年终考核的内容和任职、晋升的重要依据之一。强化警务战术训练，对训练制度的完善有着重要的作用。只有完善了警务技战术训练制度，才能做到按照制度办实事，才能将警务技战术训练的工作落到实处。

4.6.5　警务战术教学中存在问题及改进策略

自1989年王勇同志撰写的《缉捕心理及行动战术研究》一书正式出版，标志着我国现代警务战术研究的开始。如今，警务战术的研究内容涵盖了研究方法、战术行动、战术训练以及警务战术发展的对策等，形成了相对系统、完整的理论体系。但由于我国警务战术课程开设得比较晚，因此存在诸多问题。

余强生、许谦（2005），徐英柱（2015）在谈到警务战术教学中存在的问题及对策时认为：一是教学训练模式滞后。表现在讲理论多，做操练少，有的公安院校注重理论教学，实际操练少，包括考核也是“纸上谈兵”，教学效果差。警务战术课程不同于一般的体育技能教学，它的特殊性体现在对现场处置能力的培养。警务战术课程需要训练学员掌握最有效的执行行动的方式，培养学员完成任务的能力。二是警务实战特征不突出。教学中不了解警务战术的本质，不会根据当时的具体情况设定，训练中按固定“套路”进行战术训练，不注重培养灵活多变、随机处置问题的能力。三是忽视综合运用的训练。“依法施策”是警务实战行动的战术原则。警务行动是执法行为，它代表着国家法律的尊严，表明法律的不可侵犯，同时它又受到法律法规的严格制约，其活动从内容到形式都不准许超越法律的约束范围。执法过程中所使用的方法与手段必须符合法律法规的程序及要求，但在警务战术的教学训练中，法律法规适应性训练往往被忽视，其结果是不利于警务战术教学训练的开展，训练与实际需要脱节，达不到“练为战”的训练目的。

在提高警务战术教学质量的对策时认为，一是要确立先进的训练理念，体现在受训学员在实际教学过程中应学会如何运用法律，并且要用法律规范自身的行为。体现在警务战术训练中突出以人为本理念，要保障人员生命的安全，包括人民群众、警察自身和犯罪嫌疑人的安全。如果警察连自身的安全都保护不了，怎样去保护别人呢？警察的生命安全除了需要自身安全意识保障外，还需要领导理念来保障。在强调提高民警素质的同时，也要对各级领导的工作经验、决策能力、指挥水平以及装备保障加强重视。表现在训练中要求真务实、精益求精。要想在执法战斗中立于不败之地，警察就必须练就一身真本领。实践证明，只有通过大量“训为战”的系统训练，才能真正提高实施执法行动的处置能力，从而达到以最小的代价获取最大的执法战斗效益的根本目的。公安院校的训练不能搞“花拳绣腿”，练就要练精，就要练强。练是为了用，是为了战，而不是为了看。二是科学训练，紧贴实战。公安院校应树立警务战术训练要突出实战、服务于实战需要的思想观念。战术训练应与实践高度统一，只有这样，才能达到系统的、科学的训练目的。根据警察在执法活动中需要具备的基本知识和基本战术来制定训练计划，安排训练内容，并根据实际执法工作中出现的新内容、新情况及时修订和补充，保证训练内容的实战性、针对性和可操作性。所选用的战术内容应精中选精，反复强化训练，争取在较短的时间内见成效。训练方法要反映实战的要求，坚持以练为主、以讲为辅。三是加强教官的培养力度。目前公安院校从事警务战术训练的教师，不能全面了解和掌握实战的需求和动态发展，客观上造成了教学与实践的脱节；而一线有丰富实战经验的民警，由于没有当过教官的经历，无法全面了解和掌握教学训练的规律，在一定程度上限制了警务战术训练的发展。因此，必须加强警务战术教官的培养力度，一是建立稳定的教官轮换制度，公安院校要与当地公安机关密切协作，建立通畅的双向交流渠道。二是举办战术教官培训班。要通过多种方式进行业务进修活动，改善教官的知识结构，保证教官的知识更新。三是成立警务战术专业指导委员会。成立警务战术专业指导委员会，对于学科的建设和教学训练质量的提高都有积极的促进作用。委员会可以起到以下作用：①拓宽研究领域，为建立新的警务战术学科体系提供科学的理论基础；②端正思想，以服务于实战为目的，理论联系实际，深入探讨教学方向；③积极研讨教学规律，合理安排专业课程；④改革教学思路，调整专业教师结构；⑤指导或指定警务战术训练大纲和教材，为警务实战训练服务；⑥创办警务战术训练专门刊物，为警务战术的理论与实践发展提供广阔的平台。四是因地制宜建设模拟实战训练场地。由于警务战术训练具有很强的对抗性、互动性，因此，模拟实战训练是课堂教学无法替代的。受训者对战术原则的理解掌握，对动作要领的灵活运用，相互间的配合，都可以在模拟训练中快捷地得到检验。逼真的场景可以使受训者有身临其境的体验，这对在真实的环境下进行战斗是有益的。五是改进教学方法。有效的教学方法可以让学员更加快捷地掌握警务战术的训练方法，达到事半功倍的效果，有利于提高教学训练的质量。在实际警务训练中有很多教学方式：理论讲授、战例分析、分段训练与综合训练、对抗训练等，根据不同的教学对象，结合相应的教学内容应该采用互动式的教学训练方法和感受式的教学训练方法。

袁晓春（2015）在警务战术“四位一体”教学模式研究中认为，我国的警务战术教学模式研究刚刚起步，更多的是沿用部队、军校以及体育院校的传统教学模式，尚未建立起系统完整的模式结构，存在着知识内容老化、教学重点不突出、教学方法手段落后、学时分配不合理等问题。在改进方面，一是培训要因人而异，培训教材要规范。现在培训还是与实战脱节，培训内容还是沿用以前的教学内容，跟不上时代的发展，对现实工作起不到作用。培训内容层次不清，基层民警的年龄、岗位、文化、经历的不同，对培训的需求也不同，开展培训要分层次、分阶段制定不同的培训方案。在培训内容上要尽快编印能紧密结合实战、区分培训层次、突出实用技能、普及案例教育的新教材。二是培训教官应该职业化。多年来培训教材内容出现脱离基层实际的情况，曲高和寡的教材只会让民警上课打瞌睡；许多老师的讲解也与现实不符，民警对教官的能力和素质产生怀疑，在心理上对所学知识产生排斥。由于警察职业的特殊性，民警在执法执勤过程中经常面临袭警的威胁，以及为了保护人民群众的生命财产与执法对象进行必要的武力对抗。要使培训取得实效，应该加大力度组织如防卫、打击、控制、抓捕、处置、跟踪、救护等技术要领的培训，安排相关警种的业务能手、防卫专家、医护人员等进行专题讲座。三是培训内容应有针对性和实战性。应围绕在执法过程中民警最需要掌握的技能和战术、最欠缺的知识、最容易出现的问题，加大实用技能的培训，突出日常警务工作中经常使用的技战术配合、训练技巧、设计练习、一招制敌等方面的训练，特别是将执法规范和法律依据的讲授贯穿于训练的始终，树立民警的执法规范化意识，还应将法律法规、业务技能和战术水平列入民警的成长计划。四是提高警察警务战术的能力和意识很重要。无论是在警务活动还是在非警务活动中，民警在明处而犯罪分子在暗处，许多警察缺乏必备的安全意识和战术理念，因此需要提高警务技战术的能力和意识，并在培训中突出战术意识的培养，使民警在突发事件中能本能地做出相应的技战术反应。五是创新教学方法。将以传授知识为主的教学模式向注重能力提高为主的教学模式发展，由单纯的讲授教学转向专题讨论、案例分析、现场情景模拟、实地考察、社会实践、角色扮演、思维训练等多种培训方法转移，使民警之间职能互补、经验共享，提高民警分析和解决问题的能力。

韩宜良（2013），苑洪余（2016），马真一、马囡堃（2009）认为，警务战术教学中存在教材适用性、针对性不强，无法满足现代社会的需要；教学理念过时且方法单一；警务战术概念和内容模糊，训练方式落后；课时安排不能满足学员训练目标要求，教师能力与警体教学工作要求存在差距等问题。改进方法：一是根据地区特征确定警务战术教学中的主要训练内容和次要内容；二是在教学手段和教学方法上需要进行创新改进；三是保证警务战术课时量，提高警务战术教学效果；四是改革考核评价机制；

五是丰富教师职业阅历和警务战术教学方法。

崔向前（2011），李春勇（2012），周章琪（2016）认为警务战术教学应提倡“教、学、练、战一体化”的教学模式。“教、学、练、战一体化”实为“战训合一”理念的延伸，其主要特点是“融教于练、融学于练、融练于战、以战促练、以练促学”，其先决条件是必须“校局联动、育用衔接”。要真正实施必须抓住两个主要问题，一是体制保障问题，二是教师队伍建设问题。袁晓春（2014）在警务战术“一体化”教学模式探索中谈到，治安形势的严峻性给公安教育提出了不少新的课题。迫于新的公安形势需要，亟待我们对“教、学、练、战”模式进行“更新”和“升级”。要在公安院校构建起与招录体制改革相匹配的警务战术教学新模式，应在原有“教、学、练、战”一体化教学基础上，通过“研”“思”对警务战术的“教、学、练、战”四位一体的教学模式进行更深入和更透彻的改革。“研”——科研能力。以科研指导教学，以科研促进教学，将科研作为龙头在“教”与“学”的基础上开展科研活动。首先，教师应该组建研究团队，根据课程需要研究教学内容。其次，是学员科研能力的培养，教师有意识地带领学员参加一些科研项目计划，不断提高科研能力以及分析问题、解决问题的能力，使学员能将最新成果及时有效地运用于学习和实践中去。最后，有了科研基础，教师才可通过学校创建教研合作基地，建立校局互动。“教”——理论教育。主要是解决“教什么，如何教”的问题。教学内容应根据基本技能、专业技能和综合应用能力这三个层次，按照由浅入深的层次结果进行合理的配比设置。除了教授学员知识和技能，更重要的是教给他们警务战术的学习方法。正所谓“授之以鱼，不如授之以渔”。将教学内容通过训练及实践来完成“练”和“战”，目的是培养学员的实际操作能力和创新能力。“学”——学习内容与学习方式。学习内容应以“一体化”教学体系、以实战为导向，理论学习要融入训练和实际案例中，学习内容切实贴近实战。学习方式是与学习的功能相对应的，包括理论性学习、体验性学习及实战性学习三种。即“学”就是学员应具备发现问题、解决问题的自学能力，学员应学会收集警务活动案例，并掌握分析相应警务活动所需技巧和战术能力，最终能设计、执行各种警务活动的战术方案，便于在今后的工作中总结经验，并不断提高个人的综合战术水平。“练”——技战术训练。“练”即警务技能训练和战术实战训练。主要是通过科学的训练方法，强化学员综合运用专业知识的能力，不断提高警务技能和战术水平，加深对所学理论的理解，提高对理论和技能战术紧密结合的综合运用能力。“战”——实战应用。“战”即实战能力，是指完成某项警务活动的工作能力。实践教学是指把学员放到实战中训练，实战不仅加深了学员对社会复杂性的认识，同时，还能逐渐提高学员的社会适应能力，通过解决实战中遇到的问题激发还可以他们再学习的能力。“思”——思考总结。“思则变，变则通”。通过“教”与“学”“练”与“战”，以及有效的“研”，这个一体化模式过程，培养学员勤于思考，积极并善于从教学案例和实践操作中总结和归纳好的经验和有效的方法。

警务战术“一体化”教学模式是把“研、教、学、练、战、思”作为一个有机联系的整体。在这个整体中，各个内容的比例、分工、衔接、配合、交叉影响着整体的效果，其中“战”处于核心地位，其他各项内容的开展均是服务于实战，因此在教学过程中是以提高学员的实战能力为中心开展相关的教学活动。“教”（课堂教学）为“学”（学员的学习）服务，“学”与“教”互动，相互促进，通过“研”（科研）推动“教”与“学”的共同进步；以上的教、学、研活动无不是为了使学员具备实际的操作能力，因此“练”“战”是三者的直接目的，而“练”又为“战”服务；最后通过“思”总结、归纳、整合理论教学、科研成果以及练、战的操作实践当中存在的问题和改进的方法。

曾洪（2014）在谈到公安院校“实战型”教学模式中提到，公安院校“实战型”教学模式具有实践性、社会性和复杂性的特征。实践性侧重于培养学员在警务实战中的战斗技能、战斗精神、战斗意志，目的是使学员毕（结）业后在工作岗位上能够直接进入角色，并能够切实解决实际操作过程中遇到的问题。这种实践性要求在教学中要重视岗位针对性训练，在课程设置上聚焦实用警务技能，突出学员实践操作能力的培养。社会性表现在两个方面：一方面，公安院校要通过这种教学模式培养社会需要的警务人才，在工作岗位上展现的能力要与新形势下社会治安、刑事侦查以及处突反恐等职能任务相适应，从这个意义上讲，社会需要决定了实战型教学的人才培养目标。另一方面，“实战型”教学的开展，需要依托社会资源和借助社会力量，除了案例推演、基地见习、岗位实习等实践性教学环节外，更重要的是学员必须有机会去真实案件的现场去学习、体验，甚至亲自组织开展现场实战。从这个意义上来讲，“实战型”教学模式只有根植于现实社会，才能真正发挥其在警务实用技能培养中的作用。复杂性既在传统意义上的训练环境、处置突发事件的环境、刑事侦查环境呈现出多样化的特征，还包括在现代信息技术背景下，开展网上作业与演练所要面临的复杂环境。开展实战型教学，要根据毕业学员毕业后可能担负的职能任务和岗位需求，采取情景模拟、案例模拟等方法组织联合作业演练，帮助他们熟悉现场环境，体验岗位要求，了解掌握处置突发事件、应对恐怖袭击等实战任务的组织程序和方法。在此基础上，不断丰富实战型训练设定背景，转换扮演角色，使学员能够身临其境，亲身感受在不同的地域环境、不同的气候环境、不同的人文环境中遇到的新情况、新问题，提高学员的应变能力和临机处置能力。

公安院校开展“实战型”教学模式的意义是解决教学训练与警察实战脱节的关键之举；是培养学员创新意识、创新能力的有效途径；是与世界警察教育接轨的必然要求。公安院校“实战型”教学模式的主体构架主要包括以下要素：培养目标——使警察学员在此教育过程中成为胜任公安实际工作，具有较强警察业务能力的实战型警务人才；课程设置——主要是八大模块：政治思想模块、体能素质模块、专业能力模块、武器警械模块、擒拿格斗模块、警务战术模块、网上推演模块、实战演练模块；组训方式——包括单项训练、综合训练、模拟训练和战地训练；环境条件——

建好系列教学基地、研发模拟训练载体和构设实战训练环境；方法手段——在教学方法手段的选择、使用上，公安院校“实战型”教学模式必须走出传统的“教师—书本—课堂”教学观，把贴近实际、贴近实况、贴近实战作为教学方法改革的突破口。“教法上要强调模拟法、诊断法，力求给学员营造身临其境的氛围，将问题放在开放的社会环境和多元的知识背景中，让学员思考，以此训练其职业思维。”要充分发挥好各类教学基地的作用，有效运用好各类社会教育资源，广泛开展实案教学、模拟教学、实地教学和战地教学。在教学中要注重引入现代信息元素，有效利用好光、声、电等手段，真正实现现代信息技术与公安院校警务人才培养的深度融合。

近年来，警察体育教学研究在学科建设、课程内容设置、教学方法、教学模式、教材编写、制度制定等方面取得了巨大的进步和成绩，已达到了一个较高的层次水平，虽然还存在研究内容不系统、针对性不强、实战特征不明显、描述和建议多、警察体育教学现状存在一定的地区差异、实践中创新和成熟经验少、部分学者对警察体育教学还存在一定的偏见认识、师资力量薄弱等问题，但在新的历史时期，在党和国家有关部门的大力支持下，警察体育教学必将会在不久的将来取得新的更大的成就，为公安事业建设做出积极的巨大贡献。

参考文献

[1]王海源.论构建21世纪警察体育教育的“三大支点”[J].上海体育学院学报，2001,(05):45-46.

[2]董亚军,叶光华.警察院校体育理论化教学刍议[J].山东警察学院学报,2006,(05):118-120.

[3]李丹.警察现场急救一体化教学模式的解析与建议[J].河南教育,2018,(01):106-110.

[4]尹晓宏,高翠莲,薄克敏.我院警务现场急救课程的教学内容及完善[J].广州市公安管理干部学院学报,2009,(03):61-62.

[5]曾婕.论警察院校军事理论“三型五性”教学模式探索[J].科技通讯,2016,(02):150-152.

[6]陈博.警察体能训练与测试评价[M].北京:中国人民公安大学出版社,2009..

[7]丁一平.对警察院校学生加强体能训练的思考[J].北京人民警察学院学报,2000,(02):150-152.

[7]王慧明.对加强警校学生体能训练的思考[J].铁道警官高等专科学校学报,2004,(04):124-126.

[8]吴东潮,鲁金民,隋波,高士伟,冯国力.加强警察体能训练刻不容缓[J].辽宁警专学报,2004,(02):53-54.

[9]陈立平.在论警察体能训练的重要性认为[J].辽宁公安司法管理干部学院学报,2011,1:65.

[10]尹双双,荣从民,陈永辉.论良好的警察体能是公安实战之基[J].体育科技文献通报,2013,(01):14-15+48.

[12]陈永辉,潘春娥,曹超.警察体能及其训练的科学认识[J].湖南公安高等专科学校学报,2006,(05):102-104.

[13]刘洋.警察体能素质对执法能力的提高[J].法制博览,2015,(11),264.

[14]吴金龙.警察体能训练的重要性研究[J].运动,2018,(02):155-156.

[15]黄一峰.警察体能训练在警务实战中的重要性[J].法制与社会,2016,(30):270-271.

[16]张银福.关于警察体能训练科学意义的理性分析[J].中国人民公安大学学报(自然科学版),2012,(01):107-109.

[17]陈长礼.论中国警察体能教育学课程的创建和开设[J].吉林体育学院学报,2006,(01):41-42.

[18]李阳,高琴心.浅谈公安院校警察体能课的教学与训练[J].体育科技文献通报,2009,(09):60-61.

[19]梁小红.试讼警察院校体能课程改革的思路[J].贵州警官职业学院学报,2003,(04):89-90.

[20]王强,卢兆民,向朝文.体适能理论指导警察体能教学改革的可行性及对策研究[J].中国人民公安大学学报(自然科学版),2017,(01):98-100.

[21]罗卫东.警察体能训练实战化的思考[J].江西警察学院学报,2014,(04):

126－128.

［22］钟勇.警察体能训练的基本原则与方法［J］.辽宁警官高等专科学校学报,2007,(06):63－64.

［23］魏杰.警察院校学员的体能训练研究［J］.当代体育科技,2016,(15):42＋44.

［24］周彬倩.警察在职培训中体能训练存在的问题与解决对策研究［J］.搏击.武术科学2011,(06):117－119.

［25］陈永辉,刘一兵.警察在职培训中体能训练问题及训练模式构建研究［J］.湖南警察学院学报,2011,(01):145－149.

［26］谭长华,陈永辉.警察在职培训中体能训练存在的问题与解决对策研究［J］.体育世界,2011,(06):65－66.

［27］王平.论警察体能和警务实战技能训练的重要性［J］.解放军体育学院学报,2011,(06):65－66.

［28］张良力.基层民警体能训练手段的科学化探索［J］.体育科技文献通报,2008,(12):68－70.

［29］田文学.我国警察体能评价体系研究［J］.政法学刊,2008,(06):123－125.

［30］陈博.《公安民警体育锻炼达标标准》分析［M］.福州:福建教育出版社,2009,(09):24－29.

［31］周炳仙,罗卫东.论警察体能及其训练［J］.云南财经大学学报(社会科学版),2008,(02):115－116.

［32］王加伟.我国公安本科院校学生体能训练现状的调查与对等研究［D］.东北师范大学硕士论文,2007,.

［33］郑卫民.浅论警察体能水平的保持与提高［J］.佳木斯教育学院学报,2010,(03):127＋135.

［34］张茜.谢东北.影响警察体能因素分析及对策研究［J］.体育科技,2014,(01):137－138.

［35］王国入."教学练战一体化"视阈下警察体能训练研究［J］.产业与科技论坛,2017,(09):154－155.

［36］车新蕊.YO－YO训练法在警察学员体能训练中的实验研究［J］.辽宁警专学报,2014,(04):83－86.

［37］刘洋.对公安院校体能训练课实施分层教学的研究与实践［J］.法制与社会,

2016,(08):241-242.

[38]杨明,朱斌,宁大庆.广西警察院校防卫与控制课程教学现状分析与对策研究[J].中国教育技术装备,2012,(30):64-67.

[39]付龙.公安院校徒手防卫与控制课程开展现状研究[J].湖北警官学院学报,2014,(10):182-184.

[40]陈永辉,刘一兵,尹双双.公安机关软实力建设下警察徒手防卫与控制能力的培养[J].四川警察学院学报,2011,(02),72-76.

[41]赵美环.加强警察防卫与控制技能训练的几点思考[J].河北能源职业技术学院学报,2015,(01):35-36.

[42]赵美环.简论警校擒拿格斗课程体系中存在的问题和对策[J].科教文汇,2013,(06):94-95.

[43]黄一峰,朱庆宾.警察徒手防卫与控制技能应用研究[J].辽宁公安司法管理干部学院学报,2017,(02):93-96.

[44]屈晨曦,曹超.警察徒手防卫与控制课的特点及改革的走向[J].军事体育进修学院学报,2009,(04):98-100.

[45]赵柳林.警察院校擒拿格斗技术教学的改革[J].搏击.体育论坛,2015,(02):48-50.

[46]郑卫民,姚春玲.浅论警察控制与防卫技能的特点与作用[J].科技资讯,2011,(18):238.

[47]王平.警察体育教学内容体系改革体系研究[J].解放军军事体育学院学报,2002,(01):101-103.

[48]杨波,孙健.警察抓捕中擒拿技术分类及教学特点的研究[J].甘肃政法成人教育学院学报,2005,(04):124-125.

[49]王泽.公安院校徒手防卫与控制专业课程研究[J].云南警官学院学报,2012,(04):114-118.

[50]程洪玲,张新鹏.公安院校武术技击类课程设置的研究[J].天津职业院校联合学报,2014,(10):55-58+88.

[51]李德祥,马洪.公安院校普通专业擒拿格斗课程教学模式研究[J].云南警官学院学报,2012,(04):110-113.

[52]邹玉吉.提升《徒手防卫与控制》科目教学训练效果的思考——以甘肃警察职

业学院为例[J]. 新西部,2016,(14):46 - 47.

[53]付龙. 公安院校徒手防卫与控制课程开展现状研究[J]. 湖北警官学院学报,2014,(10):182 - 184.

[54]刘庆寿. 警察体育课程教学模式改革及效果——以擒拿格斗为例[J]. 体育世界,2016,(07):126 + 135.

[55]赵美环. 警察徒手防卫与控制技能及其影响因素[J]. 法制博览,2015,(05):284 - 285.

[56]钟成娣. 警察徒手缉捕课改革探析[J]. 阴山学刊,2010,(02):96 - 98.

[57]袁越. 对公安院校擒拿格斗课程改革的思考[J]. 2009,(09):101.

[58]訾凤琴. 警务擒控技术中的模拟实战教学途径探析[J]. 赤峰学院学报(自然科学版),2010,(01):127 - 128.

[59]赵美环. 加强警察防卫与控制技能训练的几点思考[J]. 河北能源职业技术学院学报,2015,(01):41 - 42 + 49.

[60]赵美环. 简论"体验式"教学法在擒拿格斗训练中的运用[J]. 太原城市职业技术学院学报,2013,(06):187 - 188.

[61]林永. 警察徒手防卫与控制训练中的遇抗训练分析[J]. 军事体育学报,2015,(02):74 - 76.

[62]黄文华. 探索实施"教、学、练、战"一体化教学模式——从《警械武器使用》课程谈起[J]. 黑河学刊,2014,(04):85 - 86.

[63]张谦. 试论公安民警使用单警装备的有效途径[J]. 经济与法,2012,(04):54 + 73.

[64]杜洋. 改革实战教学中警用装备的使用训练[J]. 警务实战训练研究,2008,(02):31 - 32.

[65]阮泽来,魏毅. 培养公安院校学员依法使用警械武器能力研究[J]. 辽宁警专学报,2014,(04):81 - 82.

[66]邹玉吉. 在交通警察警务技能训练中提升单警装备使用实战性的思考[J]. 新西部,2017,(27):34 - 35.

[67]董建国,金云凤,张茂忠. 警用武器的分类[J]. 国防技术基础,2010,(06):44 - 45.

[68]李光. 对警察院校手枪射击实战教学训练的思考[J]. 云南警官学院学报,2008,

(04):23-24.

[69]梁杰. 公安院校手枪射击课教学模式的改革[J]. 内蒙古电大学刊,2013,(04):114-115.

[70]范龙. 警用手枪射击教学改革尝试的综述[J]. 山西科技,2008,(01):106-107.

[71]罗亮. 公安院校手枪射击教学改革分析研究[J]. 中国科教创新导刊,2009,(32):49.

[72]邹继京. 警察院校射击教学新模式——PPC[J]. 中国人民公安大学学报,2001,(05):119-120.

[73]朱荣军. 警用手枪射击教学改革浅谈[J]. 江苏警官学院学报,2007,(06):197-198.

[74]黄渴. 试论警察院校手枪射击训练模式改革[J]. 四川警察学院学报,2011,(04):99-102.

[75]刘海萍. 手枪射击课程改革的初探[J]. 内江科技,2017,(06):126+128.

[76]罗亮. 警察武器使用教学训练内容结构的思考[J]. 湖北警官学院学报,2017,(04):125-126.

[77]盛志豪,詹才荣. 谈手枪射击课中"时间量"教学法[J]. 江西公安专科学校学报,2001,(04):90-91.

[78]司昌军. 转变观念构建"实战型"手枪射击训练模式[J]. 辽宁警专学报,2011,(05):92-94.

[79]冯勇. 对武器使用训练方法的体会[J]. 警务实战训练研究,2011,2:62.

[80]赵冠华. 公安民警实战用枪训练模式构想[J]. 武汉公安干部学院学报,2015,(02):82-84.

[81]李伟,王炎. 警察类院校彩弹模拟实战对抗教学训练探索[J]. 产业与科技论坛,2016,(04):145-146.

[82]陈济鹏. 论警务战术研究的几个基本问题[J]. 山西警官高等专科学校学报,2003,(01):21-22.

[83]李炳光. 警务战术的内涵及研究体系[J]. 警察实战训练,2008,(01):14-16.

[84]马玉峰. 试论警务战术的本质与属性[J]. 法制与社会,2009.9:360.

[85]王勇. 缉捕心理及行动战术研究[M]. 北京:群众出版社,1989.

[86]黄正宪. 强化警察查缉战术意识的必要性[J]. 赤峰学院学报(自然科学版),

2010,(10):225-226.

[87]乔春华.略论警务技战术训练之意义[J].湖南警察学院学报,2011,(03):151-152.

[88]余强生,许谦.浅谈警务战术教学中存在的问题及对策[J].吉林公安高等专科学校学报,2005,(05):81-83.

[89]徐英柱.对警务战术课程教学的几点探讨[J].科教导刊,2015,(31):127-128+139.

[90]袁晓春.警务战术"四位一体"教学模式研究[J].警察实战训练,2012,5:28-29.

[91]韩宜良.探讨关于警察院校体育教学改革与观念创新的思考[J].当代体育科技,2013,(15):90-91.

[92]袁晓春.警务战术"一体化"教学模式探索[J].广西警官高等专科学校学报,2014,(04):122-123.

[93]曾洪.公安院校"实战型"教学模式初探[J].广州市公安管理干部学院学报,2014,(03):63-65.

第5章 国外及香港特别行政区警察教育训练模式

我国警察教育正在依托原有的教育训练资源，根据新时期社会发展、经济建设和公安实践对民警学历和素质的更高要求，不断加强警察学历教育的投入，调整办学模式，努力提高整体教学质量和办学层次，探索符合我国国情的教育新模式。在警察教育训练层次化、课程设置、教师队伍建设及学生培养等方面，我国有必要认真研究境外警察教育训练的特点，进一步探寻适合我国国情的警察教育，从而不断适应我国建设和谐社会的需求。

教育训练是提高警察素质的一个长期系统工程，以使警察职业素质与时代发展对警察的要求相适应。我国警察教育的现状，素质教育体系还不能完全满足新时期新需要，训练理念、训练模式、教学团队还不能完全适应公安改革和公安工作的发展，一些训练机制、体制问题还制约着警察教育训练工作的顺利开展。研究境外警察教育训练机制，借鉴其成功经验，博采众长，为我所用是一项具有现实意义的工作。

5.1 美国警察教育训练模式

5.1.1 美国警察教育训练概况

美国警察属于盎格鲁—撒克逊警察体制，从宏观上看，美国的警察教育分为两个自成体系的、独立的部分。一是在普通大学设置刑事司法专业或犯罪学专业，主要承担警察的学历教育。具有警察学历者并非可以直接从事警察工作，还必须参加招募考试。录用后，经过专门培训才能进入警察队伍。二是在警察机关设置警察学院或训练基地，主要负责警察的职业教育。各警察学院是警察局的一个组成部分，直属警察局领导，由一名副局长分管或任院长。警察学院的任务主要是负责对新招募警察的培训，并对在职警察包括文职人员进行训练。

美国警察学院的招生是与警察机关的警察招募完全配套的。警察招募首先由新闻渠道发出通告，然后由警察局组织报名参加统一考试，合格后还必须通过政审。新警察录用后必须进行20周左右的在校训练和一年的实习，实习后经考试合格全部到基层当巡警，2年后根据工作需要，经过专门训练后予以重新调整。训练侧重于警察技能与实战，训练时间虽然比较短，但由于95%～97%的录用人员都受过大学教育，知识层次高，基础好，所以训练能达到事半功倍的效果。

美国警察的职后教育也分为两个部分。一是普通大学为在职警察提供了再教育的机会，警察若想进大学学习或攻读学位，可以申请办理停薪留职或在职学习。可提供警察专业教育的大学有刑事司法学院、犯罪学院、警政学院、司法学院、行政管理学院、公共安全学院等。这些学院可以为警察提供大学本科、硕士研究生、博士研究生等各个层次的深造学习。美国对就读大学、研究生学历的警察全额报销进修学费。二是非学历性在职培训。非学历性在职培训又分为两类：一类是定期对在职警察进行新法律、新知识的学习和警务训练，对各专业警察进行专业知识更新。另一类是晋职晋升级训练，美国实行职务、警衔与训练相结合的制度，任何警官每晋升一次都必须到警察院校培训，经考试合格后才能晋升。

美国警察学院有严格的师资选聘制度，教师需具有学士、硕士以上学历，有从事实践工作的年限规定，还要经过严格的考试。警察学院教师和警察机关人员具有完全相同的待遇和权利，可以双向流动。普通大学的刑事司法专业教师也可由有相当资历的在职警察担任。

5.1.2 美国警察教育训练的特点

1. 独立的警察教育体系

美国的警察教育体系是一个职业教育体系，采用警察系统办学的形式，较为独立。美国警察教育完全由警察部门负责，各级警察机关开办自己的学校和培训中心，警察教育的课程设置、师资队伍、经费来源、招生分配、教学计划等皆由警察系统负责，不受国家教育部门的领导和约束。美国采用的是分散管理的体制，全国没有统一的警察教育管理机构、教育培训规划和教学计划，地方警察机关各自设置警察教育培训机构，负责本地区的教育培训工作。

2. 完善的职后教育培训制度

美国警察教育训练机构具有完备的职后教育培训制度。从某种意义上说，这种职后教育培训制度是其警察队伍素质的有效保障。美国警察教育培训有严格的规章制度、完善的教育训练计划，实行新警的录用、在职警察的晋升、警察的职后教育训练一体化等。美国警察机关招募的新警察都必须参加严格的培训，才能进入警察队伍，即使在普通大学已经取得了与警察职业相关学历的人员也不例外，美国在职警察的晋升都是逢升必训。美国警察的职后教育是一种终身教育，在职警察均需进行不断的阶段性知识更新与能力提高教育培训，如美国警察机关明确规定，在职警察必须每年参加教育训练，否则不再继续任用。

3. 课程设置实战的教育训练模式

面向实战是美国教育训练的特点，而且理论与实践紧密结合，强调教育训练的针对性、实用性，要求教学过程具有操作性、演练性。

美国警察院校及训练机构开设的主要课程包括：司法文书制作、询问与审讯技巧、劫持谈判策略、涉警法律问题探讨、恐怖事件现场指挥、现场勘查、恐怖袭击事件的控制与案件侦查、战前心理调节、暴力犯罪、警察职责、交通事故现场重建、自卫术、交通肇事案件侦查、警械的使用、巡逻策略、电子监控、青少年问题等。教学中，美国警察院校一般课程分课程讲授与实践，各占一半学时，专业课的实践时间占70%。教学内容着重于对实际问题的研究和实战技能的训练。

4. 具有合理的教师队伍结构

美国特别注重教师队伍的建设。一是注重具有实践经验的专业教师队伍建设。美国警察教育部门有着严格的师资聘用标准，特别是专业教师的任用。一般专业教师都是选聘警察机关中有大学及以上学历并有五年以上警察工作经验的资深警官。而专业教师每年都必须安排一定的时间到警察机关去实践，充实教学内容，然后将最新的知识带回课堂。二是社会化的基础课教师实行合同制。美国警察教育基础课程教师一般聘请普通大学中有丰富教学经验，在学术上有高深造诣的人员兼职。这样既能保证高质量的教学，又可减少教育投入，降低办学成本。

5. 经费保障常态化

美国政府充分保障警察教育训练的投入，其经费由国家统一规划，并纳入国家财政预算，以使警察教育培训经费保障有力。美国警察院校培训中心的经费由政府直接拨款，有的警察局还从罚没款中拿出一部分用于学校教育，以保障办学经费。其教学设施齐全，一般都设有先进的电教中心、模拟实验室、射击场、健身房等。美国警察教育培训模式的高效运行还得益于强有力的保障结构，这种保障结构由制度保障、师资保障、经费保障三方面组成。其中，制度保障是前提，师资保障是关键，经费保障是基础。

5.1.3 美国警察教育训练的启示

1. 积极探索警察教育职业化培训新模式

我国应根据公安教育工作发展规划和人民警察初级警员、中级警官和高级警官初任培训和继续教育培训的不同需要，探索职业化教育培训模式，积极落实标准统一、科学规范的人民警察教育训练方案，并科学规划全国公安院校的类型、规模、布局和建设，构建种类齐全、层次分明、布局合理、功能互补、相互衔接的公安教育训练体系。具体而言，要对现有公安教育资源进行优化组合，对全国现有本、专科及警察职业培训学校进行科学布局调整，坚持学历教育和在职培训相结合，坚持教学、科研、警务实战相结合，全力推进以警察教育训练为主的多种教育形式并存的办学新格局。

2. 创新警察教育培训机制

我国警察教育培训应从警察招录、培训、晋升等一系列环节进行制度设计，抓好“三个必训”制度的落实，将教育训练与人民警察的资格认定、晋升使用结合起来，实现初任训练与职业资格准入制度的结合、专业训练与警种岗位资格认证制度的结合、晋升训练与警衔职务晋升制度的结合。首先，严格招录制度，实现“招生即招警”的并轨，建立职业准入制度，初任培训必须取得相应资格后方可任职。其次，全面改革晋升培训制度。一是逢晋必训，不训不升，将育人与用人紧密衔接起来，使人民警察的素质、能力与警衔等级同步提高；二是采取“先考后提、逢提必考、任职必训、未训必补”的干部任职资格培训方法；三是推行“轮训轮值、战训合一”训练模式，组织人民警察分期分批参加以提高岗位业务能力为主要内容的全封闭式集训，并作为公安机关机动部队参加处突防暴、突击整治和值班备勤的模式。

3. 确立以实战为导向的训练模式

首先，以实战需求为导向，构建实践导向课程模式。在课程设置上，遵循知识和技能训练相辅相成、重在警务技能训练、紧密结合实战需要的教育培训原则，拓宽专业、精简课程，贯彻“三三制”教学原则，即1/3时间讲授、1/3时间技能训练、1/3时间警务实践，体现“战训合一”的教育培训思想。其次，加强与实战部门合作，以公安教育培训发展战略的依托，适应公安警种业务发展需要，促进专业教学实效化。最后，以学员为主体，实现教学和训练的行动化。创设公安实战案例教学、公安实战情境教学、公安实战活动教学等多种形式的教育培训方法，并进行交替运用，比如工作观摩、体验见习、课堂对话、庭审旁听、网络训练、实战模拟等，多维度、多视角地对学员的能力进行全面训练和培养。

4. 建立高素质教师队伍

我国应积极探索警察院校专职教师与兼职教师相结合的模式，选聘警察机关有实践经验和教学能力的专家、领导担任兼职教师，教学培训工作由资深警官或有一定实战经验的优秀警官轮流兼任，或向社会普通大学、科研机构以及社会其他部门临时聘请教师。选聘的教师必须经过必要的考核方可任用。其次，建立警察院校与警察机关人员的双向交流制度。可汲取美国警察院校优秀教官队伍与实战部门定期双向交流的经验，积极引进来源于一线的教官，以教官制为主导，使教官成为公安教育培训的主力军，充实公安院校的师资力量，促进公安院校教师向理论、实战俱佳的“双师”型师资力量转化，实现公安师资队伍的整体发展。

5. 加大经费保障力度

教育训练经费保障不到位是长期阻碍我国公安教育发展的瓶颈。由于受经费的制约和影响，我国的警察教育训练在警务实战训练、教学环境、科研设备、教学手段诸方面落后于美国等发达国家。目前，公安院校的办学经费主要来自各级政府拨款，这与公安学科大投入、大消耗的专业教学及实战技能训练要求极不适应，因此，必须解决警察教育训练经费不足的问题，不断增加公安教育训练的投入，将教育训练经费真正用在教育训练和提高民警素质上，保证专款专用，尤其要优先保障警务技能训练的急需经费。通过积极吸纳社会资金办公安教育，运用金融、信贷等手段发展公安教育，进一步拓展公安教育培训经费的渠道，切实加大公安教育训练经费保障力度。

5.2 德国警察教育训练模式

5.2.1 德国警察教育训练概况

德国警察的教育训练以职业培训为主、学历教育（入学即入警）为辅。教育培训体系是：各州的警校培训初级警官，专科高等学校培训中级警官，而高级警官则由德国警察指挥学院（PFA，又译“高级警官教育学院”）负责。其中，各州警校招收高考生或职校毕业生，入学即成为初级预备警官，即新警必须为警校毕业生，学员着警服，有工资，并具备部分执法权。一般学制三年，通过毕业考试后才能上岗，警衔为三级警员。也有招收中级预备警官的学院，招收高考优等生，学制四年，上岗后警衔为警司。高级警官统一到德国警察指挥学院培训，学院位于北威州，是联邦政府和各州共同的警察教育研究机构。行政方面由本州内部进行指导和监督，业务方面由联邦政府和各州内政部部长监督。在德国，警察归属于州，一般情况下警察教育培训由各州组织。而联邦警察、水警、特警队等的教育培训则由联邦政府统一组织。

5.2.2 德国警察教育训练的特点

1. 警察教育训练独立于普通教育

德国警察教育训练属于警察系统自己开办的职业教育，自成体系，独立于普通教育。警察教育训练完全由警察机关负责，联邦及各州警察机关开办自己的学校和培训中心，其课程设置、人员配备、经费、招生、教学、考试、分配等方面均分别由联邦及各州内政部负责，不受教育部门制约。这种教育训练体制利于警察系统根据自身需要有针对性地培养人才，同时，对于警察工作需要的信息、通信等专门人才，直接从普通教育培养的人才中吸收，可节约警察系统自身培养的教育成本。但是，德国警察机关为适应科技教育改革的需要，正在对这种纯职业教育模式进行改革，逐渐引入学历教育，学员培训后可获得相应学位。

2. 教育训练与招录、晋升紧密结合，要求严格

为保证警察具有较高的素质能力，德国警察在录用、晋升时都必须经过专门的教育训练，实行教育、录用、晋升一体化的人事训练制度，即"逢晋必训"。在警员升警司、警司升警督、警督升警监时都必须参加一定时间的培训。影响德国警察个人升迁的因素很多，其中顶头上司的年终评价是十分重要的，但这个评价并非上司的"一言堂"，也非主观印象，而是得力于相关的制度支撑，如每一个职位都有较详细的职位描述，主要是要完成的任务及绩效，由此形成系列标准。上司的评价受这些标准的制约。

3. 教育训练突出实战性，讲求实效

德国警察教育训练中特别注重提高警察解决处理实际问题的能力，针对性强、注重实效。正如当地警方所说，警察学院的定位不是培养理论家，而是培养履行警察职务的实际工作者。首先，时间安排上，在各级教育训练中，均有近一半的时间是安排学员到实战部门实习，参加巡逻、处理案件等警察业务工作，并且在校学习与到基层实习往往是交叉进行的。其次，课程设置针对性强。根据不同层级警察实战工作的现实需要有针对性地设计课程内容，讲解工作中的最新情况和问题。再次，教学方式上突出实战性。不仅讲授基础理论知识，同时注重案例教学，并大量开展痕迹检验、现场勘查等模拟教学，还进行体育、游泳、射击、急救处理、计算机应用、警车驾驶等技能训练。此外，培训考核比较严格、科学。所学课程实行学分淘汰制，对各项科目都要进行严格的考试，不合格者将被淘汰；考试的方式不完全都是笔试，还有模拟考试、演讲、答辩等多种形式。

4. 重视师资队伍建设

为保证和不断提高教育训练质量，德国各级警校都十分重视师资队伍的建设。一方面，不断派出教员到实战部门任职锻炼，丰富教员实践经验，提高专职教员的教学能力；另一方面，从各地警察部门选择既有实践经验又有教学能力的警官到学校担任专业教师。为鼓励优秀警察参与教学活动，德国警察学校给予教师比实战部门同级警察高的工资待遇，同时，从实战部门选拔任教的优秀警察可获得更多的升迁机会，如德国警察高等学院从联邦或各州实战部门商调的具有领导或教学经验的优秀人员，在任教满3~5年后，由原选送单位提供较高的职位供其选择升任。这种双向交流机制以及鼓励优秀警察从教的机制，确保了警察院校较高的教学质量。

5. 重视在职警察教育训练，实现警察教育训练终身制

德国警察机关除进行招警培训和晋升培训外，还经常性地开展在职警察教育训练。主要有两种形式：一是集中培训，由各级警察院校及相关教育单位采取短期培训班的形式不定期进行，培训内容根据社会形势发展及警察工作需要来确定，通常采用技能训练、课堂讲授、专题讨论、大型研讨等方式进行，培训时间不统一，每年一周或几周，受训期间不执行警察任务；二是岗位练兵，警察每天上班的第一件事情，就是走进训练室，完成岗位所需的训练内容，然后转入业务工作，周而复始、坚持不懈地进行。这种短期集训与长期练兵相结合的教育训练，确保了德国警察不断更新知识、提升素质，实现了警察教育训练的终身制。

6. “订单式”的定期业务培训

德国警校实行“订单式”培训。每年夏季，警校向本州警局各单位提交次年培训目录，目录内含200多项培训课程。分局及其他局属单位设专门的教育培训专员，负责组织报名。专员把目录内容下发到各业务处和派出所，各单位都有一位教训联络员，多数由内勤担任，其职能是对培训需求进行统计并上报。这样，就可以根据各警员的不同任务、不同职责、不同岗位而分别安排参加不同项目的培训，真正做到“缺什么，训什么，缺什么，补什么”，取得了较好的效果。个人最终参加何种培训由派出所所长及其他基层领导决定，个人不能直接到警校联系报名。

7. “滚雪球式”的新工作方式培训

当今社会正在进行急剧的变革，为了保证有效管理，警务体制及工作方法也常常需要改革。这就要求多数甚至全体警察参加短期培训，以便学习新的工作技能。德国柏林警方创造了“滚雪球式”的培训模式，由警校负责培训各分局业务骨干，再由他们负责本单位的培训，培训对象是各派出所选派的警员，最后由这批警员把技能推广到每位警察。这种模式使得新的警务要求和工作技能在较短的时间内为全体警察所掌握，而日常警务工作照常进行，不受多大的影响。

8. 设备先进，硬件设施齐备，科技含量高

在德国，警校教师一律采用计算机多媒体教学，自制教学软件。学校实行计算机化、无纸化办公。射击场馆设施及痕迹物证检验设备先进，警用车辆数量多且质量好，各种教学设施完整齐备，医疗及后勤保障有力，教育经费充足。

5.2.3 德国警察教育训练的启示

1. 进一步改革警察院校办学模式，充分发挥院校在“大教育、大培训”中的主阵地作用

我国警察院校大多以学历教育为主，属于普通国民教育的组成部分，与德国警察独立的职业教育有着本质上的不同。实行这种教育模式与我国教育现状及警察队伍现状密切相关，利于解决当前教育资源与教育需求之间的矛盾，不断提高警察队伍总体文化素质，但在一定程度上不利于充分发挥警察教育训练自主性，突出自身特色。基于我国目前的警察教育训练现状考虑，我国警察院校在继续开展学历教育的同时，应充分发挥院校长期积累的师资、设施设备、教学科研等资源优势，大力发展职业教育，逐步脱离“学历本位”“学科本位”的传统普教模式，按照警察职业的实际要求，设计具有自己特色的教学模式，从根本上解决教学同实践脱节、教育同需求脱节的现象。同时，要进一步建立健全各级教育训练机构，加大对各级院校及训练基地人、财、物的投入，为“大教育、大培训”提供良好的基础保障。此外，要进一步整合各级、各地警察院校和培训基地资源，明确职责，健全分级教育培训体系，形成公安部负责高级警官培训、各省负责中级警官培训、地市负责初级警官培训的科学培训体制。

2. 灵活设置公安学历教育专业，积极探索学历教育的科学模式

在近几年高等院校快速发展的热潮中，许多警察院校纷纷扩充专业，以此促进院校建设，有的专业与地方普通高校专业重合，针对性不强，在竞争中渐显劣势，并且直接面临的一个问题就是毕业学员的就业出路越来越难。因此，对现有公安学历教育，在专业设置上也应进一步结合警察工作实际进行调整，突出职业特点。应当根据各警种近期要求进行科学预测，据此再开设相应专业、确定招生规模，以免盲目投资和人才浪费，同时专业设置应根据现实需要不断调整。此外，应积极争取人事部门的支持，把公安院校入学考试与民警招录结合起来，推行“入学即入警”的人事教育模式，确保培养的专门人才能进入公安队伍，发挥应有作用。

3. 不断创新教育训练内容、方式，增强教育训练实效

警察教育的目的是培养适应警察工作的实用性人才。目前，我国的警察教育更多地停留在理论学习上，加强实践能力培养的呼声很高，但效果不明显，培养出来的人才动手能力不强。必须尽快改变以理论教学为主的模式，在贴近实战、服务实战、增强实战能力上下功夫。必须从招考、教学、考核等环节的内容和方式入手，加大改革创新力度，切实增强教育训练的实效性。如警察院校在招收学员时，可加大面试力度，增加分析和解决实际问题能力、心理承受能力等方面的考察内容，为培养高素质的公安人才打下良好的基础；教学中将实践中的一些新情况、新问题及时纳入教学内容，大量开展模拟教学、案例教学；将一些专业课程从课堂搬到实战部门进行，增加实习学时，边学边练；将考试由书面笔答改为演讲答辩、模拟演练等。同时，为保障教学的顺利进行，必须加大对警察院校的投入，改善硬件设施，满足模拟教学和技能训练的需要。

4. 切实加强师资队伍建设

警察教育训练的发展，对现有的师资队伍提出了新的、更高的要求，既有深厚理论，又具有丰富实践经验的“专家型”教师，才能适应新的教学要求。目前，警察院校教师实践能力不强是突出的问题，解决这一问题，可以采用“走出去、请进来”的办法，让教师定期到基层锻炼，积累经验，同时，聘请基层具有丰富实际工作经验的骨干参与教学。并且这种“双向交流”要形成制度，不能是短期和临时行为，要从组织、待遇等方面给予保障。

5. 大力加强在职民警教育训练工作

以“大教育、大培训”的理念为指导，集中脱产培训与在职在岗练兵相结合，不断健全制度、创新训练方式方法，逐步建立起科学、有效的在职民警教育训练体系，使民警能够不断参训练兵，不断提高素质。一方面，按照公安部党委“三个必训”制度的要求，进一步完善新警培训、首任培训、晋升培训与基层民警轮训的具体制度，明确各级培训的目标任务，科学设计培训内容，不断丰富形式、规范管理、严格考核，切实解决当前各级培训中存在的各自为政、流于形式等问题，确保培训能够发挥实效；另一方面，大力推行“轮训轮值、战训合一”训练模式，积极开展大练兵、苦练基本功，针对部门实际，不拘泥于某种形式，不限定某种方法，积极探索具体可行的训练、管理、考核、激励制度和措施，切实提高民警岗位练兵的积极性、主动性，使民警能够做到“干中练、练中干”，不断增强履职能力。

6. 加大对警察在职培训的投入，做到保障有力

德国联邦及各州政府对警察的教育培训都十分重视，在人力、财力、物力方面投入大，保障得力。近年来我国对警察的在职教育培训也日益重视，相关的基础设施建设改善明显。但总体而言，我国警察在职教育培训普遍存在经费投入不足、基础设施简陋等问题。部分市县的基层公安机关，长期以来就没有在职培训经费预算这一项，教育培训经费投入无政策、无标准、无计划，在上级公安部门的硬性规定下，不可避免地出现民警在职教育培训经费开支渠道不规范或者无法开支等情况。同时，投入的规模和设施使用的针对性和有效性还有不少方面需要进一步改进，一些相应的配套软件需要开发，管理水平需要提高。各级公安机关要积极争取地方党委、政府和相关部门的支持，真正给予民警在职教育培训以有力保障，确保广大公安民警的在职教育培训工作。同时，各级公安机关也要严格管理教育培训经费的使用，“好钢用在刀刃上”，使培训经费真正用于培训，以求取得良好的效率和效益。

5.3 英国警察教育训练模式

5.3.1 英国警察教育训练概况

英国警察实行中央与地方分权的管理体制，警察的管理机构是内政部、地方警署和警察局。英国十分重视警察教育培训，在内政部所属的警察司设立警察教育培训部，负责制定全国警察教育培训总体规划、管理学校、指导教育培训、经费预算（警察教育训练经费约占警察司经费的10%）和各层次警察教育培训的教学计划、教材。警察司教育培训部下设各种学校：新警培训学校、侦探学校、警官培训学校、高级警官学院（布拉姆谢尔警察学院）和专门培养计算机操作、管理人才的学校。

英国警察教育训练体系主要分为三大部分：见习警察培训制度（基层警察首任培训）、晋升考试与培训制度、高级警察培训。以上三大训练制度基本涵盖了警察职业生涯的始终，它可以为处于不同岗位不同层次的警察提供相应的培训和学习途径。

1. 见习警察培训制度

见习警察培训的培训内容分为三部分：初始培训、实习、结束培训。

初始培训。初始培训和结束培训在内政部警察培训中心进行。每年，内政部警察培训中心都为五六千名新进警察提供3~6个月的初始培训。培训期间，新警会在一个与他们今后工作环境相似的环境中接受培训，在各种模拟的实战情境中进行训练和学习，培训期间，一直受到教官的监督，纪律要求也相当严格。初始课程完全是集中在纯粹的警察科目，新警要自己消化法律法规，以便通过各种课程考试。

实习。实习在各个警察局的培训中心进行。时间为两年，共104周，任何从事警察职业的人都需要先接受见习培训。全国警察的见习培训的计划制订则是由内政部中央计划中心负责。在初始培训结束后，新警进入实习期，回到原来的警察局学习当地的工作程序，到各个部门锻炼，以了解组织的整体状况。在实习期里，每个新警察都由一个有经验的老警察带领，以帮助他们处理在巡逻以及其他警务中遇到的各种问题。在实习期间，他们有机会体验到课堂上没有学到的东西，积累工作经验，还可以把初始培训中学到的知识应用到实际工作中来，做到学以致用。

结束培训。在见习期快结束时回到内政部警察培训中心继续接受相关培训，并参加结业考试，通过者经宣誓后成为正规警察。

2. 晋升考试与晋升培训

警员要晋升为警长，警长要晋升为警督，都必须先通过晋升资格考试

(晋升警司以上的高级警官不需要考试，而是通过选拔)。考试由各地进行，标准各不相同。晋升考试每年进行一次，通过了考试只是具备了晋升的资格，并不意味着自动晋升，是否晋升，则需要由警察局长挑选并通过相应的培训课程才行。另外，英国把晋升培训和人事制度挂钩，这种培训与人事管理的紧密结合，构成了英国警察“干到老，学到老”的鲜明特点。但要通过考试并不容易，为此各个警察局都有相应的晋升培训。英国警察学院也为警官提供相应的晋升培训。晋升考试与培训制度保证了晋职警官都具有丰富的基层工作经验以及过硬的业务素质和工作能力，有效防止了警官“能上不能下”的弊病。更重要的是，它在警察系统中间形成了一种激励机制和良好的学习氛围，激励警察们不断学习、提高、充实自己，对警察系统保持旺盛的活力发挥了积极的作用。

3. 高级警官培训

高级警官培训机构在伦敦郊区布拉姆谢尔地区，人们习惯以布拉姆谢尔警察学院来称呼英国警察学院，其职责是审定教学计划和任命教员，警察学院的名称是学院，但实际上只是英国高级警官的培训机构，不是一个文凭或学位授予机构，与其他从事学历教育的学院或大学是有区别的，它是“致力于专门对未来的高级指挥者进行培训和继续教育的短期性质的多目的的寄宿机构”。

学院的教员由两部分组成，一是来自各个警察局的优秀的高级警官，其中有些人已获得警察局长的职位，他们暂时辞职来学院工作2~3年，主要教警务技能和警务知识；二是来自普通大学的教授，他们来自各个学科，包括经济、社会、历史等，主要为学员提供更广泛的人文教育，除了教课、参与学生的课外文化活动外。学员来自两个途径：一是经特别选拔的大学生，在参加完两年见习培训后，可以进入特别培训班；二是经警察考选委员会层层选拔的在职年轻警察。学院主要以晋升培训为主，为警长晋升警督、警督晋升警司提供培训，此外还承担指挥培训、特别培训（快速晋升培训)、海外培训、专题讲习等培训内容。

5.3.2 英国警察教育训练特点

1. 警察教育训练自成体系，与国家教育部门完全脱节

警察教育训练由警察部门负责，包括学校、训练机构设置、人员配备、经费等各个方面，在招生、教学、考试、分配等方面均不受国家教育部门的制约。入学即入警，入学后享受与普通警察同等待遇，经费有保证。学员受训后，不授予学历和学位。

2. 重视警察的正规化系统化培养

英国警察教育培训严格遵循从低到高、晋升与培训相结合的原则。招募新警必须经过严格的培训，试用两年合格后才正式录用。任何警察必须从警员做起，每晋升一级都要经过相应层次的院校培训，从初级警察到高级警官的累计培训时间为两年。警察培训大致分为三个层次：初级培训。主要担负新警培训任务。英国警察分为从社会招募和从大学毕业生中招募两种。条件是：年龄为 18 ~ 40 岁；具备普通教育证书（高中及其以上）和一定身体条件；通过规定的笔试和口试科目。新警培训时间为两年，学校集中训练 16 ~ 20 周，其余时间到警察实际部门，指派有实际工作经验的警官带领边工作边学习。课程分为 3 大类，即法律、警察业务；联系群众、社会调查；身体素质训练等课程。中级培训：主要担负警察逐级晋升培训任务。每期的时间为 3 个月，对象是警司以上的警官。课程分为 3 大类，即警察的权力、职责、警政、警民关系；警察工作业务、打击犯罪、资源分配；管理学、警察部门的行动指挥等课程。高级培训：主要担负高级指挥人才的培训。这类培训人数很少，每年 30 ~ 40 人。培训时长为 6 个月。学员入学经过 3 天面试，考官由地方行政首脑、学校代表和心理学专家共同担任。主要学习指挥、领导学、战略决策等课程。此外，还有短期轮训，时间一般为 1 ~ 2 周，主要是警察业务专题研究。

3. 重视实践环节教学，突出实用性、针对性和为实战服务

英国的警察教育特别强调，警察教育不是为了教育学员，而是给予学员专业技术和技能。学校在教学中注重把握 4 个标准。即：一是把从工作中总结出来，经过实践检验和科学论证的正确知识及时讲授给学员；二是根据学员各自的专长、兴趣有针对性的训练，拓展个人能力；三是根据各地治安的不同情况采取相应的训练；四是警察的教育培训采取学习—工作—再学习—再工作循环交替的形式，以提高警察的理论水平和实际工作能力。

4. 注重提高警察的文化素质

从20世纪60年代开始，英国警察实行了奖学金计划，将学习成绩优秀和有培养前途的警官送入普通大学学习，攻读学位。80年代初又与牛津大学等名牌大学联合办学，鼓励警官在警察学院与地方大学的共同培养下研究与实际警务工作有关的问题，并攻读硕士以上学位。

5. 重视师资队伍建设和科研工作

英国警察院校既承担训练警察的任务，又是科研中心。教师有1/3是长期聘任，还有2/3是来自警察实战部门的既有理论知识又有实战经验的高级警官及社会名流。教师首先要通过国家规定的教师训练课程考试，取得证书，再通过其他专项考试才能任课。专业教师既有教育的理论水平，又是破案专家。院校与教师一般都签订短期合同，教师在校讲学半年后回到实战部门工作，经常轮换。因此，讲授的内容多是工作实践中最新的成果和经验。

5.3.3 英国警察教育训练的启示

1. 统一规划，统一标准，明确职级层次，合理布局，建立具有中国特色的警察教育体系

这个体系应该是多层次的综合型大学、专业警种的警察学校和警察管理干部学院的双轨运行体系。有必要对全国警察院校进行一次整理，以严密其体系，优化其结构，发挥其效能，提高其质量。应在原教育评估的基础上，重新拟订不同层次的考评标准，组织实施全国性的警察教育质量、水平评估。以评估为契机，有意识地转并一批院校，撤销一批院校，发展一批院校，以逐步建立起初级警官学校、中级警官学校、高级警官学校这样层次分明、职能清晰的警察教育体系，改变目前过于注重地区平衡发展，小而全，低水平上重复建设的状况。同时，筛选一批基础较好的院校加大投入，优先发展这些具有一定专业特色的警察院校，逐步成为某一专业方面的“领头雁”，缩短与国外的差距。

2. 注重培养创新型人才，提高全体公安民警的素质

随着我国社会进一步开放发展，我国经济将融入经济全球化大潮，国际形势变化日趋复杂，犯罪形式智能化、国际化、多样化，要在复杂的环境中立于不败之地，必须把培养创新型人才作为公安警察院校的头等大事来抓，提高全体公安民警的素质，发挥公安机关在保卫国家安全、保障经济建设中的作用。作为知识传播、技术创新和培养公安创新人才的警察院校，在人才培养模式、教学内容和课程设置上要进行重大改革以适应形势发展的需要。从知识经济时代的特点出发，培养在实战中具有竞争力的创新人才：一是从培养职业型人才向培养学习型人才转变，使学生能够自主学习，具有进取精神和创新能力，毕业后才能适应实际工作的需要；二是从培养专业型人才向培养复合型人才转变，除具有公安专业知识外，还应加强信息技术、金融等方面的专业知识；三是从培养业务型人才向培养人格型人才转变，公安工作环境复杂、工作压力大，要使学生具有健康的人格、美好的心灵，以及在瞬息万变的工作中所必级具备的心理承受能力。

3. 深化公安教育体制改革，构建新型领导管理体制

我国警察的教育管理体制应从目前的由公安机关和教育部门双重领导管理转变到以公安机关领导为主的管理上来。警察教育是一种特定的国民素质教育，从招生到教学常规管理，与其他国民教育存在着共性，即由教育部管理，接受教育部对学校设置、办学规模、学制、招生等方面的宏观领导和具体教学业务上的检查与评估，并由教育部门核定下拨相应的教学经费等。但警察教育更有其特殊性，尤其是在招生、教育内容和教学方法、教学管理等方面。

目前我国的警察教育缺乏应有的特色。究其原因主要是受到这种双重领导管理体制的制约，各级各类警察院校缺乏办学主体地位。各级教育行政部门对警察院校的设置，办学规模和教学、招生、经费、学制等进行领导，虽能实际地为警察院校解决一些困难和问题，但从其管理职能出发过分强调校与校之间的平衡性，对警察院校统得过严，卡得过紧。这种双重领导体制使警察院校失去作为教育主体的地位，办学积极性受到压抑，教学质量难以提高，专业特色难以体现。对此，应及早地向其他国家学习，将警察教育体系从普通国民教育体系中独立出来，将目前的全面管理改变为宏观管理、积极引导、微观放权，把专业设置、职称评聘、学位授予、办学规模等权力下放给公安部门和学校自行掌握。仿效军事教育体系，实行由公安机关领导管理为主的公安警察教育体制，统一负责本辖区的警察教育任务。以利于我国公安队伍的革命化、知识化、专业化和现代化建设。

4. 积极调整专业设置，对教学内容与课程设置进行改革

改变专业分得过细，课程设置过于繁杂的状况。英国警察院校不分专业，而是根据警务需要和培训对象开设课程，培养出的人才适应性强，便于岗位转换。而我国的公安警察院校在专业上分得越来越细，大部分院校多是按照现有的业务部门或警种来设专业，几乎每个警种都设有专业，在课程设置上过于繁杂，而专业的区分又不太明显，缺乏专业特色。同时，由于专业面太窄，分类太细，培养的学生知识面窄，适应性差，难以适应岗位转换。英国警察院校的培训教材紧密结合警务实际需要编写，应用性、针对性和可操作性都很强。而我国警察院校的专业教材在层次性、实用性、针对性和可操作性等方面都不够强，应通过加强调研和科研工作，修订编写计划和编写大纲，切实改变专业教材陈旧落后，不适应实战需要的状况。应坚持“有所为有所不为”，加强学科之间的交叉、渗透与合作，逐步拓宽专业，精简课程。增加学科前沿知识和现实学科知识，把科研和公安实战工作中的最新成果充实到教学中来，让学生了解学科的发展动态和趋势，重点引导学生学习科学的思维方法，掌握基本理论、基本知识和基本技能，增强学生独立观察、分析和解决实际问题的综合能力。

5. 加强对外交流与合作，提高师资水平和教学质量，改变公安警察院校中教师比例少，具有公安工作经验的教师更少的状况

英国警察院校的教师2/3来自警察实战部门，既有理论知识又有实战经验的高级警官。专业教师既有教学的理论水平，又是破案专家。教师一般在校讲学半年，又回到实战部门工作，经常轮换，讲授的内容多是工作实践中最新的成果和经验。而我国公安警察院校任课教师只占教职工总数的40%，80%以上的教师未在公安实战部门工作过，讲课空洞，理论脱离实际，有的甚至远远落后于实战，这种状况必须切实改变。可以借鉴国外的经验，推行"兼职教师为主"和"警官、教官轮换岗位"的制度，赋予警察教官相应的执法权，如现场勘查权、鉴定权等。把实战部门中优秀的警官选聘到警察院校来任教，同时学校也应加强对在校教师的下派锻炼力度，形成教育、实战的良性循环，并活跃警察业务研究气氛。

6. 不断增加公安警察教育的投入，改善教学所需的图书资料、仪器设备

警察院校经费紧张，教学科研装备落后，公安实战部门经费虽也紧张，但装备却相对较完备先进，较现代化，这与国外的做法正好相反。因此，要提高警察素质，就必须转变观念，重视警察教育，以教育为本，科教强警，用先进器材和设备装备警察院校。从战略高度出发，将公安机关设置的科研机构并入警察院校，理顺"教研一条龙"体制，真正使警察院校成为公安系统的教学中心、科研中心、物证鉴定中心。将科研机构成建制划入警察院校，并未改变其作为公安机关科研机构的性质，这种理顺的科研体制能使人力、物力和财力资源得到更加有效的利用，更能发挥公安科研的潜能，使其更好地服务于实战需要。

5.4 法国警察教育训练模式

5.4.1 法国警察教育训练概况

法国的警察教育训练体制独立于国家普通教育体制之外。全国警察教育训练工作由内政部人事训练部统一领导，并负责审定教育训练计划，指导学校工作和招收分配学员。法国的大行政区设有训练领导小组，负责本区的警察教育训练工作。省以下设具体训练点，负责具体落实教育训练任务。如此形成的自下而上、层次清楚并且独立的警察教育训练体系，使其组织健全，分工明确，保障和推动了警务工作的开展。此外，法国有不同类型的警察院校和训练中心，担负各种类型、层次的警察教育训练任务。重点进行职业和技能的训练，而非学历教育，其警察的学历教育是借助于社会办学力量来完成的。

法国警察教育训练任务主要由各级警察院校承担，根据不同的警察教育训练对象和任务，法国建有不同类型和层次的警察院校与之相适应，大致可分为岗前、晋升和专业提高三类。警察院校列入警察机关建制，实行严格的警务化管理。法国的警察全部来源于警察院校的毕业生，警校是步入警察队伍的唯一入口，这就确定了警察院校的把关作用。因此，学员入校即入警，着警服，具有警察身份，享受普通警察的待遇，必要时可外出执行警务。

5.4.2 法国警察教育训练特点

1. 完整的教育培训体系

现在法国国家警察已形成了布局合理、层次分明、标准统一、种类齐全的全国警察教育培训网络。

根据其功能和培训对象的不同分为三个层次。第一层次是设在里昂市近郊圣西尔奥蒙特多尔的世界著名警察院校——法国国家高等警察学院。国家高等警察学院是法国培养公务人员的一类 A 等学校，即法国最高级别的高等学校，专门负责警监的初任培训和继续教育。学校除行政后勤部门外，分为初训部和继续培训与研究部两大部分。初训部负责警监的初任培训；继续培训与研究部则不定期地对在职警监组织培训，培训内容主要是在专家的指导下，针对警务工作中或理论上的有关问题进行研讨，通过这种方式，使在职警监交流经验、开阔视野、补充新知识以不断提高指挥艺术和领导水平，从而达到继续培训的目的。国家高等警察学院除培训法国警监外，还接受外国警官的进修。

第二层次是专门对警官进行初任培训和继续教育的两所国家警察学院。一所是设在尼斯的国家治安警察学院，专门对通过国家考试录取的治安警官学员进行为期18个月的培训。另一所是设在戛纳—埃克吕泽的国家刑事警察学院，专门对通过国家考试录取的刑侦警官学员进行为期16个月的培训。这两所学校也对在职警官进行短期培训。

第三层次是根据人口密度、警察数量等因素合理分布全国的专门对警员进行培训的警察学校和规模小于警校的警察培训中心。这些警察学校和培训中心遍布全国，就近对通过考试录取的警员和治安助理分别进行为期12个月和3个月的培训。此外，还对在职警员进行短期培训。

2. 贴近实战的课程设置与教学方式

法国警察的课程设置与教学方式，坚持以适应警务工作的实际需要为原则。首先，法国警察院校的教学内容、课程设置和教学重点都立足于学员从事未来警务工作和担负的责任所需要的各种品质和能力的培养，并根据警务工作的需要而不断调整变化。如专门培训警员的巴黎警校，共设置了70余门课程，其中有宪法、刑法、刑事诉讼法、行政法、行政诉讼法、民法、商法、警察守则、道路法等法律课程，另设有射击、游泳、警察自卫术、救助技术等课程，还有信息理论、外语等课程。其次，教学方式贴近实战。例如，与我们警察院校通常在教室中上课不同，其盘查课一般在校园或公共道路上进行：由几名学员扮作犯罪嫌疑人，开车在道路上行驶，其他学员在教官的指导下，拦截车辆，对嫌疑人进行盘问，对其车辆实施检查，整个教学活动直观、生动、贴近实战。

法国警察院校最具特色的教学环节是它的实习制度。例如，国家高等警察学院的学员学制为两年，用一年时间在校学习较高层次的学术课程，再用一年的时间到各地警察实际部门进行实习，甚至组织学员到其他西欧国家进行为期若干周的实习以增长见识，交流经验。

3. 开放动态的教师队伍

法国十分重视警察院校师资队伍的建设，采用多种方法，建立了一支具有较高水平、开放动态的教师队伍，主要由三部分组成。第一部分是专职教师，即从治安、刑侦等业务部门选拔的实践经验丰富、具有较高学历和理论水平的警官和警务专家到学校任专职业务教师，在学任教5年后，再回到实战部门工作；第二部分是兼职教师，即聘请实战部门的在职警官以及法官、检察官、共和国专员、预审法官、宪兵官员、行政官员、法医学专家等；第三部分是聘任教师，即聘请其他大学的教师，讲授公共课程。其教师队伍整体综合素质较高，实践经验丰富，专职教师少，兼职教师多，并定期实行教师双向交流的实战型教师团队。

5.4.3 法国警察教育训练的启示

1. 高度重视警察教育和训练工作，全面提高人民警察的素质

法国内政部和警察总局高度重视警察的教育培训工作，认为治安是一门需要在实践前先接受教育的技术，同时认为虽然教育培训要花钱，但是比增加编制要省钱。因此，要通过教育培训提高素质使警察发挥更大的作用，以弥补警力的不足。正是在这种思想指导下，法国内政部和警察总局每年投入大量经费用于警察的教育培训，

随着改革开放的进一步深化和市场经济的发展，以及建设社会主义法治国家的需要，我国人民警察队伍数量逐年增加，然而，从整体上看，我国人民警察队伍的文化素质、理论素质、科技素质乃至法律素质还难以适应新时期公安工作的需要。尤其进入信息化时代以后，公安执法工作面临巨大的挑战，随着公民法律意识特别是权利意识的提高，公安机关思想观念不适应、执法水平不适应、队伍建设不适应的问题越来越突出。因此，建议有关部门抓紧制定我国人民警察教育培训工作总体发展规划，作为公安工作总体发展规划的一个重要组成部分，启动人民警察素质教育工程，各级各地公安机关按照全国人民警察教育培训工作发展规划，制定本地区、本部门实施方案，全面实施人民警察素质教育工程。此外，要加大教

育训练经费的投入，大力改善教育训练的条件，为教育训练工作提供可靠的物质保障。

2. 统一规划，合理布局，建立完整的公安教育与人民警察培训体系

法国国家警察组织高度中央集权体制的特点，体现在警察教育训练体制上，就是国家警察总局培训局能够设计一种全国高度统一的具有共同原则且相互衔接的教育培训结构。这种统一的教育培训结构和模式的最大优点表现为：①经济上的节省；②人力物力上的统筹分配；③培训制度和条件的标准化；④各级各类院校的明确分工和协调一致等方面。法国的警察院校和培训中心形成完整、统一、相互衔接的教育培训网络。

对照我国的警察院校，则明显地表现出：缺少统一规划、重复建设等问题突出、布局不够合理、教育培训缺乏统一的标准、没有形成统一规范的制度、各级院校之间缺少联系，在培训功能上不能相互衔接。这种结构和模式一方面使得教育资源匮缺；另一方面又造成教育资源的浪费。因此，借鉴法国的经验，根据公安工作发展的总体规划和公安教育与人民警察培训工作的发展规划，科学论证，统一规划全国公安院校的类型、规模、布局和建设，力争在一定时期内，在全国建立起种类齐全、层次分明、布局合理、功能互补、相互衔接的全国警察教育与警察培训体系。根据人民警察初任警员、中级警官和高级警官初任培训和继续教育培训的不同需要，制定出标准统一、科学、规范的人民警察教育培训方案；根据人民警察工作性质和素质的要求，制定出人民警察招募录取、教育培训、任职晋升的统一法律规定，使得我国公安教育与人民警察培训工作走上科学化、规范化和法制化的轨道。

3. 改革教学内容和教学方法，使教育培训贴近实践，为公安实战服务

法国警察教育培训的突出特点是以适应警务工作的需要为办学首要原则，坚持以为实战部门服务为教学培训工作的出发点。正是坚持以实用为首要原则，法国警察院校的教育与培训不论在课程设置，还是在教学方法和实习制度上都独树一帜，强调理论与实践的有机结合。教学内容以学员未来从事警务工作的需要为轴心精心设计和组织，在传授基础理论的同时，积极引导学员对现实社会的重大治安问题和警务改革问题进行深入的调查与研究，重点培养学生的分析和研究能力、求实创新精神和行使治安行政管理以及刑事司法职责所必须具备的各种品质和才能。

比较而言，我国公安院校教育培训长期以来存在着理论脱离实际的倾向。教学内容陈旧，教材过时，教学方法落后，对当前公安工作亟须解决的重大问题缺乏研究等一系列问题，直接影响到教学质量和培训目标的实现。当然，影响我国公安教育与培训质量的因素是多方面的，既有内部的，也有外部的，原因较复杂。但是，从教学方面我国警察院校完全可以借鉴法国警察院校的经验，突出实用原则，使教学内容和课程设置贴近实战，加强案例教学，改革实习方法，适当增加实习时间，增强实践环节，鼓励教师深入研究公安工作亟待解决的重大问题，拓宽警察学科研究的领域和空间，使教育培训工作更好地为公安改革和公安工作的发展服务。

4. 改善教师队伍结构，建立动态开放的师资队伍

法国警察院校师资队伍的组成具有鲜明的特色。如前所述，其教师队伍由专任教师、兼职教师和聘任教师三部分组成。法国警察院校十分注重各类教师来源的合理比例，做到全面考虑、各方兼顾、综合平衡。教师来源的多样化保证了教师具有广泛的代表性，保证了教师既具有很高的职业化程度，又具有很高的学术水平。同时可避免学术上的“近亲繁殖”和过分的同质性，有利于扩大学员的接触面，拓展学员的视野，开阔学员的思路，使学员得到全面发展和提高。

我国公安院校的专业教师，总体上可分为两大部分：第一部分是改革开放后，公安院校建立或恢复时从公安机关调入的业务骨干，这部分教师具有较丰富的实践经验，教学能够理论联系实际，不足之处是有一些教师的学历不高，理论基础薄弱；第二部分是从高等学校直接分配来的大学生和研究生，这部分教师具有坚实的理论基础，知识面较广，但缺少公安实践经验。目前，第一部分教师基本已退休，第二部分教师已成为各公安院校教师的主体。因此，各类公安院校的教师基本上都是从校门到校门的教师，职业化程度低，所谓的实践经验，也就是到公安机关挂过一两年职。因此，大量存在没有办过案讲案件查处，没有从事过治安工作讲治安管理等现象，普遍存在对实际工作不了解，理论脱离实际，教学针对性不强等问题。

借鉴法国警察院校师资来源的经验，应尽快改变我国警察院校教师来源的单一性和低职业化。建议尽快建立公安机关与院校之间的双向交流制度，选拔既有丰富实践经验，又有较高理论水平的高级警官和警务专家到院校任教；教师则定期到公安机关挂职，以提高教师的职业化程度和实践能力。建议建立制定相应的制度与法规以保障上述措施的执行。

5.5 澳大利亚警察教育训练模式

5.5.1 澳大利亚警察教育训练概况

澳大利亚十分重视警察教育，澳大利亚警察分联邦警察、州警察、地区警察三级。联邦警察负责全澳洲重大紧急事件的处理，州警察负责本州重大和一般治安事件、刑事案件的处理，地区警察负责本地区各类事件的处理。其警察学历教育由普通高校承担，警察院校仅承担警察职业培训的职责。除联邦警察系统的澳大利亚联邦警察学院以外，各个州都有自己的警察学校，有的州还将新警培训和警官培训区分开，分别设立警察学校和警官学院。澳大利亚的警察培训机制较为灵活，既有专门的警察院校负责培训，又与普通大学联办培训，以充分利用资源。

5.5.2 澳大利亚警察教育训练特点

1. 警察管理体系科学，为教育训练工作奠定了坚实的基础

澳大利亚政府认为，警察教育训练不仅是专业的警察教育训练机构的工作，而且是整个联邦所有警察机构共同承担的一项重要任务。因此，在澳大利亚警察教育训练体制建设中，既有其警察系统的最高学府联邦警察学院，也有全澳各州自己创办的警察学校。有的州还根据实际需要设立了警察学院和警察学校。警察学院负责开展在职警官业务素质的提高教育，而警察学校则是专门为新警察的基础训练而设立的。各州的警察机构根据需要在其业务处、技术处、侦查处等相关机构分别建立了训练中心，专门安排各警察院校的学员到各专业部门进行业务实习。澳大利亚警察教育训练体制所需要的全部经费均列入国家财政预算，每年按照国家警察主管部门下达的统一招生计划，由政府财政部门全额拨款，经费充足。

2. 合理利用资源，办学方式灵活多样

澳大利亚警察教育训练模式在大体上分为三种：一是专业警察院校的训练；二是警察院校与地方普通大学联合办学；三是开展国际教育培训业务。澳大利亚警方在各州选定一些普通大学作为联合办学的合作院校，在这些院校中建立相对独立的二级学院。这些二级学院的师资来源有两个方面：基础课程由警方通过各种媒体在全国招聘一些专家、学者和联办大学的教师任教；专业课程大都由警方在全国各警察机构中选拔有实战经验的专家任教。这些办学措施与以往传统的教学机制相比，既保证了教学质量，又压缩了警方的编制，还节省了大量的经费开支。澳大利亚警方在确保完成本国警察教育训练工作的同时，每年还接待来自许多周边国家警方选派的留学生，教育训练业务范围除了属于国家机密的内容外，几乎包括了所有澳大利亚警察教育训练的业务种类。开展国际教育培训业务，不仅增进了与周边国家之间的友谊，而且也加强了与国外警方在警务、技术以及打击犯罪方面的合作。

3. 以能力培养为导向，教学方法灵活多样

澳大利亚警察教育机构在警察培训中贯穿以能力培养为导向的培训理念，强调受训学员解决问题能力提升，而非仅仅对知识的掌握，这种理念从教学设计到课程考核评定各环节都能体现出来。如在课堂教学中，教师不是简单地告诉学员结果，而是通过讨论、实践等多种方式使学员掌握处理问题的能力，教学活动的展开不是以“教”为中心，而是“多维互动”；如在考核中经常运用警务实际操作情景来考察学员处理问题的能力，对学员成绩的评定也常常运用能力描述而非简单的分数。

澳大利亚警察教学以学员为主体和中心，以实用、实效为原则，提高警察培训的质量，教师在教学设计和实施中不采用“满堂灌”“一言堂”的方式，而是要求教学必须紧密结合警务工作实际，通过丰富多彩的能力培养手段，如集体研讨、情景模拟、发言与提问、角色扮演、课外作业等，着力培养学员自己动脑思考（判断和决策）、动口说理（建立联系和说理说服）、动手作业（专业反应和专业技能的应用）的实践能力。为此，教官课前必须进行充分的课堂设计，围绕学知识、练能力两条主线，科学、高效地开展教学。

4. 推行专业教官制度，鼓励学员自主学习

澳大利亚警察培训采用专业教官制度，培训中心实际只是教学管理机构，固定编制人员不多，基本上都是从事教学管理的行政人员，多数从事培训教学的人员是在一线警察部门警官中选拔出来的业务优秀的警官，这些警官了解警察实务、专业水平高、经验丰富，他们来给警察授课培训，理论与实践结合，具有针对性和实效性方面的优势。教官们教学态度非常认真，教学内容专业，教学效果良好。

澳大利亚警察培训十分重视充分发挥学员自主学习的自觉性和主动学习的积极性。如学员体能训练不安排专门的体能训练课，培训中心只规定培训所要达到的体能训练目标，学员根据自己的能力水平自行安排训练计划，最终考核不能达标者即被淘汰；如课堂教学中的大量案例需要学员课前进行大量的准备，否则无法参与讨论。

5. 注重警察文化熏陶，注重警察教育培训资源共享

澳大利亚警察学院十分重视在学员学习和生活的场所营造警察文化的氛围。警察文化包含与警察有关的物质文化、行为文化、精神文化、制度文化等。如维多利亚警察培训中心的教室、走廊、餐厅、会所乃至校内教堂等各种场所，都悬挂、张贴弘扬澳大利亚警察价值观的警徽、英雄人物图片、历届学员的毕业照、警察服务公民的宣传图片等，这些都时刻对受训学员起着潜移默化的影响；如餐厅就餐的学员根据年级的高低固定座位、学员受训过程的各种仪式等行为细节和习惯，都从无形中向学员灌输警察意识。

澳大利亚的州警察学院由警察厅高层领导直接领导，其教学资源以全州警察机构为基础整体进行调配，无论是教官调用，还是学员实习见习单位、教学设备等，均可与警察实战部门共享。不仅如此，许多警察培训教学资源还能够与社会资源达成共享，如培训中心的图书馆纳入社会公共图书馆系统，实现图书馆资源的全社会共享。

6. 宽进严出的警察教育训练体制，从根本上保证了培训质量

澳大利亚在警察招募与训练体制上遵循“精英从警”的原则，换言之，只有最优秀的人才能当警察。而确保这个“亮点”的主要措施就是宽进严出、高淘汰率的教育训练制度。澳大利亚警方针对该国具有民族多（100 多个民族）、种族多、多元文化的移民国家特点，本着公平、公正、公开的原则，不分民族和种族，报名者只要符合国家规定的新警察招募标准所要求的年龄、性别、身高、体重、国籍、无犯罪记录等多项基本条件，均可报名进入警校接受培训。虽然入学门槛很低，但在这些报名者中，经过严格的训练、淘汰，最终只有 15% 的人能通过考核，结业从警；而 85% 的人惨遭淘汰，与警察职业无缘。

7. 教育的终身化与制度化，为警察的知识更新和职务晋升创造了条件

澳大利亚警察教育训练不仅仅限于新警，而是贯穿一名警察的整个警察生涯。在澳大利亚，一个警察从入警至退休，几乎平均每两年就要接受一次培训，尤其是在联邦和各州的新法律出台或者有新情况、新技术、新的犯罪形式出现时，警方会对警察随时随地组织专项训练。为合理使用人才，更好地发挥各种具有专业技能和业务专长人员的作用，澳大利亚警方在人才培训中实行了课程资格证制度。澳大利亚警方规定：凡是在各种专业技能的培训中成绩突出，具有某些业务专长，通过自修获得相关专业课程资格证的警员，允许其不再参加专门的业务培训，可以直接要求变换工作岗位，到能够发挥其业务专长的部门工作；如果某个警员通过自修完成高级警官硕士、博士课程并获得相应的学位后，可直接向上级申请晋升高级警官，竞聘相应的高级职位。

5.5.3 澳大利亚警察教育训练启示

1. 改革和发展我国的教育训练体制基础，推进教育培训标准这一基础工程建设

尽管与澳大利亚警察教育训练体制相比，我国的教育训练体制还存在着本质上的差别，但与国际警察教育训练体制接轨，以适应新形势下打击犯罪的需要，是我国人民警察教育训练体制发展与改革的必然趋势。因此应该有计划、有步骤地制定各项岗位训练标准与规范，注重人民警察职业核心能力的培养，确定相应的指导原则和有针对性的教育训练内容。

澳大利亚警察培训的各种标准和要求非常明确，教官按照标准和要求进行教学和管理，学员按照标准和要求进行训练和自我管理，一切学习训练和管理活动都有章可循，因而整体上体现了高度的一致性和有序性。但目前我国在教学训练和管理的相关标准和要求（包括考试考核的标准和要求）建设方面存在较大的不足，由于没有明确的标准和要求，教师的教学训练活动基本上以自我意识为主，各自为战，学员们由于缺乏标准的明确指引也常常显得无所适从，整体教学秩序的规范性明显不足。因此建议应尽快开展教学训练标准和要求这一基础工程建设，使我国警察教育教学训练工作步入标准化轨道。

2. 培养学生自主性学习能力，加强学生职业道德教育

我国学生在其学习生涯的大多数时间里处于应试教育的状态，与澳大利亚学生相比在自主性学习方面存在明显的不足，而我们的教师也常常习惯为学生学习安排好一切，学生离开教师的安排，就显得无所适从，不知如何学习。现代职业警察要求培养终身学习的能力。因此，在我们的教学理念和教学设计中，应当充分考虑如何培养学生自主学习的能力，提高学生自主学习的自觉性。

澳大利亚警察培训中非常重视警察职业道德教育与熏陶，他们虽然没有专门开设“警察职业道德”课程，但是在各门课程中，教师会主动将职业道德的内容通过各种途径渗透在教学内容之中，例如教官在讲授“违章处罚”内容时，会将警察的伦理困境提出来供学员讨论。我们应充分意识到警察职业道德在警察职业生涯中的重要意义，在学生教育各个环节广泛渗透职业道德的教育内容，使全体老师都成为道德教育者。

3. 尝试推进小班化教学，加强警察文化建设

澳大利亚警察培训中心推行小班化教学，每个教学班一般不超过20人，人数规模上的小班化能确保教官有效实施对每个学员教学训练的控制，并能有足够的时间和精力实施对每位学员的辅导。小班化是一种经过全世界广泛实践验证的最优化教学模式，它代表了全球教育发展的方向。我国目前的教学班规模大多数在50人以上，很难达到最佳的教学效果，因此我们应努力缩小教学班规模，提高我国警察教育教学规格。

如前所述，澳大利亚警察十分重视警察文化建设，可以说文化无处不在。警察文化是培养学生警察意识、警察道德的有效载体。我国警察院校应重视警察文化氛围的营造，从警察文化的物质层次、制度层次、精神层次、行为层次等各方面，运用一切途径广泛地对学生进行传播和影响。如增加雕塑、固定仪式、弘扬传统等，使警察文化凝固在学生的行为和思维中，为学生成为现代优秀职业警察奠定基础。

5.6 俄罗斯警察教育训练模式

5.6.1 俄罗斯警察教育训练概况

俄罗斯警察教育体系借鉴学习了英美的一些警察教育模式。由政府及警察机构根据警务工作的需要及警察队伍的实际情况，进行多层次、多类型的警察教育培训，在教学中非常注重实战性，强调学生的第一任职需要。俄罗斯的警察教育培训自成体系，由国家内务部有关部门统一负责，依法管理，规范有序，贯彻学历教育和专业教育相结合的原则，以职业训练为侧重。

5.6.2 俄罗斯警察教育训练特点

1. 布局合理、统一管理的院校体制

俄罗斯警察院校直属内务部，其学校规划和领导归内务部干部司。教学的规章制度和要求由俄罗斯科学教育部统一制定和协调，资金来自国家财政拨款。主要的警察院校都是设置在俄罗斯人口比较密集的西部地区。如莫斯科的内务部管理科学院、警察大学、经济安全学院和全俄内务部警员专业培训学院。在人口稀少的远东地区只有一所位于哈巴罗夫斯克市的远东法律学院和其下属的几个分院。

近年来俄罗斯正在逐渐恢复一些少年警校。这些少年警校也隶属于内务部，其学员正式列入警察序列，享受免费教育。毕业后直接入警或进入上级警校学习。

2. 统一计划、院校自主的招生制度

俄罗斯警察学校的招生制度是沿袭苏联的方法，采取统一计划、各校自主招生的方式。俄罗斯内务部教育机构根据内务部编制的计划和内务部各机关部门工作任务制定年度招生计划，并向内务部各所属教育机构下达年度招生任务。生源一般来自在职警员和符合条件的公民。有入学愿望者在每年的2月之前，在职警员向所在的机构提交入学申请，非在职者需向自己永久居住地的内务部机关提交入学申请。

要求学生已通过中学以上或中等技术专业以上教育。对于第二学位获得者要有高等教育毕业证书。入学考试合格者根据不同的专业或培训计划、学习形式、学制等确定招收与否。对于俄罗斯本国学员是完全免费的。

3. 学以致用、突出实践的教学模式

俄罗斯的警察教育普遍倡导和追求实效、适用的教学内容和教学方法，即根据警务需要，以达到实效为目的，设置实用性的教学内容，突出演练式的教学方法。各所属警察院校不论规模大小，教学内容的针对性都很强，教师根据实际需要确定教学内容。确定的原则一是要“学的有用”。课程内容的立足点就是解决问题，学员学到的是有用的知识；二是要“学的能用”。不是用理论去解释问题而是去解决问题。教学内容还根据形势、任务的变化，适时进行增减。

教学方法一般采取课堂讲授、模拟演练、技能训练、课外实习四种。在课堂教学上，注重程序化设计，什么样的案件采用什么样的程序，依据什么法规，在教学中体现明显，同时，在教室的墙壁上以挂图的形式呈现办理各类案件的规范程序和法规，加深学生印象。在实验教学中采取校内校外、课内课外多种形式，并注意增加探索性、设计性、综合性实践教学内容，强化在真实的职业环境中的顶岗实践或模拟实践。

俄罗斯的警察院校对特色专业在人、财、物上都给予一定的政策倾斜。在教学形式、方法、手段上力争现代化、多样化。通过特色专业来带动其他专业的整体发展，提高办学水平，也使学院有了品牌效应，以及社会声望和学术地位。

围绕着学以致用、突出实践的原则，俄罗斯警察院校注重课程设置和体系优化。他们的警察教育根据专业人才的培养目标和知识能力素质结构，明确各门课程在实现培养目标中的任务，使各门课程都有具体的知识能力素质目标，并明确层次要求，将人才培养目标与应有的知识能力素质结构落实到全部课程上。在整体上十分注意各课程之间的整合和优化。

注重加强校内实训基地的建设，营造真实的职业环境，努力形成系列的实践教学基地群。各院校还十分注意实训基地的建设，许多院校与各警察机关建立协作关系，学生的参观见习和毕业实习全部由校外基地承担。毕业实习期2~4个月。

4. 理论扎实、实战经验丰富的教师队伍

师资队伍建设是提高教学质量的生命线，俄罗斯警察院校围绕建设一支高素质的教师队伍采取了各种措施：一是挑选教师，严格把关。若要成为一名警校教师，学历要求必不可少，并且必须要有警务工作经验，还要经过严格的考试培训才能上岗。他们还到内务机关实战单位里挑选既有理论水平又有实践经验的高级警官、各级警察局的优秀警官和警员承担教学工作。二是教师与实战警官双向交流。定期安排缺乏实践经验的教师到实战部门去锻炼，了解实际工作情况。同时，鼓励教师积极自觉地采取脱产或不脱产方法进行学习，提高知识水平。各院校还积极向内挖掘，对一些素质较好，能胜任教学工作的人员采用系统的教学法、心理学、专业知识等方面的培训，通过学习获得结业证书和教师资格证书，及时对教师队伍进行补充。还有一些有硕士点和博士点的院校选择部分优秀毕业生留校继续攻读硕士和博士，不断把高水平的教师充实进师资队伍。三是注重新教师的培训。俄罗斯各警察院校都有自己的新教师培训学校。在学校里，新教师学习国内和国外的教育学与高等教育理论，先进的教学方法和各种规章制度，心理学的最新成果，以及大学各学科的教学方法，了解学习先进的教育技术和方法。

5. 结合实际、不断更新教材建设

俄罗斯各警察院校都把教材建设作为学校建设的一项重要内容，积极鼓励教师编写特色教材、教学参考书。采取的措施有：一是资助教师出版教材和参考书，并形成具有自己特色的教材体系，随形势的变化，不断更新内容。通过编写新教材和教学参考书，既保证了教学质量，又培养锻炼了教师的理论水平和科研能力。二是各院校有丰富经验的老教师委员会帮助和监督教材的编写工作，协助年轻教师尽快提高他们的教学能力和科研水平。三是请内务部各部门，主要是一线实战部门，审查所编写的教材，使教材和教学更加贴近实际需要，让学员能尽快适应第一任职需求。

6. 丰富多彩、注重素质的校园生活

各院校在教学楼、办公楼、宿舍楼走廊、楼梯的墙壁上都设有教师、学生光荣榜，内务部历届领导的头像，学院历届领导照片，学校各时期专家、毕业英模以及毕业后担负重要领导职务的学生简介，各系、部领导和学习标兵的介绍等，时时处处进行校史教育、宣传光荣传统。各院校还都专门建有校史展览馆。这种校园文化的耳濡目染对学生素质的形成起到了潜移默化的作用，甚至将影响其一生。

教学中注重将素质教育渗透到专业教育中，并贯穿于人才培养的全过程。各门课的教学都结合具体的教学内容渗透相关的素质教育，注重知识与精神的交融，使学生的知识、能力、素质协调发展，共同提高，并加强对教师的监督和指导。

在校学员的文体艺生活更是丰富多彩。各院校积极组织各种各样的文体艺活动，通过各种方式来活跃学员的生活，使学员在各个方面都得到发展。一方面提高了学员的素质，另一方面也扩大了学校在社会上的影响和声誉。

5.6.3 俄罗斯警察教育训练启示

我国的警察教育训练模式是以苏联警察教育模式为基础发展起来的。因此，借鉴俄罗斯警察教育改革的经验，对我国的公安教育不仅具有理论意义，而且具有时代意义，也更有利于我国公安教育的健康、快速发展。借鉴俄罗斯警察教育改革经验，我国警察教育改革可从以下几方面进行尝试：一是公安院校由公安部专属管理，公安部可下设教育训练（包括学历和在职教育）、师资管理等部门，由公安部对全国警察教育统筹，实行一盘棋管理模式；二是加大师资建设力度，实行实战部门、警察院校、普通高校畅通的交流渠道；三是经费由公安部按照区域经济、治安形势、部属和地方院校不同建设发展，脱离地方财政安排；四是强化在校学员综合素养提升；五是根据时代需求及治安形势发展，定期或不定期召开课程建设专题讨论，对课程因势增减；六是教育训练突出实战，突出适用；七是教学手段多样、现代，教学方法灵活；七是强化政治思想建设，注重警察文化教育。

5.7 日本警察教育训练模式

5.7.1 日本警察教育训练概况

日本是较早建立警察教育制度的东方国家，其教育制度及培训体制都是借鉴西方成熟经验模式并结合日本现实的产物，具有很强的代表性和借鉴性。日本警察厅的地位相当于我国的公安部，其作为日本警察的中央行政管理机关，掌管全国警察行政事务。日本警察厅的上级领导机关是国家公安委员会，且其最高的行政长官是警察厅长官。日本的地方警察机构（都、道、府、县警察本部）则要接受地方警察机构公安委员会的指挥和领导。

警察厅的附属机关有警察大学校、科学警察研究所和皇宫警察本部。各地方警察本部，相当于我国各省公安厅。警视厅是东京都的警察本部相当于北京市公安局，与其他道府县的警察本部相同。

日本的警察教育和培训实行中央集权制，无论是职前教育培训，还是职后的晋升教育培训，都十分强调全国统一。日本《警察法》规定：各级警察教育由警察厅统一负责，并制定统一的教学计划及实施细则，以便在内容和形式上保持一致，便于管理。日本的警察教育体系比较完备，除在首都东京设有全国警察的最高学府——日本警察大学校（相当于中国人民公安大学和中国刑事警察学院）外，全国 47 个都道府县均设有警察学校（相当于我国的省级警察培训学校）。另外，7 个管区警察局也相应地设有 7 个管区警察学校，从而在全国形成了完善的警察教育网络。日本的各级警察院校在体制上隶属于相应的警察部门，由他们具体实施管理。日本各级警察院校的经费均由中央财政通过日本警察厅直接拨款。

日本的警察教育和许多西方国家一样，不同于国民学历教育，重在职业素质的培养。因此，其教育和培训体系及运作模式均有自身的特点，其学科设置、师资配备、招生、教学、考试、分配、经费等，均不受国家教育部门——文部科学省的制约。日本录用警察时，要进行全国统一考试。

录取条件为：一是日本国民，无违禁财产，没有组织或参加过旨在破坏日本宪法和日本政府的政党或团体，没有前科；二是高中以上文化程度，不满28周岁；女警要求未婚，身高160厘米以上，体重48公斤以上，裸视0.6以上或矫正1.0以上，五官端正、健康。被录取后，入学即入警，发给工资和津贴。入学后，首先进行基础培训，也就是我国的新警培训，但是日本的培训期限较长。大学毕业后被录用的基础培训需要15个月，高中毕业生及同等学历者被录用的基础培训需要21个月。基础培训的内容以巡警、派出所相关业务知识和技能为主，同时进行法律知识和警察体能训练等。

日本警察院校对警察和警官的培训有明确的层次分工，严格遵循由低到高的原则，坚持教育培训和晋升相结合。各都道府县的警察学校主要负责基础培训；都道府县警察学校的上级学校是管区警察局附属的管区警察学校，是中级干部的培训机构；再上一级就是警察厅附属的警察大学校。

5.7.2 日本警察教育训练特点

1. 新警培训坚持先考后教再用，入学即入警

日本新警的教育培训模式可归纳为先考后教再用，新警在考录后即被授予巡查职衔，再送入警校培训，入学即入警。在校期间发放相应的工资和津贴。此种模式的优点在于学员警校毕业后随即进入警察机关工作，不必经过再次考试录用；此外，由于学员在警校学习期间已具有相应的警察身份和执法资格，所以在交番（相当于我国的派出所）的职场实习和实战实习期间就可以顺利地参与各项执法工作，从而获取更多的实战经验，缩短了警校学习与工作岗位之间的适应期。

2. 晋升培训坚持先训后升，考、训、用合一

日本警察每次职务晋升都必须先符合一定的实际工作年限才有资格报名参加升职考试，考试合格后再接受升职培训，严格贯彻先考后训再升的职务晋升原则和制度。根据入警前的学历不同，巡查晋升巡查部长至少需要2～4年的警察工作经历；巡查部长晋升警部补的时限与此相同；警部补晋升警部的考试资格是至少有4年的实际工作经历；警部晋升警视则为选考，需要6年以上的工作经历。通过晋升考试者还必须进入相应级别的警察训练机构接受升职培训，受训时间因职务不同而异。一般而言，都道府县警察学校承担晋升巡查部长和警部补的培训，培训时间约为5周；管区警察学校承担晋升警部补和警部的培训，培训时间为5周；警察大学则承担晋升警部及以上职位的培训，培训时间4个月。这种完全配合人事晋升的教育培训制度使日本警察自警校毕业走上工作岗位后，至少20年的时间里必须不断学习新知识，接受各种相关的训练。培训课程中除对受训人员提供新任职务所必需的专业知识外，还着重培养和提高其在高一级职位上的履职能力和发现问题、解决问题的能力，职务伦理培训的课时数也会随着职务的晋升相应增加。培训考核的成绩永久记录保存，并作为此后晋升、调任的重要参考。

3. 专业培训强调科学规划，注重针对性和实用性

专业教育培训是对现任警察离开工作岗位在警察教育训练机构所实施的各种集中教育培训。重点是对特定警察实务领域最新专业知识与技能的领会和熟练掌握。日本警察的专业教育也是分级管理、各有侧重。警部及警部以上级别警察的专业培训在警察大学进行，警部以下级别警察的专业培训在管区警校或各地警校进行。各级警察人员涉及职务调整时都必须接受相应的培训，使其能够适应新岗位所需专业知识及技能要求。在培训课程设计上，日本警方普遍采用职务分析法来规划设计课程内容和评估教育训练需求，重视与警察实际业务的相互结合，强调实用性和针对性。所开设的训练课程都与警务实践密切相关且非常具体，如处理和预防受伤事件、被害者支援、少年警察实务、醉酒者的约束保护等。此外，在具体教学时强调实用性和针对性。课程不但侧重专业知识和理论的讲解，更强调实际执法要领的讲授及实战经验的交流。例如，同一种技能往往会在不同状况和环境下进行反复多次强化训练，以确保实际工作中面临不同情况时能够快速应对和有效实施。培训教材根据不同受训对象各有侧重，内容简练且更新速度很快。

4. 重视岗位培训，方式灵活多样

除了警察学校的各种培训外，不脱离工作岗位的日常教育和培训也是日本警察教养规则所明确规定的一种重要培训形式，对象包括全体在职警员。其实施方式主要有：一是个人指导，上司在日常工作中利用各种机会对下属进行指导，除了指点实务技能和宣传贯彻相关法令制度外，尤其注重精神层面的教育和影响；二是下发学习资料；三是举办讲座和讨论会，让参与者充分发表意见和建议，互相学习，统一认识。此外还有小组活动、实务研修等多种形式。其特点是方式灵活多样，注重实效。以体育和术科的技能训练为例，考虑到实际工作中警察任务繁重、作息时间不一，因此不制定统一的体能与术科训练时间，但在各警察署普遍设有武道场，提供专业技术教官在现场指导，鼓励警察尽可能多的利用。同时，每年通过举办体能测验和全国性的警察体育比赛来检验警察体能锻炼和术科训练的成效，成绩作为升职考核的重要参考依据之一。通过不同方式和制度将体能训练常态化并融入日常的勤务工作中。

5.7.3 日本警察教育训练启示

1. 注重人格培养，建立服务于民的基本意识

就目前我国各公安院校的在职警察教育课程建设来看，关于人格培养方面的相关课程较少或完全没有。不论是来自警校的毕业生还是来自社会招录的在职警务人员都有一个共同点，就是工作意识不强、缺乏岗位责任感、纪律意识不强、队伍松懈懒散。而在这方面，日本的警察培训课程做得相当好，进入警校后首先重点就是对其人格培养和服务意识的加强。

我国的公安院校在这方面做得还不够完善，在对学生的人格及工作意识、服务意识培养方面认识不足。所以，开设职务伦理相关课程是十分必要的。只有养成认真负责的工作作风和时刻保持服务于民的责任意识才能成为一名合格的警务人员。

2. 合理规划课程内容，做到培养出精通各方面业务的综合型警务人才

目前，各警察院校从课程建设分类来看，学科分类过细，课程内容单一，不饱满。而随着现代警察的工作内容越来越广泛，不同警种所需的专业知识和技术能力都不再单一。面对犯罪的多元化和广泛化，单一的课程内容已经无法满足当今社会对警务人员知识技能的需要。日本警察学校的课程内容规划是十分广泛的。不论何警种都要学习法律、侦查手法、刑事技术、交通工具操作、逮捕术、现场对应训练、急救法等，学习内容不但十分全面，而且适应现代多方面的警务需求。尤其是法律、逮捕术和急救法。

我国的警务人员普遍存在法律认识不强、法律意识薄弱等现状，不时出现野蛮执法或执法过程不规范等负面新闻。另外，执法过程中造成警务人员或犯罪嫌疑人受伤的事件也屡见不鲜。所以，开设正确的逮捕方法和急救应急处理的相关课程也十分必要。这些课程在我国各公安院校的在职警察培训中还存在开设少或没有的现状。如果开通此类课程，对当今执法过程中出现的各种状况将有所缓解。

3. 加强教师队伍建设，提高教师个人能力水平

日本警察学校的教官都是由有多年实战经验的一线人员构成的。这样的师资配置不但可以使学生灵活掌握教学内容，还可以解决书本上学不到的现场应对经验，从而使学生在很短的学习期间内也能快速掌握知识技巧，提高工作效率。而我国公安院校在师资上面临的一个普遍问题就是教师基本来自各地方大学多个专业，普遍公安实战经验不足。尽管各大院校针对这一问题采取了各种措施，如挂职锻炼、公安业务实习、地方交流等，但收效甚微。而且，长期的教学环境导致脱离实际办案可能遇到的问题，缺乏现场应对能力，无法适应当今的执法环境。解决这种问题可以从两个方面入手。一是聘请一线实战经验丰富的老警员作为校外专家对学生进行课程讲授。这样的好处是可以随时更新课程内容，使课程知识不再老旧化，面对层出不穷的新时代犯罪手段的变化，能够及时应对犯罪环境的发展。二是经常派遣教师到一线学习和了解当前犯罪环境的变化。提高教师个人能力，加强教师的实战经验，再结合课堂理论，能够很好地解决这个问题。

4. 统筹兼顾，完善教育培训的考核、评估、追踪体系

要最大限度发挥教育培训在提升警察素质和警队战斗力的作用，除了完善教学培训活动本身，还需建立健全相应的考核、评估和追踪制度体系。考核结果作为受训人员今后职务晋升或岗位调整的一个重要参考。如日本警校对每次培训成绩优异，占每期学员排名前10%者，可加薪一级，学生成绩单由学校直接通知其所属单位并永久保存。新警培训在交番职场实习和实战实习阶段，指导教师会根据学员表现给出具体的考核评价结果，学员自己也需撰写实习日志和完成实习记录表。评估的重点在于参训人员受训后工作方式方法有无改变及工作业绩有无提升两方面，定期的追踪调查则可实时准确掌握受训人员是否专才专用。只有建立科学合理、规范统一的晋升培训和专业培训的程序、标准和制度，才能让每一位警察对自己未来的发展都有一个明确的规划。

5. 立足岗位，创新教育培训的方式方法

与警察学校进行的专业培训与晋升培训相比，岗位在职培训则是一项长期性、系统性的工作，在提高警察执法技能、更新知识结构、统一思想认识方面的重要性与警察学校进行的集中培训相比毫不逊色甚至更胜一筹。这方面无论日本还是我国都已积累了很多的先进经验和做法。值得重视的是岗位在职培训更需要各单位根据自己的实际情况制定切实可行的计划并提供必要的支持，而且重在坚持，防止其流于形式。具体的方式方法上可以灵活多样，以有效、实用为准。

5.8 香港特别行政区警察教育训练模式

5.8.1 香港特别行政区警察教育训练概况

香港警队曾被誉为亚洲“最优秀的警队”，其整体的敬业精神和良好的警察职业素质主要归功于香港警察的教育训练工作。香港警察总部下辖五个处，其教育培训任务主要由人事及训练处下属的香港警察学院承担。

香港警察学院成立于2006年，由警务处批准设立，与教育部门没有任何关系，也不进行任何学历教育，其职能定位于“专注于警务工作所需的专业培训”。经过多年的实践，香港警察的教育训练不但有专职的管理和实施机构，而且制度严明、有法可依，基本上进入了运作有序、职责分明、成效显著的良性循环阶段，并成为推动香港警察专业化的一个重要手段。

5.8.2　香港特别行政区警察教育训练特点

1. 教育模式层次化

香港警察教育制度的特色在于其分级分类的模式。香港警察实行“警衔和职务相等”的制度，从上往下依次是处长级、警司级、督察级和初级人员，其培训分级进行：处长和警司级的高层管理人员主要进行行政发展、专业发展方面的培训，一般派往英国、美国、澳大利亚、新加坡、加拿大等海外培训机构进行。初级和督察职级进行职业发展培训，一般在香港警察学院完成。在分级的基础上，再根据培训对象和目的的不同进行分类，如新警基础训练、晋升及进修训练、专门科目训练等。分级分类是根据不同职级和岗位对警务人员才能不同的需求进行的，分级反映警察教育过程的递进性，分类注重警察培训内容的差异性。不同职级和类别培训的课程内容各有不同。总的来说，初级人员注重警务知识、专业技能培训，中级人员既有专业技能培训，也有一定的管理及指挥课程，高级警务人员则完全侧重管理、指挥、领导才能训练。

2. 教育理念人本化

香港警察的教育理念是“才能为本、专业主导、终身学习”。首先，根据“才能为本、专业主导”的理念进行课程设计，要求学员应掌握日常工作所需专业领域的才能。其次，强调专业才能和专业操守同样重要。在“专业操守”的教育上将香港警察的理念、抱负、目标和价值观融入学警入职宣誓、各级各类训练课程，甚至每一个训练日中；每两年进行一轮“实践价值观工作坊”。最后，要求全体警务人员必须终身学习。香港警察实行3年轮岗制，不同的岗位必须具备不同的知识和技能，除轮换岗位必须接受有组织的训练外，日常训练也是个人发展的一个重要条件。

3. 教育训练机制规范化

在香港，每个警察从走进警察队伍开始，都要按照有关法例，接受层次明晰、职责明确、内容明白、形式明了的教育训练。香港《警队条例》和《警察通则》中，对警察教育训练的组织机构、经费来源、教官组成、受训层次、训练内容及训练方式均有明确规定。无论是对新录警务人员的培训，还是对各类在职警务人员的在职训练，都是按法规或条例进行的，绝少随意性，明确的法令为香港警察教育训练工作的顺畅进行提供了保障。

4. 教育训练内容实战化

香港警队的教育训练本着“实用、够用和管用”的原则，按照实际警务工作需要开设知识类和技能类两大类课程。基础课程设置以香港法律、法规为依据，专业课程设置从实际出发，按照实际发生的案件来设计训练内容。在教学安排上，纯理论教学只占全部课程的1/3，实战训练教学所占比例很重。例如，为体现警察执法服务职能的特点，在防卫技能方面，重点加强控制抓捕、警械使用以及实战射击的训练，力求动作简单实用，并依照法律规定尽量减少主动攻击动作，以免因违法使用暴力，承担不必要的法律责任。

5. 教育训练设施科技化

香港政府及警队对警察教育训练非常重视，投入大量的财物在“硬件”和“软件”上给予充分保障，为受训者尽快满足警务实践要求奠定了扎实的基础。从训练器材上，有世界上最先进的训练装备和世界上目前投入最大、功能最全、造价1.6亿的仿真战术训练大楼，将香港的主要街区景观微缩于大楼内，形象、生动、逼真，可供200多名学员同时展开不同项目的战术训练。香港警察训练学校高水平的计算机制作专家和专门的计算机制作中心，形成了较完备的科技网络系统，保证了训练工作的科技含量。

6. 教育方法多样化

香港警察的教育方法灵活多样。可概括成三种：一是模拟实战演练，二是电子互动学习，三是课堂学习。其中，模拟实战演练所占课时超过2/3。实战演练就是外请演员或者由教官、学员演示“日常工作所发生的事件”，根据法例，将实战过程进行详细的程序分解，使学员以现场处置人员身份思考、学习处置的法律程序和必要的技能。特别是警员职级人员的训练，始终以实战演练为主。机动部队开设的课程也采取类似方法。即便是电子互动学习方法也是通过软件设计、模拟各种实战情景，以“问题中心”模式进行推演，实际上就是把模拟实战演练制作成软件供学习，其优点是可以提高培训效率和节约培训成本。课堂学习注重学员的参与意识，每次课都留出一定时间供学员发问、互动，倡导“促导为主、教授为辅、引导主动学习”。总之，其教育方法可概括为“处境为本、问题为本、培训科技”，而其中以模拟实战演练为主导的教学方式更充分体现了香港警察培训的鲜明特点。

7. 师资队伍专业化

香港一直沿袭教官制，香港警察学院的教官除招聘的部分专职人员外，其余均通过自行申请或指令调派等方式，由具有丰富实战经验和专长的优秀警官担任，任教三年后再回到实战岗位。从一线部门选拔教官，三年一换，能够给学员传授最新的警务知识、经验和技能。不仅如此，为确保师资优良，香港警察还发展了一套完整的师资管理制度，对教师有持续的支援和培训。前者包括学费资助和海外交流机会，后者包括教学技巧方面的培训。其次对教学效果全程跟踪、考核、评估，主要通过观课、结业问卷调查、训练成效评核等措施进行。根据香港警察的轮岗制，担任教官也是警务人员岗位轮换的方式之一。更重要的是，担任教官不仅是有关部门对其实战岗位工作成效的认可，还将作为重要的工作经验在晋级时考虑。

8. 考评制度严格化

香港警察在教育培训结束后都要进行考评，不能通过考评的将被淘汰，晋升培训的考评还是警务人员升级的重要依据，因此学员都非常重视。为保证考评结果的科学公正，香港警察实行教考分离：教学由基础训练中心、专业发展学习中心负责，考试由学习发展支援中心进行，分笔试、口试、实习试、电子互动考评。由学习发展支援中心主导的考试实际上还有一个复杂的“考评统筹体系”：警察考试委员会负责制定考试政策、学习发展支援中心下属的考评科具体执行政策，而考评结果由总区和各主要单位做出。总之，考评由专门机构负责，训练教官不能参与。这种中立、多方参与的严格考评机制大大促进了教育培训过程的规范、统一。

9. 招警制度的科学性

招警制度总体来说，年龄不限，婚否不限，高中毕业可直接报考警员，大学毕业可直接报考督察，报名时间不限，一年四季可随时报名。其招生宗旨是：招聘最优秀的人才，加入警队服务香港市民。招募政策分三个方面：一是居民身份的要求，申请者要是香港永久性居民，必须在香港居住 7 年以上；二是身体条件的要求，身高最低要求是，男性 163 厘米、女性 152 厘米；三是学历要求，学警必须高中文化程度以上、督察必须大学文化程度以上。考生如被录用，入学即入警，在校学习期间，可直接领取薪水。

这种分层招警的模式具有较强的科学性。首先督察的学历教育由社会完成，警察训练学校直接对其进行入职训练，节约了能源且起点高、后劲足。其次警员虽是高中起点考入，但在工作期间可通过警队提升（符合学历条件者）进入训练学校进行督察训练。另外，由于训练周期短，且进入警队后还有各种职业训练，保证了所招募警察能够很快进入警察角色，并在训练与实战中反复磨炼，形成了训战合一的良性循环。

5.8.3 香港特别行政区警察教育训练启示

1. 警察教育训练理念方面，树立“以人为本”的警察教育训练理念

具体体现：一是牢固树立“向教育要素质，向素质要警力、要战斗力”，优先发展警察教育的指导思想。香港警队十分重视对警察的教育训练，在强化战术训练的同时灌输一种人本化思想，使警察伤亡率保持在较低甚至近无的水平。培养高素质人才的根本是以人为本，要改变“只用兵不养兵”的错误观念，把警察教育训练当作一种责任、目标和结果，使警察在顺利完成警务工作的同时，实现自身的完善和发展。二是牢固树立现代执法理念，实现执法为民。香港警察追求的理念“服务为本”与我们的“执法为民”“热情服务”是相通的。教育训练要在提高实战技能的同时，注重培养警员的敬业精神、团队精神及良好的警察职业素质，以保障公民合法权益为目标，坚持现代法治理念，实现警民和谐的良好关系。

2. 警察教育训练目标方面，以提高警察职业能力为警察教育训练的逻辑起点，建立分层的科学训练体系

多年来，我们的警察教育训练基于“课堂—教学—考核”的线性教学方式，把警察职业能力等同于理论知识的应用。事实上，警察是一门实践性较强的职业，它要求民警不仅掌握警务理论，更强调实战能力。警察职业能力是针对警察岗位所需要的特殊能力，从警察职业角色的功能角度来界定，与警察所处的职位与工作角色相联系，或是与执法情境相结合，在现实的警察职业活动中表现出来的政治素养、公安法律和业务知识、警备技能和执法态度的整合。

香港警队的教育训练以职业训练为主且层次分明，取得了良好的成效。由此，我们应将教育训练理念统一到警务执法实践上来，以警察能力本位和岗位需求为主导，以培养警察应用能力和实战能力为主线，从“怎样做、为什么这样做”之类的问题入手，推行“基于问题的培训”实践教学模式。要根据不同警种、不同职位的需要，对每个岗位制定详细的应知应会的标准与内容，建立适应实战需要的纵向分层次、横向分警种的训练体系，借助各层次本身的力量促进不同层次的民警得到最好的发展。

3. 警察教育训练内容和教学方法方面，科学设立教育培训内容，创新教学方法

科学的教学内容和有效的教学方法是实现教育训练目标的重要保证。

教学内容和教学方法的改革是警察教育训练的永恒主题，需要根据形势的变化和发展不断的改善、推进和深入。

坚持“教、学、练、用”结合的原则，实现从理论教育向能力培养的转移。香港教育训练内容都是以工作实际需求科学设置的，提高了教育训练的实效性。我们要针对警务工作执法服务的特点，强化在职培训，科学地设置教学内容，将理论学习的重点放在常用公安法律法规的理解、运用及问题解决上，把技能训练的重点放在防卫控制、抓捕及应用射击、实用战术上，在有限的时间内使民警掌握保护自己、制服犯罪的有效技战术方法。并根据民警的素质和心理特点，结合实战需要广泛收集教学素材和典型案例，不断更新、充实、调整培训内容。

要探索和引进适合警察教育训练的教学方法，摒弃那种“我讲你听”的单向灌输式教学方式。要从单纯的讲授转向专题讨论、案例分析、现场情景模拟、实地考察、社会实践、角色扮演、思维训练等多种培训方法并用，调动学习积极性，激发受训者的潜能，提高其分析问题和解决问题的能力。

4. 警察教育训练管理方面，严格教学管理，加强对警察教育训练的考试考核

警察教育管理是公安教育训练的组成部分，是提高公安教育训练质量的关键。一是坚持从严治警方针，做好受训者的日常管理工作。要严格参训者的起居作息、出操上课、内务卫生、警容风纪、言谈举止等方面的管理，进行严格的量化考核。按出勤、纪律、训练等实行扣分公布，做到公开、公平、公正，把民警的养成教育贯穿于教育训练的全过程，使参训者在接受政治理论、公安业务知识、实战技能培训的同时，增强组织性和纪律性。并将考试结果与岗位资格、晋升资格及干部人事管理有机结合起来，使民警既有压力，也有动力，充分发挥其主动性，提高教育训练的效果。

二是实行训考分离制度，切实加强考试考核。考训分离就是考试命题、阅卷由主管培训单位负责，平时的教育训练由教育训练机构组织实施。这样，不仅可以调动教与学两方面的积极性，检测教学效果和水平，又能克服自己教、自己考对试卷及评分的主观性和随意性。在不同层次的教育训练时间内，除最后的结业考试外，还应当建立不同的考试测试，如单元考试、体能测试、人群管理测试、领导才能及实习考核等，保证教育训练取得实效。

三是严格教师管理。一方面，要制定基本标准，突出理论应用能力、实际操作能力等特点，严格进行选拔，把牢教师的“进口”；另一方面，将警察院校的教师同其他部门的警察一样划归国家公务员系列，赋予教师相应的执法职权，如现场勘查权，鉴定权等，实行警察院校与警察机关人员定期双向流动，保证教学紧贴实战，顺畅教师的“出口”。此外，要对教官的授课质量进行评估，强化教师的责任，提高教师的水平，严格教学过程。同时，还可以聘请实战单位的业务能手作为客座教师，定期下派教师到基层锻炼或参与办案，使教师有机会开阔视野、吸收营养。并要有计划地开展对教师的继续教育，鼓励攻读硕士、博士或取得第二学历，不断提高师资队伍的知识水平和执教水平。

5. 警察教育训练保障方面，加大设施投入和科学制定训练计划

香港警察的训练设施非常先进，大都是模拟实战环境建设的。与之相比，当前我们应着重抓好以下工作：一是加大训练设施建设的投入，将实战训练设施经费纳入常规训练装备计划，有计划、分步骤地投入建设，使实战技能训练不再停留在理论和形式上；二是科学制定训练计划，提高训练设施利用率，将有限的资源用在最需要的人员身上，以收到最佳的训练效果；三是场馆设施建设要讲究科学，突出实效，要相对真实地模拟实战环境，体现教学训练与实战的互动性，确保训练的对抗性和实战效果。

5.9 对我国警察教育训练的启示

5.9.1 警察教育法制化、规范化启示

加快警察教育法制化建设，加强警察职业培训规范化建设、建立在职

民警终身培训制度，逐步形成稳定、规范的特色警察教育体系，并加快警察教育法制化建设，在办学定位、层次、招生分配、在职培训、经费保障等方面予以明确规定，使警察教育在人、财、物等方面得到充分保障，从根本上保证公安教育学历和培训工作走上正规化、制度化的轨道。

5.9.2 课程设置启示

科学合理地设计培训课程体系。在课程设置上，可以参照国外及我国香港特别行政区以案例教学和个性化为特色的菜单式教学模式，围绕公安工作和队伍建设的热点、难点和重点问题进行经典整合，结合基层多发案件发案的情况和特点，有侧重地选择警务实战中容易出问题的环节，分区域、分层次地设计不同的教学课程内容开展相关教学。可分三个层次精选课程，一是领导能力课程训练，重点培养警察指挥及整体作战能力，特别是遇到危机事件的协调、处置能力；二是警察心理测评与心理干预课程训练，针对警察作为特殊职业产生的心理问题，通过冲击疗法、焦虑管理训练、系统脱敏法、合理情绪疗法等方法进行心理干预，帮助警察了解自己的人格类型、行为特性，从而注重培养良好的人际沟通能力和理想的行为特性；三是技能实践课程教学，如专业课程实践内容的技能训练、袭警案例的情境教学等，根据不同需求设置，增强学员实战经验及自我保护能力，以适应实战需要。

在设置课程时应充分考虑两个方面：一是区域特色的课程体系。由于我国各省经济发展的不平衡性，发案情况各不相同，存在明显的区域特征，如东部发达省市，流动人口大，很多高端人才聚集，智能型的犯罪较多，新型的作案手段出现较多，流动人口作案普遍性大；而西部经济发展较落后，流动人口相对较少，故传统犯罪比例较高，因此各省应充分考虑其治安情况，案件发案特点，结合本省治安现状有针对性地设置课程，真正做到课程符合能力培养的动态的、开放的教学需要。二是加强高科技警务实战技能课程的学习培训。当前高科技犯罪层出不穷，一些新型作案手段变化较快，特别是网络的高速发展，虽方便了信息的交流和联系，但也给罪犯提供了发展的空间，网络犯罪居高不下，这对警察提出了新的挑战；在培训课程中要考虑增加一些现代网络科技掌握与运用等方面的警务实战技能培训，在广泛运用现代科技及信息化训练手段的基础上走信息化、多元化之路，以提高警察高科技破案的技能水平和执法能力。

5.9.3 教学模式启示

改革警察教育培训教学模式，注重执法能力的培养。国外及我国香港特别行政区都重在职业素质的培养，注重教育的针对性和实用性；培训坚持一切遵从实战需要的原则，围绕教育和培训目标来设计教学中的各项活动和课程，各层次教育和培训学校注重满足不同层面警察的工作需要和潜能发挥。

我国警察教育培训可以借鉴其成功经验，以提高警察职业素养为目标，在培训时，可以针对不同警种、不同部门、不同岗位的实际需要，围绕本警种专业核心能力要求建立训练标准体系并开展相应的培训，促进警察业务核心能力、法律政策水平、执法与服务能力等各方面素质的全面提高，特别是对于一线警察，要找准专项培训和业务实战之间的连接点，用训练指导业务实战，提高训练实效，提高其应急快速反应能力和警务实战能力。

实现从“静动结合，以静为主”到“静动结合，以动为主”的教学模式的转变，将模拟教学与情景教学相结合，使整个教学活动直观、生动，更贴近实战。要把技术训练放在高于知识训练的地位，实践技能教学占的比重更大。要注重教学互动，以激发学员主体参与意识，充分发挥学员的学习自主性、积极性。我国警察教育培训应改革传统课堂教学方法，实行启发式教学，推广“问题为本”和“处境为本”的学习模式，注意调动受训人员的积极性和参与意识，激发想象力和创造力。在我国警察培训教学中可以具体运用案例分析、模拟训练、实践练习多层次交叉教学训练的方法，以动静结合、动态为主的课程教学形式，达到真正训练和提高警察分析、解决问题，领导决策、总揽全局的能力。

5.9.4 师资队伍建设启示

加强高素质人才的培养与选拔，提高师资队伍的整体水平。国外及我国香港特别行政区警察部门十分重视师资力量的建设，对教师的选拔非常严格。教师主要是由一线有实战经验的教官承担，这些教官需经过严格培训取得教官资格后，才能任教，有些课程还面向社会聘请知名律师教授法律课等。目前，我国公安院校师资队伍整体水平不高，教授、副教授比例较低，专业研究生比例远远达不到教育部对全国高校教师学历层次的要求，在有限的教师资源里，教师实战经验又匮乏，缺少行家里手。我们可以多引进高层次公安、法律专业人才；聘请公安实战经验丰富的警察担任兼职教官，负责警察培训的实践训练；聘请高等院校的知名专家、教授、学者开展专题讲座，以拓宽警察的视野和思维，提高警察的文化素养和理论水平。

加大教师双向交流制度，培养“双师型”教师。国外及我国香港特别行政区的警察学院和训练中心都是从治安、刑侦等业务部门选拔实战经验丰富、具有较高学历和理论水平的警官和警务专家到学校任专职的业务教师，在学校任教3~5年后，再回到实战部门工作。这种教师的双向交流制度，既解决了现有公安专业教师缺乏的问题，又解决了其实践能力较弱的问题。

据此，我国可以吸取经验，实行教师与“一线”警察部门警官双向交流制度，一是把警察院校现有的教师送到一线警察部门去锻炼或挂职1~2年以上；二是把一线警察部门的具有较高学历（本科以上）且具有丰富经验的优秀警官积极引进到警察院校任教2~3年，并给予优惠的晋升提拔政策。这样才能让现有警察院校教师成为理论与实践能力俱佳的“双师型”教师。

5.9.5 教学设施保障投入启示

国外及我国香港特别行政区警察院校普遍配备现代化装备，这样做的目的在于使培养出来的警察符合现代治安和同犯罪作斗争的要求。国外及我国香港特别行政区在警察教育培训上大量投入人、财、物，设有独立的警察培训中心，教学设施比较齐全，警官素质高，经费由政府或地方警察局直接拨款，有的警察局还从罚款中拿出一部分用于学校教育，以保障办学经费。学校的教学设施都比较齐全，标准也较高，一般都有先进的电教中心、模拟实验室、一个或几个射击场、健身房等。在训练装备方面，国外及我国香港特别行政区警察学院既有价格昂贵的水炮车，也有普通的训练器材；在指挥训练方面，既配备先进的电台，也训练警长的喊话能力。

5.9.6 管理学生启示

从严管理，强化学生的“未来警队精英”意识。在学生管理方面，国外及我国香港特别行政区警察院校对学生近乎苛刻的要求是毕业生顺利就业的可靠保证。要建立适合我国公安教育的人才培养计划，就要区分公安学历教育和职业培训，科学控制学历教育的招生人数，在学员的认知能力和科学文化水平上下功夫，不能因为专业区分而忽视其他技能的培养，同时在院校中创造一个高淘汰率的良性竞争环境，通过强化学生的思想教育和“未来警队精英”意识，使希望与压力共存，使学生的学习态度变被动为主动。

5.9.7 警察教育体制启示

理顺现有公安教育体制，建立和逐步完善相对独立的公安教育体制，使公安教育在院校科系设置、教育培训法规制定、专业学科建设、办学模式、招生分配、教师配备、投资机制、学历学位授予等方面逐步建立自成体系的教育管理系统，公安院校的课程设置、师资配备、经费来源、招生分配、教学计划等由所属公安机关负责，教育人事等部门仅进行宏观指导，从而使公安院校具有较大的办学自主权和相对独立性。

参考文献

[1]方圆. 美国警察教育培训的借鉴与启示[J]. 法制与社会,2012,28:229-230.

[2]赵桂芬. 美国警察教育培训体系及相关理念研究[J]. 山东警察学院学报,2016,(04):19-20.

[3]岳春生,杜鹏. 论美国警察教育对我国公安教育的启示[J]. 广州市公安管理干部学院学报,2008,(01):63-64.

[4]陈永胜. 德国警察的在职培训及启示[J]. 北京人民警察学院学报,2011,(04):100-102.

[5]刘军. 德国警察教育训练情况及启示[J]. 森林公安,2005,(01):44-45.

[6]朱建义. 德国警察教育训练特点及对我国警察教育训练工作的思考[J]. 云南警官学院学报,2008,(01):7-10.

[7]张淮. 论英国警察的教育培训体系对我国警训工作的启示[J]. 甘肃警察职业学院学报,2007,(01):1-3.

[8]李云昭. 中英警察教育比较研究[J]. 云南师范大学学报,2003.(06):93-94.

[9]熊一新. 法国警察教育培训体制的特点及对我国民警教育培训工作的启示[J]. 公安研究,2002,(10):85-86.

[10]刘姗姗. 法国警察教育对我国警察教育培训的启示[J]. 甘肃警察职业学院学报,2006,(04):29-30.

[11]徐仁勇,等. 澳大利亚警察教育培训工作及对我们的启示[J]. 浙江警察学院学报,2010,(02):97-99.

[12]于俊平. 澳大利亚警察招募与教育训练体制的特色[J]. 辽宁警专学报,2007,(05):89-91.

[13]王青. 澳大利亚及亚洲部分国家和地区警察教育培训现状及启示[J]. 警察教育,2012,(08):71-72.

[14]霍塞虎,梁小锋. 日本警察教育培训模式对我国的启示[J]. 云南警官学院学报,2014,(02):120-122.

[15]刘心来. 日本警察教育制度对我国公安民警教育训练的启示[J]. 云南警官学院学报,2018,(03):123-124.

[16]范瑛. 日本的警察教育与培训体制分析[J]. 长春师范学院学报(人文社会科学

版),2012,(05):128 - 129.

[17]张凯,朱军. 日本警察教育的借鉴与启示[J]. 科教导刊,2010,(30):237 - 239.

[18]张俪. 香港特区警察教育训练制度的特点及借鉴[J]. 山西警官高等专科学校学报,2009,(03):81 - 84.

[19]李雪冰. 香港警察教育训练特色[J]. 江苏警官学院学报,2005,(01):182 - 184.

[20]张淑平. 香港与内地警察教育培训制度之比较和借鉴[J]. 云南警官学院学报,2010,(01):33 - 35.

[21]肖春明. 香港警察警务实战训练的启示[J]. 武汉公安干部学院学报,2014,(02):76 - 77.

[22]李红伟. 香港警察实战训练之感悟与借鉴[J]. 法制博览,2017,(07):279 - 280.

[23]曲红. 外国警察教育培训模式对我国警察培训的启示[J]. 职业时空,2012,(08):69 - 71.

[24]杨琳. 谈国外警察教育的特点[J]. 辽宁警专学报,2008,(01):104 - 105.

[25]魏 毅. 浅谈国外警察职业教育及启示[J]. 河南职业技术师范学院学报,2008,(06):63 - 65.

[26]孙雅丽. 中外警察教育比较研究[J]. 辽宁公安司法管理干部学院学报,2005,(01):75 - 77.

[27]李 娟. 中外警察教育培训模式比较研究[J]. 湖南公安高等专科学校学报,2002,(06):22 - 25.

第6章　新发展理念视阈下警察体育教学模式创新

新发展理念是对社会各个领域发展的重要纲领，是每一个行业都应坚决贯彻和执行的发展纲要。新发展理念反映的是对当代社会发展规律的精准、深刻的认识，是实现质量更高、效率更优、持续发展的理论基础，是深化教育改革、实现高校转型发展、建立教学模式创新的理论抓手和行动指南，是高等教育发展之路。

教学模式是决定教学质量的核心因素，保障和提高教学质量就必须有科学合理的教学模式作为基础，贯彻新发展理念、积极创新教学模式，使其更能适应当代教育的发展规律和特点是非常重要的，尤其是在当前我国经济和社会发展出现了很多新常态、新变化的情况下，学生思想观念快速变化，在“互联网+”格局下接受新知识宽度与深度的不断拓展、教育目标的变化发展、教育评价日趋多元等，传统的教学模式已经无法适应这些新情况、新问题的发生，只有进行不断创新，根据实践需要做出调整，才能使其适宜于当前的教育发展步伐，与教育各个环节相得益彰，互为助长，共同保障教学质量的稳步提高。

警察院校是以培养应用型人才为目标，主要以学生为主体，以实践教学为依托，以实训为教学手段，强调学生动脑动手实际操作，提高学生解决实际问题的能力，具有整体性、全面性、针对性等特点。

警察体育教学作为警察院校重要的学科，在教学过程中更应该及时转变教学理念、创新教学模式，从而优化教学结构，提高教学质量，促进学生素质全面发展。警察体育教学模式创新就是以创新、协调、绿色、开放、共享的新发展理念为指导，借鉴整合校、所、企教学，依托现代技术平台，在警察院校或培训单位建立的实践教学过程。

教学模式创新重点注重以下几个内容：一是教学理念。教学中必须注重“突出实战，强化实战，指导实战”的理念；必须强调“以人为本，安全第一”的理念；必须着力灌输“警务行为必须规范”的理念；二是教学目标。教学中要以提高学员综合实战素质为核心，围绕警察实战中各个环节，通过警察体能、警察技能、警务战术、警察射击、警察心理等课程教学，强化学员在情报搜集研判、自我防范、犯罪嫌疑人打击处置等方面的综合工作能力，实现复合型、专业型人才的培养目标。三是课程设置。改革传统的课程设置，创新课程内容，实现课程本位向能力本位转变。以往警察体育教育的课程设置，警察院校对课程本位建设均高度重视，但忽视对学员警务能力本位课程体系的构建，随着公安机关“大部门制”改革的不断深入，这种分而治之的课程模式已无法适应新时代警察体育教育实际，迫切需要开展实施以能力建设为本位的创新课程设置。四是教学内容。要突出实战教学内容，努力培养学员的警务实战综合能力。内容应当涉及体育学、公安学、法学、社会学、教育学、心理学等诸多学科。警察体育教育的目的是帮助学员将所学知识、技能最大限度转化为公安工作实践能力，从而在一切警务工作中发挥实际效用。因此，警察体育教育的内容就应当围绕警务实践展开。要遵循警察职业教育的基本特征，将学员设定为警察角色，从警察的基本素养和基础能力、公安专业理论和能力以及警察体能、技能、战术等方面出发，整合警察体能、技能、战术于一体，突出警察实战教学，强化实战训练，形成警察体育教育的特色教学内容。五是知识储备。教师和学员要从思想上充分认识到学习的重要性，学习是取得进步的阶梯，只有有了丰富的知识储备，才不会在新知识、新观念层出不穷，新矛盾、新思想、新发展不断显现的情况下，出现闭门造车、脱离实际，缺乏与基层公安实践联系的等、靠、眼界不宽、思维狭窄、创新不强等问题，因此教师和学员要不断地获取新知识，接受新思想、新观念、新技术，提高自身素质。

6.1 探究式教学模式

探究式教学模式是指学生在学习知识时，教师只是给他们一些案例和问题，让学生自己通过阅读、观察、思考、讨论等途径去主动探究，自行发现并掌握相应的知识和结论的一种教学模式。它的指导思想是在教师的指导下，以学生为主体，让学生自觉地、主动地探索，掌握认识和解决问题的方法和步骤，研究客观事物的属性，发现事物发展的起因和事物内部的联系，从中找出规律，形成概念，建立自己的认知模型和学习方法架构。

探究式教学模式的教学目的是培养学生学会创造思维，打破常规，突破传统观念，具备敏锐的洞察力和丰富的想象力；引导学生创造性地“学”，学生在学习过程中充分发挥个人聪明才智和创造才能，将知识学牢学活，同时转化为能力。

6.1.1 教学原则

教学中须遵循民主原则、延迟判断原则、激励原则、个性发展原则、主动参与原则、目的性原则等。

民主原则即教学中创设民主、宽松、和谐的教学氛围，师生平等相处，平等交流，学生自由、敏捷地去探索。

延迟判断原则即教学中不轻易对学生所回答的问题或提出的建议做出否定评价。注意保护学生积极性，鼓励学生敢于发表与别人不同的意见，注重学生积极思考，然后才是回答问题是否正确，同时引导学生对回答的问题进行评价。

激励原则即教学中通过各种方式，激励学生的成就感和进取精神，因材施教，使不同水平学生都能体验到成功的喜悦和自身的价值。

个性发展原则即教学中尊重学生人格，有意培养学生个性品质，形成自己的个性和风格，发展兴趣和特长。

主体参与原则即教学中让学生主动参与课堂教学活动，突出师生互动，注重参与意识培养，使教学活动真正形成多向的相互作用的有机体。

目的性原则即教学中要充分考虑探究内容应达到的目的及其应发挥的作用。在实施过程中，有目的地引导学生在亲身实践和实际操作中提高解决问题的能力及动手能力，并在实践过程中体会和学习方法。

6.1.2 教学实施

探究式教学模式教学实施分四个阶段，可用四个词概括为：问题、探究、拓展、升华。

问题。即提出问题，创设情境。首先营造一种使学生形成探求、创新的心理愿望和性格特征的教学气氛，对问题有一个感性认识，为探索问题做好准备。在教学中可采用讲授、视频等教学手段创设情境；或提出有意义的问题，引导学生深思；或用案例重演、英模事迹等激发学生求知欲等。例如，讲授控制嫌疑人内容时，用示例创设情境。可令扮演的嫌疑人俯卧于地，要求两学员上前实施控制，控制过程中，教师令嫌疑人进行反抗挣脱，这样会使学生对这种反抗现象产生兴趣和好奇。通过示例演示，激发了学生兴趣，从而唤起了学生想知道出现这种现象原因的学习愿望。

探究。即探索问题，引疑导学。“探究式教学模式”强调发现知识的过程，而不是简单地获得结果。因此，在教学中让学生阅读资料或观察实训，独立思考，发现问题。在教师点拨、启发下得出所要掌握的知识。

拓展。即拓展问题，发散思维。在教学中设计出具有针对性和启发性的疑难问题，尤其是对教学中的疑点和难点，以及比较含蓄的或潜在的问题，启发学生思索探讨，逐步解疑，步步深入，使学生在探索中有所发现和创新。例如，如上示例，控制嫌疑人手后的反抗；控制嫌疑人手和脚后的反抗；控制嫌疑人手、脚、腿后的反抗；控制嫌疑人手、脚、腿及腰部后的反抗等等，通过示例演示的不断拓展，学生开阔了思路，拓展了思维，加深了对知识的理解。

升华。即达标升华，反馈小结。根据教学目标要求以及学生实际情况，围绕重点和难点设计出一些反映规律及其应用的示例，让学生在一定时间内完成。这些示例要科学、合理，小而具体，新而有趣，巩固所学知识，查漏补缺，使知识系统更有条理。同时对学生实训结果进行评价。评价方式可以是自评、互评、师评等。通过评价，集思广益，拓展思路，总结出多种多样解决问题的方法，加深理解和巩固所学知识，找出错误产生的原因并及时纠正。

6.2　分组合作教学模式

分组合作教学模式是根据教学需要、学生的身体素质、知识、运动技能、个性特征、潜力倾向等方面的差异性，有针对性、有目的地将学生分成若干个小组，通过小组内成员之间互帮互学，从而让不同层次的学生都能在“最近发展区”得到最大程度提高的一种教学模式。

分组合作教学模式的教学目标是全面推进素质教育，体现学生主体地位，避免传统“一刀切”教学模式下的“吃不饱”和“吃不了”等问题，利用学生合作学习机会，让优等学生承担一部分教学任务，使之成为教师的得力助手，形成“兵带兵”“兵教兵”“兵练兵”“兵强兵”的学习氛围，让先进生带动后进生，达到组员之间互相学习、共同进步的目的，进而提高教学质量。

6.2.1　教学原则

教学需遵循合理性、多样性、平等性、激励性和目标性原则。

合理性原则是要求教师通过小测验、日常观察、课堂提问等方式对学生有一个大致的判断，然后以学生的优、中、差实际情况为依据进行科学合理分配各小组，使学生都能在原有的知识基础之上得到大面积和进一步的发展。

多样性原则是指在组建小组的过程中，除注重各层次学生的搭配外，尽可能地组建包含各种性格学生的团队。这种方式组建起来的异质小组，可以在以后的合作学习中更好地发挥各自性格的优势，增进团队的力量。

平等性原则是指在进行分组的过程中一定要考虑到学生的人格和自尊问题，不能把好、中、差学生直接归类为优等组、中等组和差等组，否则很容易让班级形成一个个的小团体，不利于班级的团结和学生心理的健康发展。

激励性原则是指在教学中要着重强调学生的主体地位，鼓励学生可以依照预设案例自由发言，有效挖掘学生的自身潜力与兴趣，教师可结合各小组成员的不同水平展开差异性的评价，进而使学生增强自信心，有效地提高学生的学习兴趣。

目标性原则是指教学分组的最终实施目的是完成教学目标，实现教学目标的最大化。

6.2.2 教学实施

分组合作教学模式教学实施分四个阶段，即：导思、讨论、评价、总结。

导思。在教师对本节课的授课内容进行基本知识讲解后，导出警察体育教学或警务实践工作中的一些事实、案例及现象，使学生在自学基础上带着问题思考。在自学过程中教师要作一定具体指导，对学生自学中出现的疑难问题及时给予一定的解答。

讨论。根据学习目标设置的问题，在学生自己独立思考前提下，以小组为单位，结合自己的问题，讨论合作学习完成相关内容。这个过程充分发挥了不同层次、不同性格学生间的“互帮互助”“互相弥补”的优势，让每一个学生都能感觉到学有所获，同学间交流、合作更是能达到一个前所未有的高度，每个人都感觉到自己是被重视的、被需要的，主动学习的积极性也能被更好地激活。

评价。可先进行同组评价、异组评价，之后由教师统一组织进行各小组之间的展示，展示过程中其他学生可完善补充，最后由教师提升、归纳总结评价。这个过程主要在“议”字上下功夫，要针对教学中的重点、难点、易错点和热点问题进行问题评价。学生在原有认知基础上，在教师的指导下，通过师生和生生之间的讨论、合作、探究等学习活动的开展对问题进行有针对性的“议”，使教学目标顺利实现。

总结。一是对学生在学、练、议一体化中的表现要客观总结。如学生在“练”的环节，体现出了更强的自主性，对实训内容做到了“下有保底，上不封顶”的实施效果。二是对各小组的汇报情况要进行总结引导，对本节课教学内容和目标实现总结梳理，清理过关。三是适机对小组内的层次进行总结。这一举措旨在促进小组间的互帮互助，让更多学生获得更多的成就感，提升主动学习的积极性，同时也锻炼了学生的合作能力。

6.3 模块化教学模式

模块化教学模式是在一定教学目标的指导下，通过顶层设计，打破警察体育课程以知识为中心的传统学科章节体系，而将知识和能力系统划分成若干独立的模块进行教学的模式。每个模块完成一个特定的子功能，所有的模块按某种方法组装起来，成为一个整体，完成整个教学目标的功能。一般来说，一个模块就是一项专向能力，若干个专向能力组合构成警察职业岗位的综合能力。每个模块的内容不多，主要由应知（理论）、应会（技能）组成，各个模块功能单一且相对独立。这种结构加大了专业理论和实操技能的比例，还可以根据岗位的要求，较为灵活地组合模块，以便实现警察职业技能培训目标。

模块化教学模式是一种以培养应用型人才的实践能力为核心的教学模式，主要以“MES”（Modules of Employable Skills）和“CBE”（Competency Based Education）两种流派为代表。两种流派的共性是都强调实用性和能力化，区别是 CBE 是从职业普遍规律和需求出发，侧重于职业基础通用能力；MES 是从职业具体岗位工作规范出发，侧重于职业岗位工作能力。从警察体育教育的角度出发，以 MES 为代表的技能培训模块更适合我国的教学。它是以警务实战技能培训为核心的一种教学模式，是以岗位任务为依据确定模块，以从事警察职业的实际岗位工作的完成程序为主线，也称之为“项目模块教学模式”。

模块化教学模式的教学目标是以培养学生警察职业素养为导向，以培养学生警察职业能力为核心，以培养学生创新能力为根本，达到符合现代公安工作对综合型专业人才的需求。

6.3.1 教学原则

教学需遵循整体性、有效性、主体性、主题性、合理性和渐进性原则。

整体性原则是指在设计模块时，一定要遵循警察体育各课程的目标、内容、功能，必须充分考虑它们之间的内在结构关系，进而形成有机统一的课程体系。如：警察体育课程大模块可分为基础模块（法律、心理学、基础体能等）、专业模块（防卫与控制、射击、警械使用、警务战术等）、拓展模块（危机谈判、安全保卫等）；如：警用射击模块可分为基础射击、应用射击、狙击射击。基础射击模块可按照各种枪种类型设计，等等。每一模块的设定都有其教学目标和特点的功能。

有效性原则是指通过模块教学一定要使学生获得进步或发展，也就是说，学生有无进步或发展是教学有没有效益的唯一指标。教学有没有效益，并不是指教师有没有完成任务或教得认真不认真，而是指学生学到了什么或得到了多少。如果学生不想学或者学了没有多大收获，即使教师准备工作做得再仔细认真、教得再辛苦也是无效的教学活动。

主体性原则是指在教学设计和教学过程中要以学生活动为中心，突出体现学生主体地位。传统的教学主要是教师的“教”的各个环节，而模块教学主要是利用系统论的观点进行学生“学”的教学活动，从活动中达到教和学的目的，实现课程目标，这是模块式教学的关键。

主题性原则是指教学中要坚持以主题活动方式来进行。教学中是以一个一个主题来开展教与学的过程的，这些主题来源于每个教师自己的“模块库”中的一个个“模块”。而这些主题大多数是经过检验的，有的还是经过了多次优化后的。

合理性原则是指要兼顾节课程教学目标与门课程教学目标的合理原则。每节课有明确的学习目标，组成每节课的主题都是在门课程目标整体性下实施的，这样的目标体系要符合学生的心理特点和可能性，使学生在一定的努力下能完成相关目标，达到学习效果。

渐进性原则是指知识和技能了解应用是一个循序渐进的过程，各课程隐含了严格的教育规律，因此必须弄清课程之间的继承关系。如射击教学，学生首先需进行基础射击的学习训练，继而结合模拟场景进行应用射击的训练，如果学生在射击方面有较强的天赋和深厚的兴趣则可进一步进行偏狙击方面的学习训练。总体上模块教学训练要分步渐进、由简到难，符合教学规律，保证学生逐步掌握知识与技能，进而形成实践执法的能力。

6.3.2 教学实施

模块式教学模式教学实施分教学模块设定、教学实施、课后反馈三个阶段。

教学模块设定。警察体育模块课程教学设计需要根据公安各专业人才培养目标为宗旨展开，围绕教学大纲制定教学目标，以培养学生警务实战素养为核心，同时还要根据学生不同的专业水平、保障等方面来制定。

在课程模块划分前需加强各模块的功能分析，警察体育课程模块划分可参照以下条件进行（表6－1）。

表6－1　警察体育教学模块

模块名称	模块功能
基础模块	获得基本知识和技能，为全面发展夯实基础
专业模块	获得具有公安专业特色的基础知识和技能，掌握基本的方法和规律
提高模块	获得团队合作、综合应用专业知识技能的能力，能够应对常见突发事件
拓展模块	根据兴趣爱好进一步提高某些方面的能力，具备某一方面的特长

以模块的功能为依据，以学生警察职业能力为核心制订各模块的具体课程，进行分析、整合，形成警察体育的课程体系，课程的设置要有利于学生知识、技能的掌握，符合循序渐进的教育规律，如果只考虑提供全面的、系统的知识体系，势必会阻碍学生能力的培养，而模块化的课程设计更注重学生的实践工作能力，可以根据实际需要进行增加、删减和变更，因此灵活的模块化课程设置在学生职业能力的养成方面更具有优势。这里仅以警察体育课程大模块设置为例（表6－2）。

表6－2　警察体育课程模块

模块名称	模块课程
基础模块	法律（刑法、行政法等）、普通心理学、基础体能、基础驾驶
专业模块	层次一：专项体能（如障碍、攀岩等）、防卫与控制、基础射击、游泳、急救、警械使用、警用驾驶、安全检查 层次二：小组战术、实用射击、危机心理干预、水上救护
提高模块	围绕盘查、抓捕、危机处置、射击等能力的提高，选择经典案件或制订主题
拓展模块	危机谈判、技击术（如散打、拳击、跆拳道等）、射击（偏狙击手方向）

在模块化设计中需要注意几点：一是课程设置需要考虑班级人数；二是要充分考虑教学保障条件；三是警察体育的子课程设置要遵循警察体育教学目标的实现。

教学实施。有了模块还是不够的，必须要有好的教学方法、教学手段等与其适应，才能使教学活动有效进行。教学中必须突破传统的教学模式，根据技能应用型人才培养的要求，形成全新的教学新模式。可采用讲授、探讨、自学、交互、合作等形式一并进行，这四种形式可以某一种课型为主应用于模块教学的某一节课中，也可以相互融合。选择课型应依据教学目标、内容和学生的实际情形确定。突破传统，通过启发、案例式的教学，再加上多媒体等现代手段，让警察体育课充满生机。

教学中还需考虑学生的基础身体素质、个性特征、班级氛围等条件，在内容衔接、内容难易、分组教学、主体地位、案例引用等方面予以注意。

课后反馈。在模块教学之后，要形成教师自评和学生自评的习惯。通过学生自评可促进自学能力和创新能力提升，教师通过自评可发现模块教学中存在的不足，进一步优化模块教学的方式，从而提高警察体育的教学质量。

6.4 交互式教学模式

交互式教学模式指的是通过营造宽松和谐的教学氛围，强化师生、生生之间的交流、互动性的一种教学模式。教学中更加注重学生对教学过程的参与，鼓励他们去探究，开阔他们的视野，提高他们的自主学习能力，启发他们的思维。交互式教学有助于提高教师、学生对教学活动的专注度，在具体实践过程中，教师是教学中的引导者、组织者，有时也可作为参与者。为学生安排一系列学习活动，并通过学习主题活动引导学生解决各式各样的问题，学生则通过开展交流协作来推进学习活动的有序开展。警察体育为一门强调实践教学的学科，所以，交互式教学在警察体育教学中极具应用价值。

交互式教学模式的教学目标是对传统教师教、学生学的教学模式予以转变，切实调动起教师、学生的主观能动性，推进师生、生生之间的互动，通过观察、交流、讨论等来开展互动，使每个同学的思辨、认知水平、表达能力、实战能力等都得到不同程度的提高。

6.4.1 教学原则

教学需遵循目的性、关联性和激励性三个主要原则。

目的性原则是指交互式教学的内容应当以满足警察体育教学要求为目标，应当调动起学生学习的主观能动性，以培养学生的综合警务实战应用能力为目标。

关联性原则是指交互式教学要与学生现有知识背景相关联，进一步推进新知识与旧知识的有效融合，帮助学生构建知识框架，推动警察体育教学的顺利开展。

激励性原则是指交互式教学应调动起学生参与教学的主观能动性，使学生在参与教学活动期间感受到警察体育学习的实战性、应用性、趣味性、挑战性和意义。

6.4.2 教学实施

在交互式教学模式下，教师一般不按照教材章节顺序教学，而是将教材内容划分成不同的主题，提前将每一主题的任务布置给学生，课堂上学生要带着任务来互相合作，共同解决问题，老师的任务就是引导学生将各个主题的内容优化整合起来，所以教师要精心策划、合理安排活动，成为课堂教学的控制者、指挥者、管理者、促进者和信息提供者。一般教学实施分课前引导、课上讨论、组间交流、巩固深化四个阶段。

课前引导。即课题布置、引导自习。教师根据学生个体的差异，布置任务，比如有的学生身体素质好，可以选择实战演练方面的任务，有的学生擅长逻辑推理，可以解决有关学习中出现的疑难问题，有的学生爱好文学，他们可以完成相关的警用语言写作编排，等等，将自己的专长在班上显露出来，可以激发他们的成就感，增强他们的自信心，因此也愿意主动积极地参与课堂活动。

课上讨论。即小组讨论、提交问题。学生在自学、初步感知的基础上，参与课堂上的小组讨论。小组可由学习水平不同的学生组成，也可以宿舍为单位组建，尽量保持“同组异质，异组同质”的组成架构。在课堂上，一般用10分钟的时间在小组内部汇报自学情况，采用轮流发言和按主题存在问题的形式进行。小组长把各组员在自学中遇到的问题总结起来让大家一起思考、讨论，取得一致或相近的看法；然后小组长把组内不能解决的问题归纳起来，以便在组际交流时讨论、解决这些问题。

组间交流。即小组间交流、全班互动。组间交流在小组讨论后进行。教师先让各小组代表发言，汇报小组对知识的理解程度并提出小组的疑难问题。然后，小组之间进行相互讨论、辩论。经过充分的讨论后，学生对主题内容有了更深刻的理解。在讨论的过程中，教师要控制好气氛和程度，让每个学生都有机会代表小组发言；同时，要让讨论始终围绕主题内容，突出关键问题。这样，鼓励每一位学生都可以在课堂上大胆地、尽情地表达自己的看法。使学生能积极主动地获取知识，提高他们的自学能力和分析、判断、推理等多种思维能力，而且还可以在不知不觉中让学生的语言技能也得到提高，学习潜能和创造力也得到发挥；同时也能够培养团队的合作精神，克服胆怯、被动不喜欢发言等不良心理倾向。

巩固深化。即总结测试、巩固深化。在组际交流后，教师要按一定的评价标准对每个小组发言的同学进行全面、客观的评价。同时可对下一步的练习进行布置，下一步的课内练习是学生巩固知识的必要环节，也是检测教学效果的重要手段。教师适时运用预先设计好的主题，使知识从不同层次、不同侧面供学生练习、测试。在学生练习的基础上，让他们彼此互评、互议、互批、互改。这对强化学生对内容、知识的理解和掌握非常重要。

在模块教学、交互式教学实施中注意几点：一是教师要钻研和熟悉教材，挖掘出的主题要切合学生实际；二是主题或案例的设计要能激发学生兴趣，要遵循循序渐进教学原则，避免造成冷场或发生课堂局面失控的情况；三是充分发挥教师的引导作用，突出学生学习的主观能动性；四是脱离课堂教学的限制，注重组织多元丰富的第二课堂活动，全方位培养学生警务实战综合技能。

6.5 协作式教学模式

协作式教学模式就是以某特定对象为中心，在建构主义学习理论、媒体选择理论等科学指导下，在情境、资源、工具和支架等方面，进行的协同教学模式。有教师之间、教师与其他相关人员（研究人员、试验人员、教辅人员、其他专业人员）之间、教师和学生之间和生生之间等协作式教学模式，教学已不再局限于学校的围墙之内。生生协作教学模式（以下简称协作教学模式）就是以学生为中心，通过教师之间前期协作预备好的主题前期引导、学生独立学习、小组间相互协作和竞争，从而培养学生自学能力、合作共享能力，既兼顾了学生的个性特点，又达到了通过相互协作共同完成教学目标，有交互式和分组式两种协作教学模式。

协作式教学模式的教学目标就是要充分突出学生的主体地位，发挥学生学习过程中的学习积极性，培养学生的创造能力，培养探索发现精神，培养与学习同伴合作共处的能力，达到建构殷实的警务实战素质为目标。

6.5.1 教学原则

教学需遵循目标性、满足性、期望性、创造性和结果性原则。

目标性原则是指特定目标的设定必须是学生通过行为活动有机会实践或实现这个目标。如果目标无法实现或达到，就失去了设定这个目标的教学意义。所以目标的设定不仅是其所涉及行为的阐述，也包括对该行为所涉及内容的陈述，学生通过学生是能实现这个目标的。

满足性原则是指通过学习活动获得了满足感，包括行为上的和精神上满足。

期望性原则是指目标所期望的反应，应该在学生能力所及范围之内，也就是说，学习目标及学习活动应该适合学生目前的成就水平和心理倾向等方面的条件。

结果性原则是指目标的设定要预设多种可能性。一个目标的实现由于不同的学习活动可能会产生不同的结果，从积极性方面来看，是有益的，但消极方面可能会引起不良的学习结果。

此外在教学原则的把握上，还应注意兴趣性、挑战性、群体共鸣性等原则。

6.5.2 教学实施

教学实施分特定教学目标的选取及设定、协作学习和效果评价三个阶段。

教学目标的选取及设定。即结合警察体育各课程教学大纲、教师间协作结果、学校情况、学生情况等的现实，选取协作教学内容和目标设定。

协作学习。协作学习有以下流程：教师引导学生明确目标→组建协作小组→小组成员利用各种资源开展协作学习→小组展示学习结果→师生互评、学生自评→师生小结回顾，准备下次任务。这里特别提示两点，一是第一节课的教师引导和明确任务作用，包括协作模式的介绍和运作、目标实现的方式和期望；二是小组的组建方法。可以宿舍为单位，也可以不同性格特点学生为单位，而且团队成员可以定期更换，队形组织以便于小组协作学习为目的。

效果评价。效果评价应实行评价内容的多元化。首先，学习成果采取学生自评、互评及教师评价相结合，由学生参与评价的全过程，变被动评价为主动评价，使学生从被动地位转为主动地位，提高学生的学习参与性。其次，课堂学习和课后学习评价相结合，激发学生的学习热情，也有利于学生发现自身的优点与不足，促进个体发展，提高学生的学习积极性。

6.6 案例教学模式

案例教学模式是根据教学目的和教学内容的要求，把要学习的知识点融入具体的教学案例中，以案例为教学媒介，通过学生间的相互讨论和师生间的互动讲授，让学生在“实践活动”中学习和巩固掌握所学的理论知识和基本技能，提高学生分析、解决实际问题和创新思维能力的一种教学模式。案例教学模式有问题（或行动）案例式、互动案例式和案例任务驱动模式等类型。

案例教学与举例教学既有联系又有区别。二者的联系是都要通过一定事例来说明一定道理，为一定的教学目的服务。二者的区别见表6-3。

表6-3 案例教学与举例教学区别

类别	案例教学	举例教学
教学中的地位	案例居中心地位	例子居次要地位
主体	教学中以学生为主体	教学中以教师为中心
目的	培养学生分析、解决问题能力	帮助学生理解知识、运用原理

案例教学模式的目标是以教学案例为基础，将理论知识与实践紧密结合，让学生通过对案例的分析、讨论，掌握隐藏在案例背后的知识，达到以应用能力为导向的集成性学习，提高学生分析、解决实际问题的能力、决策能力、临场应变能力、团队协作能力和创新思维能力。

6.6.1 教学原则

教学需遵循真实性、生动性、多样性、典型性和相关性原则。

真实性原则是指选取的案例是经过深入调查研究，来源于实践的真实案例，绝不可由教师主观臆测，虚构而作。尤其面对有实践经验的学员，一旦被他们发现是假的、虚拟的，便以假对假，把角色扮演变成角色游戏，那样锻炼能力就无从谈起了。案例一定要注意真实的细节，让学员犹如进入警务实战之中，确有身临其境之感。这样学员才能认真地对待案例中的人和事，认真地分析各种情报数据和错综复杂的关系，才有可能搜寻知识、启迪智慧、训练能力。

生动性原则是指真实案例固然是前提，但案例不能是一堆事例、数据的罗列，而应更多地体现在人物形象和案例细节的具体描写上。在案例的编写上，教师要尽其所能调动各种文学手法如：场景描写、情节叙述、心理刻画、人物对白等，甚至可以加些议论，边议边叙，作用是加重气氛，提示细节。但这些议论不可暴露案例编写者的意图，更不能由议论而产生导引结论的效果。案例可随带附件，诸如有关规章制度、现场环境、人物关系等，还可以提供有关资料、当事人档案等一些与案例分析有关的图文资料。当然这里所说的生动，具体要服从教学的目的，舍此即为喧宾夺主了。

多样性原则是指案例应该只有情况没有结果，有激烈的矛盾冲突，没有处理办法和结论。后面未完成的部分应该由学员去判断、去决策、去处理，而且不同的办法会产生不同的结果。假设一眼便可望穿，或只有一好一坏两种结局。这样的案例就不会引起争论，学员就会失去兴趣。从这个意义上讲，案例的结果越复杂、越多样性，越有价值。

典型性原则是指案例内容具有一定的代表性和普遍性，具有举一反三、触类旁通的作用，而不是实践中根本不会发生的案例，且典型的案例往往涉及的关系比较全面，涵盖的法律知识较多，有助于学生从各个方面对所学理论加以验证，从中得出正确结论。

相关性原则是指所选案例要紧扣教学内容，案例分析的目的是使学生加深对所学知识的理解和运用，培养解决实际问题的能力，因此，所选案例必须是针对课程内容的。

6.6.2 教学实施

教学实施分案例精选、呈现案例、案例讨论、小组合作和总结评述五个阶段。

案例精选。教学中案例的选择与应用是决定教案教学成功与否的关键因素。案例实质上是对真实情景的描述，通过案例情景描述，疑难问题则包含在其中，当然也可能暗示了某种解决问题的策略。通过案例情景，让学生将自己代入案例情景，进行角色代入与定位，与小组成员进行分析讨论，从而达到提升创造力及解决实际问题能力的目的。案例教学中所选择的案例必须具有独特的来源、性质、内容编排体系，这就要求教师能从大量的资料中选择与教学目标相适应的案例。

案例根据内容的不同可以分为说明型案例、诊断型案例、历史型案例、决策型案例、事件型案例、序列案例、横向案例、纵向案例等，针对不同类型案例的特点与架构，选择适合的案例类型。使用案例的目的是要引导学生去探索正确处理和解决问题的方法，而不是教师对案例的选择和设计。警察体育案例的选择应以公安专业人才培养目标为出发点，综合考虑社会对公安警务人才的要求，选择适合预备警官层次和教学特点的案例。实际教学中，教学案例要特别注重实用性和适用性，要来源于当今警务实战实际，符合大学生教学理论结构、内容和层次，既不能因为“高大上”而与大学生层次的教学不贴合，也不能因为案例本身的简单化而导致实践性、应用性不强，无法满足警察体育教学要求。

教学案例选择时要注意以下几个原则：一是案例要符合教学目标要求；二是案例要真实，案例教学特别强调案例的真实性，选择案例时不能一味为了吸引学生兴趣和注意，就杜撰以及捏造案例；三是案例教学要注重层次，教师要根据案例教学的不同环节步骤，结合学生基础与特点，进行案例优化与选择；四是案例选择要难易适度，要针对学生的知识基础与能力水平确定案例难度。

呈现案例。上课时教师明确知识点，可对重点内容进行详细说明，然后呈现出教学案例，提出问题。让学生学习了解案例，学生经过准备明白了案例教学的知识和特点，并做好了准备工作。

案例讨论。案例教学法主要是采取互动式教学模式，课堂讨论是分析问题、加深认识的重要阶段。讨论的方式也不固定，有小组合作讨论和小组对抗式讨论，均以小组为单位。小组合作讨论的气氛比较和谐，学生可以相互合作、相互启发，共同解决问题。小组对抗式讨论气氛比较紧张，学生可以发表各自小组的不同意见，相互辩论，质疑对方，在反复的辩论中掌握知识。之后对讨论的内容进行归纳总结，这个角色既可以是教师，也可以是学生，课堂讨论是实施案例教学非常重要的环节，这一阶段中，教师与学生角色互换，学生是主角，教师则起辅助作用，只需把握学生讨论的方向和进度即可。案例教学通过现实警务实战中的具体案例，加深学生对相关理论知识的记忆和理解，同时也增进了小组的凝聚力，真正实现学中做、做中练的教学理念。

小组合作。警察体育的实践性决定了理论上的讨论成绩，但还不足以说明其已具有警务实战中的应用能力、解决问题的能力，必须经过实践过程的淬炼。通过小组间的合作或组间的合作对抗，起到验证讨论结果优缺、解决问题最佳途径、加深知识理解、整合知识体系应用等作用。

总结评述。小组合作结束后，教师应及时进行系统性总结评述。总结评述不是简单地给出答案，而是指出通过本次案例教学达到的教学目标怎么样、教学中存在哪些重难点、成功之处和不足之处、学生课堂表现、合作效果等，而且总结评述一定是案例教学过程的动态评价，这样的总结评述对提高教师教研素质、调整教学模式、提高案例选取设计、提高教学质量以及培养学生各方面能力都有重大意义。

6.7　校局合作教学模式

校局合作教学模式是指公安院校为了培养出文化素质较高、公安实践能力较强、符合现代公安工作需要的公安专业人才，以提高警务实战能力为主要目的，与公安机关紧密联系，共同进行警察体育专业教学工作模式。“校局合作”教学模式中的“校”是公安院校，包括部属公安院校、省属公安院校及特色行业公安院校；“局”则泛指公安机关，主要涉及省（自治区等）级、市级、县（区）级公安局，包括所、队等。

校局合作教学模式的教学目的是要实现双方资源的合理利用。从公安机关接受方面来说，可弥补公安机关在警力、理论、仪器设备等方面的短缺；从学校输出方来说，可增加教师和学生的实践经验、便于实战案例和科研数据收集、便于课程修订完善等，从而达到资源整合、共同育人的互利共赢目标。

6.7.1　教学原则

教学需遵循制度性、针对性、多样性、共赢性和主体性原则。

制度性原则是指校局双方必须有一定的制度、规范和约束，必须建立起长效机制。不因领导关注点的变化而变化，不因人事的变动而变化，在公平公正、充分协商、互惠双赢的原则上制定“合作办法”，只有形成完善严密和具有操作性的制度，才能将校局合作的具体工作落地实施并长效化。

针对性原则是指在进行校局合作时不盲目，更不能不分良莠随便找一个“公安机关”就与之合作，而是经过认真考察、论证后，有目的、有针对性地选择与专业对口或相近，有实践价值的“公安机关”作为公安院校的合作伙伴。

多样性原则是指合作的“公安机关”不单一，不是只顾主干专业，忽视非主干专业，而是满足不同专业、培养综合类型人才的需要选择各类“公安机关”。

共赢性原则是指“校局合作”双方都应满足双方的“利益”需求。

主体性原则是指“校局合作”的根本出发点和落脚点都在于促进学生警务实战能力的提升，不应出现“学生为廉价劳动力”“顶岗实习形式化”“实习缺少合理考核”等现象问题，严重影响以“知识、技能、素质”为核心的高层次公安人才培养目标的实现。

6.7.2 教学实施

教学实施大致分顶层设计、互惠多赢和健全考评三个阶段。

顶层设计。警察体育在公安队伍建设中具有重要的地位和意义，是警察警务实战技能提升的重要手段和内容，当前公安院校都在进行深化教学改革探索，“校局合作”教学模式作为警察体育教学模式的延伸，要取得良好的实效，必经“顶层设计”阶段。在“顶层设计”阶段需要领导的重视、制度的保障、合作内容的制定。领导重视是合作的关键，制度配套是合作的根本，制定内容是合作互惠共赢的保证。只有领导重视此项工作，才能有效协调双方各个部门，才能充分保证双方相关部门的人才资源，才能从人、财、物等各方面对校局合作工作形成合力；只有完善科学的制度和可操作的“协议”，才能将校局合作工作落到实处；只有详细的合作内容，才能达到互惠共赢目的。在制度或“协议”里，双方就合作模式（单项模式和双向模式）、学生实（见）习模式（对口专业和不对口专业）、师资交流培养（公安院校送教和基层民警实战辅助教学）、警务课题研究、课程与项目开发、实习基地建设、人才质量培养要求、教学效果评价、经费保障等内容以制度或“协议”的形式制定出来，双方按照其执行。

互惠共赢。校局合作的本意就是要充分发挥双方的优势与特长，实现公安院校与公安机关的双赢。从学校来看，校局合作符合警察体育教学的内在规律，有利于促进公安教育事业发展。学校在合作过程中既增加了学生的实战技能，夯实了警察素养，又对课程改革、教学质量提高、人才培养方案修订完善、师资培养等方面推进起到积极作用，还进一步加强了与公安机关的关系，实现了学校与用人单位的“双赢”。同时在建立实习（教学）基地等层面基础上，还可逐步推广到多层次、多领域合作探索、合作改革现有人才培养模式等其他形式，促进了公安院校的加速发展。

从公安机关来看，校局合作符合公安机关对培养人才的内在需求，有利于公安机关实施人才战略。公安机关获得了实惠与利益，不仅提高了参与教育培养人才的积极性，而且使公安机关降低了招工、用人方面的成本和风险；使公安机关感受到接受学生顶岗实习不仅不是负担，而且能成为有效的劳动生产力，降低了劳动力成本；校局合作包括公安院校协助公安机关将人力资源开发计划与学校的教学大纲对接，也鼓励公安机关将基层民警培训委托学校进行，使公安机关人力资源开发和学校教学环节紧密结合，降低了公安机关的人力资源开发与职业培训成本；学生在公安机关见习专业技术，公安机关的实战高级人才通过带教实现教学相长，加强了自我提高；通过校局合作项目，将公安机关急需的内容传输反馈给教师和学生，既扩大了公安机关名誉，也帮助解决了其尴尬和难题。

考核评价。考核评价对双方合作目的具有导向作用，是构建现代警务实战应用型人才培养模式的重要组成部分。“校局合作”模式考核评价必须建立一套与双方“利益”相对应的评估机制，定期对双方人才培养质量进行评估。一要建立公安院校与公安机关互评，指导教师、实习实践学生参与的多方校局合作评价体系，并采用“第三方机构”访谈和调查，让公安院校和公安机关的表现和行动得到“质”和“量”的综合评价；二要让公安院校、公安机关和学生共同参与对指导教师的定性和定量评价；三要建立起包括公安院校、公安机关、指导教师评价评估和学生自评的学警实习、实践考核体系。通过考核评价，促进公安院校应用型人才的培养和办学水平的不断提高，促进公安机关人才质量的提升和公安事务的不断改进完善，也为下次合作提供科学决策。

6.8 智能化教学模式

智能化教学模式是一种区别于传统教学模式的教学手段，是在教学中利用人工智能技术进行现代化、自动化、立体化教学的新的教学模式。传统教学模式是以教师为主导，学生的知识主要来自教师的讲授，很难体现学生的综合性、个性化发展，而智能化教学打破了传统教学模式的局限，充分利用信息化技术，既符合新时代特征，体现了以人为本、因材施教、个性化教学的思想，满足了不同层次学生学习的需求，激发了学生学习兴趣，培养了学生的创新素养，提高了人才培养质量；又能使教师走出陈旧的教学模式，走进学生学习生活空间，提高教学质量，强化悦纳自我；还能提升学校教师队伍专业化进程，规范教学成效，探索新的管理思路。当然智能化教学的实施背后是大数据和人工智能技术的支持。

智能化教学模式的教学目标是改革现有教学模式弊端，是为了顺应新时代的教育发展战略，构建新的教学理念，构建新的教学体系，创建新知识结构和教育体系，达到为培养适应当今公安工作发展需要的“高质量、复合型、智能型”人才目标。

6.8.1 教学原则

教学需遵循网络性、智能性、多媒体性、个性化四个主要原则。

网络性原则是指教学中利用通信技术和计算机技术，把分布在不同地点的计算机及各类电子终端设备按照一定的网络协议互联起来，以达到师生都可以使用计算资源、存储资源、数据资源、信息资源、知识资源、专家资源的全面共享目的。

智能性原则是指在教学中充分利用网络、大数据、物联网和智能控制等技术，满足师生不同方面内容的教学需求。

多媒体性原则是指教学中要组合两种或两种以上媒体，进而实现人机交互式信息交流和传播。媒体包括文字、图片、照片、高频（包含音乐、语音旁白、特殊音效）、动画和视频，以及各种互动功能。

个性化原则是指在人工智能和大数据时代，要实现“有意义学习”，要实现培育学生核心素养的成长目标，需要针对学生的需求进行优化教学。教学中，在学习目标、教学方法、教学内容等方面根据学生的需求不同而有所不同（提供符合当前学生个性和每个班级需求的内容、活动、路径和评价），最终实现教学精准化。

6.8.2 教学实施

教学实施可分智能系统建构、互动实施和总结评价三个阶段。

智能系统建构。智能系统指的是在开放性系统存在的情况下，通过计算机互联网或是通过手机无线网络，装载相应的程序在一个网络虚拟空间进行与公安院校教学内容相适应的网络授课、学习的移动教学设备的总称。是随着互联网的发展而建立起来的。警察体育具有涉及知识面广、实践性强等特点，依靠传统教学方式和教学手段，很难较快地将知识传输给学生，导致学生学习过程中产生所学知识难懂的困扰，影响学生的学习进度。而借助智能系统，在提升学生学习兴趣的同时，还能达到增强教学效果的目的，将成为警察体育工作者新的教学手段。

智能化教学关键是虚拟网络系统的构建，在构建的系统中需要大数据的支持，需要装载和配置教和学需要的各种技术软件，系统运行可以按照警察体育课程教学目标实现不同设置不同的阶段，如课前预习、课中学习互动、课中实训检验、课中评价、课后增强反馈；也可简单设置课前门禁系统、课堂翻转、课后报告等。该系统设置中大致分为知识库模块、推理机制、网络协同学习模块、网络模拟实验模块及人机交互等几个部分。同时特别提示的是，系统中一定要注意教学内容选取、教学方法选择、学习效果总结和评估及教学管理几方面。

互动实施。按照一定程序，学生课前可以根据导航自主的学习、练习和测试，同时也可以得到系统智能性的引导。教师可以通过网络检查学生的预习和学习情况，进行教学辅导、修改教学策略、制定教学重点等。课中（通过前期学习，达到授课预定要求或通过预习，顺利通过门禁系统可进入下一阶段学习）教师可先进行重点知识重解，加深教学内容灌输，之后通过网络支持的协同学习技术，实现学生之间的分工合作、交流讨论，强化学生和老师之间相互沟通，也可根据教学内容进行模拟仿真练习，缓解教学中实践环节较为薄弱的问题。

这种学习方式比师生面对面、手把手的交流效率更高，有利于教师及时发现并处理共性问题。引入智能设备，教师可以在计算机上迅速统计提问学生人数，并对问题进行分类，区分处理，小面积的问题可以鼓励同学之间互相帮助解决，有助于培养学生的团队精神，以及建立和睦的人际关系。教师只对大面积的问题和学生自己确实解决不了的问题进行集中处理，这样不仅可以激发学生学习的主动性，而且对提高教学质量、教学效率、人才质量等方面有重大作用。

总结评价。教学后期要根据预定方案借助信息化网络平台，对相关知识进行检验、考核、总结和评价，对相关教学视频、文本及其他形式的多媒体资源等进行收集、整理、分类，对有效教学资源进行整合，在对学生进行相关内容传授的过程中，还要注重对学生学习资源的选择。

6.9 合成化教学模式

合成化教学模式是在打破原有单一教学内容、教学方法、教学条件、教学模式和教学评价的基础上，以专题为导向整合特定案例中所涉及的知识和技能，重点检验学生警察体育知识和技能掌握程度，提升警务实战人才质量为目的的一种教学模式。这是顺应“互联网 +”时代，响应公安机关推行“大部门制、大警种制”改革，实现多警种、多手段合成作战的背景下催生的新型教学模式。

合成化教学模式的教学目标就是要依据不同预设案例在教学中灵活使用多种教学模式教学，实现警察体育教学快速高质发展，以期实现警察体育“产出”与警察实战“需求”的平衡，为培育“一专多能”的复合型公安人才服务，为公安教育训练改革注入新思路、新内容、新方案。

6.9.1 教学原则

教学需遵循整体性、主题性、渐进性、主体性、结果性、网络化等原则。

整体性原则是指在预设案例时，要考虑警察体育教学实现的总目标；要考虑子目标之间的内在关联性；要考虑学生新旧知识的有效融合，促进学生警务实战知识框架构建；要考虑不同阶段的不同教学方法、手段、模式，等等，从宏观上把握整个教学过程。

主题性原则是指教学中要坚持以主题活动方式来进行。教学中是以一个一个专题来开展教与学的过程的，这些专题是来源于实践的真实案例，不是教师随意虚构的，它具有代表性、普遍性、针对性、有效性、任务驱动性和多样性等的作用。

渐进性原则是指教学过程推进和学生知识和技能理解应用是一个循序渐进的过程，实施中要按照警务实战现实执法过程分步渐进，紧贴公安工作实际，逐步培养学生形成实践执法的能力。

主体性原则是指教学设计和教学过程中要突出“学生是主体、协商合作、共同建构”的主题，教师只是设计者、引导者、观摩者、控制者和交流者。教学中要尊重学生个性、鼓励学生自由发言、挖掘学生潜力，要注意个体发展和激励措施的恰当使用。

结果性原则是指通过教学要达到一定教学目标。目标的设定可以是单一固定的，也可以预设多种可能性，但不管哪种结果的实现，一定意义上都对学生的培养是有益的，结果的实现是检验、创造和生产的结果。

网络化原则是指教学中要充分利用现代网络信息技术的支持，达到对各种资源的共享，满足师生不同内容的教和学需求。这些网络技术的使用具有可靠性、先进性、安全性和经济性等特点。

6.9.2 教学实施

合成化教学模式的实施是顺应当前“合成作战”警务运行模式的改革创新；是实现警务实战化、警力随着警情走、着力增强公安工作整体效能的必然选择；是转变传统以专业为导向的“分而教之”的教学模式；是实现跨专业、跨课目“合成教学”的多学科知识的综合实践应用；是实现“以理论为主”“以静为主”到“以实践为主”“以动为主”的教学模式转变；是进一步提高调动学生在教学过程中的参与度，充分激发其想象力和创造力，从而达到提高学生综合分析、解决问题的能力，这是新时期新常态下公安专业人才培养模式对公安院校警察教育提出的新要求。合成化教学模式应用多实施在学生掌握基本知识和基本技能之后。

为了说清合成化教学模式的实施，按照警察体育一般教学过程分为前期设计、课上引导、专题执行和结束讲评四个阶段。

前期设计。即专题的设计，可就教学理念、课程内容、实战知识应用、教学目标等方面来进行单一或综合多内容科学设计。如：体能使用专题、警务实战理念应用专题、武力层级使用专题、抓捕嫌疑人专题、劫持人质专题等，这些专题设计服从教学目标实现、公安实际工作需求，专题内容可单一、可综合，实施对象一般以小组为单位。但为了突出某一警察体育技能的学习掌握，专题设计可单个学生进行。如加一理念、警力优势、戒备理念等。这个阶段主要是“做什么事情”“做哪些具体事情”。

课上引导。指专题实施前，教师就专题中可能出现的各种法律、理念、知识、技术、程序、专题内容等进行一定程度的呈现和说明，达到温固知识、引出现象，引导学生探究实践兴趣的目的。之后学生以小组为单位进行讨论，制订方案。谈论内容包括出警时携带的装备、行进路线、分工合作、案发现场情况设想、预案制订、突发情况应对（包括群众、民警、执法对象受伤、财产损伤等情况）、处置中情报搜集利用、证据工作、相关法律支持，等等内容。这个阶段是“要做什么事情”“做事情具体需要什么”。

专题执行。是实施合成化教学模式的核心环节，是传输和加工教学内容、检验学生知识应用和合成新知识、信息接收转化效率、培养综合能力的重要实现过程。这个阶段是“怎么做”和“这样做”。如：警务实战理念专题。专题实施中要通过各种情形使学生理解应用“安全、规范、合作、加一、警力优势、战术性撤退、武力层级使用”等理念。再如：武力层级使用专题。一般武力定位为“语言→徒手→警械→武器”四个层级。那么在语言使用上可否也使用武力层级呢？答案是肯定的。如面对执法对象从开始时的“平和语言→强调语言→警告语言→命令语言”，这个过程就是一个武力层级应用的过程，同理类推。再比如单个抓捕嫌疑人专题。从警情研判、情报分析、预案制订、装备保障、到达现场，设想一切顺利，在抓捕嫌疑人时，若遇到语言辱骂、徒手反抗、器械攻击、劫持人质、逃跑、围观群众起哄甚至得到保护等突发情况时，这些情况可单个情况设置，也可多情况设置。通过这样的专题实施，学生不仅对整个警务实战处置流程更为了解熟悉，而且对知识灵活应用、增加实战经验、提高综合能力有极大的帮助。

结束讲评。专题结束后要进行讲评，讲评是教学实施的重要环节，是对专题内容、知识要点、组织程序、实施过程、作风表现等的归纳、总结和提高。讲评方式有综合讲评、要点讲评、典型讲评、对比讲评等。综合讲评从设计专题的目的进行，使学生较为全面地了解专题要达到的目标，全面了解自己与其他学生的情况，吸取长处，避免和克服易犯毛病；要点讲评是使学生深入理解知识，强化影响；典型讲评是根据特定专题要求，选取典型做法，明确好在哪里，哪些应该汲取，怎样做才是做好；对比讲评是通过不同小组的做法，明确标准，督促学生思考，培养总结能力和创新能力。讲评中应注意理论联系实际、语言的正确使用、专题重点强调、普遍性优点和共同性缺点、调动学生积极性等要点。

警察体育教学新模式要落地生根变成普遍实践，关键在各级公安教育工作者对新发展理念的贯彻落实，关键是对警察体育教育的认识和行动，关键是要提高贯彻新发展理念的能力和水平，成为公安教育事业发展的行家里手。我们要深学笃用，把新发展理念贯穿公安教育活动全过程，落实到决策、执行、考核各项工作中，通过示范引领让师生感受到新发展理念的真理力量，从灵魂深处确立对新发展理念的自觉和自信。要用好辩证法，既要坚持、坚决贯彻，不能单打独斗、顾此失彼，又要坚持教学论和重点论的统一，以重点突破带动整体推进，在整体推进中实现重点突破。要创新教学模式，守住底线，善于通过改革推动贯彻落实新发展理念，同时做好应对各种形式的风险挑战的准备。教育有责、主动创新、敢于担当，要守初心、担使命，立足岗位，认真履职，全力以赴做好公安教育各项工作，发挥好公安院校重要渠道和专门机构作用，不断开创工作新局面，为公安教育事业发展贡献智慧和力量。

参考文献

[1]金宏伟."阳光体育运动"理念下的警察院校体育教学改革探讨[J].林区教学,2019,(03):116-117.

[2]曹清旭,晁健宇,唐学亮.警察高职院校警察类专业教学模式改革创新研究——以陕西警官职业学院司法警务专业为例[J].才智,2014,(08):215-217.

[3]程海涛.基于新发展理念的地方本科高校实践教学模式的研究[J].山东化工,2017,(07):181-182.

[4]何开进."引导——探究教学模式"探索和实践浅谈[J].基础教育研究,2002,(02):18-19.

[5]张正芳.探究式教学在初中物理教学中的应用[J].课程教育研究,2019,(17):190.

[6]鲁敏,严颖琦.探究式教学中的“问题”意识和操作技巧研究[J].教育现代化,2019,(32):131－133.

[7]程海涛.基于新发展理念的地方本科高校实践教学模式的研究[J].山东化工,2017,(07):181－182.

[8]邓卫红,谢厚亮,肖卓朋.高职院校分层分组合作教学模式的探索[J].科教创新导报,2018,(11):207－208.

[9]贺忠奉.浅谈“分组分层四段式”语文教学模式[J].学周刊,2017,(01):41－42.

[10]车丽艳.分组分层教学模式在中职体育课中的应用研究[J].教育教学论坛,2017,(30):264－265.

[11]赵辉.警务技战术模块化课程体系的构建与实践[J].湖北警官学院学报,2014,(09):187－189.

[12]何冰.“英语＋专业方向”模块课程的教学探讨[J].文学教育,2018,(07):172－173.

[13]邹成.高职数学的分层模块化教学研究[J].恩茅师范高等专科学校学报,2012,(01):143－146.

[14]徐瑞凤,李斌荣.综合英语课堂中交互式教学模式的实践与探索[J].科技信息,2010,(35):1108＋1322.

[15]买宁.交互式教学在大学英语教学中的实践运用探析[J].教育现代化,2018,(16):164－165.

[16]严红君.协作式教学模式在日语口语课堂中的应用研究[J].兰州教育学院学报,2016,(08):139－141.

[17]刘巍,蔡霞.协作式教学模式在计算机基础课程的应用[J].计算机时代,2014,(03):55－56＋59.

[18]张丽丽.协作式教学模式在《学校体育学》网络课程中的应用研究[J].湖州师范学院学报,2018,(06):75－77.

[19]孙延红.案例教学在市场营销学教学中的应用研究[J].产业与科技论坛,2019,(09):158－159.

[20]那娜.案例教学法在高职会计教学中的应用探讨[J].中国国际财经,2018,(04):78.

[21]李丽玲.案例教学法在研究生英语教学设计课程中的运用[J].黑龙江教育学

院学报,2017,(05)140－142.

[22]王磊,徐畅.公安教育改革的“实战化教学”假定与行动——以“校局合作”共同育人模式为视角[J].2017,(02):111－114.

[23]安契.校局合作体制下“双师”授课模式探讨——以陕西警官职业学院为例[J].太原城市职业技术学院学报,2018,(08):161－162.

[24]王晓东.公安院校经侦专业校局合作模式与创新[J].山东警察学院学报,2015,(02):124－125.

[25]华道金,公安院校校局合作应用型人才培养模式探讨[J].高教论坛,2016,(02):58－60.

[26]刘琳.移动智能终端课堂教学模式研究[J].现代信息科技,2019,(08):130－131+134.

[27]高茜,等.大学物理实验智能化教学模式的构想与实践[J].大学物理,2019,(04):35－38.

[28]谢忠新.智能化教学——AI时代信息技术与课程教学深度融合[J].上海课程教学研究,2019,(01):7－9.

[29]孙君明,郭红.网络智能化教学模型的设计[J].福州大学学报(自然科学版),2001,(01):101－103.

[30]曾洪.公安院校“实战型”教学模式初探[J].广州市公安管理干部学院学报,2014,(03):63－65.

[31]崔向前.公安教育“教、学、练、战一体化”模式的探索与反思[J].河南教育学院学报(社会科学版),2011,(05):104－106.

[32]王全,陈祥民.大部门制与合成作战背景下的公安院校“合成教学”模式探究——以互联网金融犯罪案件侦查课程建设为例[J].教育教学研究,2017,(01):95－97.

后　记

在庆祝中华人民共和国成立70周年之际，终于完成了本书的最后一段文字，心中感到非常轻松和欣慰。回头一看，自己从事警察体育教育工作已逾20年，工作经历伴随着时光流逝已在心头留下了深刻的职业烙印，这就是每当听到或看到警察遇袭流血伤亡或执法不力而使犯罪嫌疑人逍遥法外时，总免不了要对自己的教学工作进行反思的原因。每当这时候，我总是查找相关案例，从警察体育教学的角度来分析其症候所在，久而久之，积累了许多零散资料和想法，这些就是本书最重要的基础。警察体育作为公安院校教育重要的组成部分，对公安队伍警务实战技能建设起着基础性、全局性、长远性作用，警察体育教学不仅是知识的传播和技术的创新，更应该是思想的传承和时代赋予责任的担当。我们不回避警察体育教学中还存在诸多问题，但作为警察体育教育者应该用新发展理念武装头脑，学会使用新发展理念指引我们向前走，相信未来的警察体育事业发展会更好。

再次衷心感谢在撰写中给予我指导和帮助的各位专家、学者、领导、基层一线民警同志以及和我一起奋斗的同行同事们。

希望本书的出版能夯实警察体育教学模式根基，对提高公安队伍战斗力起到作用。如在参考引用有不当之处，请读者以党中央的方针政策和现行法律、法规为准。

二〇一九年九月